라키비움Larchiveum에 숨어있는

코리언 디아스포라 지식정보자원

장우권 · 김현희

도서출판 청람

| 머리말 |

이 글이 탄생할 수 있었던 여명(黎明)의 모티브는 고려인 작가 한진이 발표한 단편소설 '공포'에 기록된 다음의 구절이었다.

"때가 오면 다시 이 도서관에 찾아와 이 책들을 읽을 사람들이 반드시 있으리라는 것을 반드시 믿고 싶다."*

– 작품집 〈오늘의 빛(1990)〉에 실린 '공포', 40 –

한진은 카자흐스탄으로 강제이주된 고려인으로서 학교가 폐쇄되고 우리말이 사라지고 있는 현실에서 한민족으로서 자긍심을 가지고 꿋꿋하게 우리말로 쓴 주옥같은 글들을 세상에 내놓았다. 언젠가는 만날 조국과 미래의 독자들을 위해 …

현재 코리언 디아스포라는 전 세계 193개국 7백5십여 만 명이 살고 있다(외교부, 2021). UN이 곧 '코리언 디아스포라'이다. 이러한 코리언 디아스포라를 하나로 네트워크화했을 때 '그레이트 코리아(Great Korea)!'를 낳는다. 무엇보다도 21세기 국력의 핵심은 인적자원이며, 그 가운데 한민족네트워크의 기반은 지식정보자원이기 때문이다.

지식정보자원의 관리는 지식정보자원의 생성 및 수집단계에서부터 시

---

* 현재 이 도서관은 '카자흐스탄 국립도서관 특별장서실'임

작된다. 기존 지식정보자원의 수집과 데이터베이스 구축을 통해서 새로운 문헌정보가 발생된다. 이렇게 발생한 지식정보자원은 정보정리 후 축적된 지식정보자원의 활용, 수월성을 제고하기 위한 지식정보자원관리 행위가 이루어져야 한다. 그 자원관리 행위는 지식정보자원의 생산에서부터 시작된다. 따라서 적절한 지식정보를 효율적으로 생산하고 이를 어디에서나 빠르게 전송하며 적재적소에 활용하게 하는 지식정보자원의 생산과 데이터베이스 구축과 서비스는 국가의 중요한 정책으로 뒷받침되어야 한다. '코리언 디아스포라 라키비움(도서관 · 박물관 · 기록관) 지식정보자원'은 곧 대한민국의 지식정보자원이기 때문이다.

따라서 이 글은 해외에 산재한 코리언 디아스포라와 관련된 기록된 지식정보자원들을 발굴하고 수집하여 이를 누구나 활용할 수 있도록 체계적으로 자료를 조직하고 지식정보자원 네트워크를 구성하였다. 이를 위해 지식정보자원 루트의 조사와 탐색을 통해 이루어졌다. 이 조사는 필자가 현지조사*를 통해 펴낸 '재외한인문헌정보자원과 실제', '재외한인의 문헌정보자원 정책과 관리', '재외한인 정보자원 생성과 변천'을 기반으로 각종 지식정보자원인 단행본 · 총서, 보고서, 학술논문, 학술세미나 · 콜로키움, 언론보도(신문 · 방송), 웹검색 등을 통해 이루어졌다.

조사 지역은 중국의 동북3성(길림성, 요녕성, 흑룡강성), 북경, 내몽고 및 조선족이 살고 있는 지역, 러시아의 모스크바, 페테르부르크, 연해주(하바로프스크, 우스리스크, 블라디보스토크 등 인접지역)와 사할린, 중앙아

* 현지조사(2003-2006년)에서 도서관 · 기록관 · 박물관 · 전문가(사서와 기록연구사) 등의 방문과 인터뷰를 통해 코리언 디아스포라 지식정보자원이 소장된 소재지 파악과 방문 그리고 열람으로 이루어졌다.

시아의 카자흐스탄, 우즈베키스탄, 키르키스탄 지역이다. 이들 지역은 일찍이 코리언 디아스포라가 많이 이루어졌으며 현재까지도 많이 거주하고 있다. 또한 이 지역은 코리언 디아스포라의 삶을 통해 많은 지식정보자원이 생산되고 보존 · 관리되고 있다.

여기에서 나타난 지식정보자원 현황은 신문사, 방송사, 잡지사, 출판사, 도서관(국립 · 공공 · 대학 · 연구소 등), 기록관(문서관 · 당안관 · 기록보존소) 등이다. 이러한 지식정보자원 현황은 누구나 쉽게 자신이 원하는 분야의 지식정보자원을 통해 역사적 전통성을 계승하고 타국과의 교류에 있어서 중요한 기초자료를 제공하게 될 것이다.

이 글은 위와 같은 연구결과에서 나타난 지식정보자원들을 중심으로 전체적으로 4장과 부록으로 이루어졌다.

1장 코리언 디아스포라의 이해에서는 디아스포라와 코리언 디아스포라, 지식정보자원과 디아스포라 지식정보자원, 코리언 디아스포라 라키비움(라키비움의 배경과 개념, 도서관 · 박물관 · 기록관의 제휴, 코리언 디아스포라 라키비움 구축전략)을 기술하였다.

2장 코리언 디아스포라 지식정보자원 형성과 관리에서는 코리언 디아스포라 지식정보자원 형성과 발전(정체성과 한인공동체, 거주국의 언어와 한글, 교육과 기관, 정보자원 형성과 발전), 지식정보자원 관리(지식정보자원 구성과 분포, 정보자원 생산기관 매체별 현황)를 제시하였다.

3장 코리언 디아스포라 라키비움 지식정보자원에서는 코리언 디아스포라 도서관(러시아 · 중국 · 중앙아시아), 코리언 디아스포라 기록관(러시아 · 중국 · 중앙아시아) 등에 소장된 코리언 디아스포라 지식정보자원을 제시하였다.

4장 코리언 디아스포라 지식정보자원에서는 연구(한국 · 러시아 · 중국 · 중앙아시아), 교육과 연구기관(대학교와 대학원 · 연구소), 학회와 언론(학회에서 학회 · 학회지, 언론과 네크워크에서 재외동포 신문과 네크워크 · 포털 · 정부 · 재단 · 기관), 관련 법률(재외동포의 출입국과 지위에 관한 법률, 재외동포재단법)을 제시하였다.

이 글을 세상에 내놓기까지 코리언 디아스포라 관련 도서관, 기록관, 언론기관 등에서 다수의 도서관 사서, 기록연구사, 언론매체의 기자, 디아스포라 관련 전문연구자들의 후의와 지원이 있었다. 미처 언급되지 못하였거나 출처의 인용에서 부족한 부분이 있다면 코리언 디아스포라의 여명을 밝힌다는 점에서 깊이 헤아려주시기 바랍니다.

끝으로 출판 환경의 어려움에도 '코리언 디아스포라'의 동행 측면에서 이 글이 세상에 나올 수 있도록 도움을 주신 이수영 도서출판 청람 사장님과 관계자 여러분께 깊이 감사를 드립니다.

2022년 2월

무등을 바라보며

용봉골 정보마루에서

저자 대표 장우권

| 차례 |

1장 코리언 디아스포라의 이해

1.1 디아스포라와 코리언 디아스포라 ········ 2
1.2 지식정보자원과 디아스포라 지식정보자원 ········ 15
1.3 코리언 디아스포라 라키비움 ········ 19

2장 코리언 디아스포라 지식정보자원 형성과 관리

2.1 코리언 디아스포라 지식정보자원 형성과 발전 ········ 26
2.2 지식정보자원 관리 ········ 33

3장 코리언 디아스포라 라키비움 지식정보자원

3.1 코리언 디아스포라 도서관 ········ 44
3.2 코리언 디아스포라 기록관(기록보존소) ········ 125

4장 코리언 디아스포라의 지식정보자원

4.1 연구 ········· 172

4.2 교육과 연구기관 ········· 221

4.3 학회와 언론 ········· 227

4.4 관련 법률 ········· 261

■ 부록 ········· 263

1. 재외동포의 출입국과 법적 지위에 관한 법률 264
2. 재외동포의 출입국과 법적 지위에 관한 법률 시행령 270
3. 재외동포의 출입국과 법적 지위에 관한 법률 시행규칙 280
4. 재외동포재단법 286
5. 재외동포재단법 시행령 293

■ 참고문헌 ········· 299

■ 찾아보기 ········· 308

1장

코리언 디아스포라의 이해

1.1 디아스포라와 코리언 디아스포라

1.2 지식정보자원과 디아스포라 지식정보자원

1.3 코리언 디아스포라 라키비움

1장

코리언 디아스포라의 이해

코리언 디아스포라를 이해하려면 디아스포라의 의미를 먼저 알아야 한다. 왜냐하면 디아스포라의 의미가 많은 학자들과 전문가들에 의해 다양하게 정의되고 있으며 오랜 세월 동안 계속 변화를 거듭하고 있기 때문이다. 또한 코리언 디아스포라에 대해서도 여러 갈래로 용어와 의미 부여가 이루어지고 있다.

1.1 디아스포라와 코리언 디아스포라

가. 디아스포라

디아스포라의 어원(語源)은 그리스어로 분산(分散) 또는 이산(離散)의 의미[1]이며, 그 개념은 팔레스타인 밖의 지역에 거주하는 이산 유대인과 그

1 '씨를 뿌리다(to scatter)'라는 의미의 'spora'와 여러 방향으로, 경유(through)의 의미를 가진 'dia'가 합쳐진 그리스어 'diaspeirein'가 어원(이미림. 2010. 코리안 디아스포라 문학에 나타난 예술 · 사랑 · 국가. 세계한국어문학, 제4집, 99).

공동체를 의미한다. 즉 성서적 의미로 대문자 'DIASPORA'이다. 소문자 diaspora는 민족 집단 성원들이 세계 여러 지역으로 흩어져 살고 있는 장소와 공동체를 가리킨다. 최근에는 유대인뿐만 아니라 다른 민족의 국제이주, 망명, 난민, 이주노동자, 민족공동체, 문화적 차이, 정체성 등을 포함하는 포괄적 개념으로 사용되고 있다. 또한 그 의미와 속성, 특징 등이 다양하게 정의되고 있다.[2]

이와 같이 디아스포라의 의미가 확대되면서 그 특징도 협의와 광의적 측면에서 나타나고 있다. 전자는 사프란(Safran 1991)이 주장한 것으로 다음 [표 1-1]과 같이 여섯 가지 조건들을 모두 충족해야만 디아스포라가 된다는 것이다(협의). 반면에 후자는 디아스포라 개념을 확대한 것으로 볼 수 있다(광의).

디아스포라는 다음과 같이 다섯 가지 유형[3]으로 분류된다([표 1-2]). 최근에는 국제적인 이주가 다양하고 활발하게 이루어지고 있다. 특히 다문화가정(多文化家庭)이 늘어나면서, 즉 결혼 이주로 인한 디아스포라에 대한 개념과 원인, 유형도 변화를 가져오고 있다. 어떤 디아스포라는 소멸되고 있기도 하다(예 일본계 디아스포라).

2 정성호. 2008. 코리안 디아스포라: 공동체에서 네트워크로. 한국인구학, 37(3), 107-108.

3 • 박해도피형: 강요된 이주로 인해 발생
- 식민지이주형: 유럽 강대국의 팽창정책으로 인해 발생
- 노동이동형: 대부분 단순 노동자가 일자리를 찾아 이주함으로써 발생
- 상업적 이주형: 상인들의 상업적 행위는 상업도시 간을 연결하는 일종의 네트워크(network)를 형성(코리언 네트워크, 한상(韓商))
- 다인종문화형: 해외거주하는 카리브 출신(아프리카 노예 출신, 인도의 노동자, 유럽 이주지 등으로 구성);

C. Fred Bergsten, 최인범. 2013. 코리안 디아스포라와 세계경제(The Korean Diaspora in the World Economy). 서울: 국제경제연구소, 26-31.

표 1-1 디아스포라의 특징

협의적[4]	광의적[5]
① 특정한 기원지로부터 외국의 주변적인 장소로 이동 ② 모국에 대한 집합적인 기억 ③ 거주국 사회에서 수용될 수 있다는 희망의 포기와 그로 인한 거주국 사회에서의 소외와 격리 ④ 조상의 모국을 후손들이 결국 회귀할 진정하고 이상적인 땅으로 보는 견해 ⑤ 모국에 대한 정치적, 경제적 헌신 ⑥ 모국과의 지속적인 관계유지	① 한 기원지로부터 많은 사람들이 두 개 이상의 외국으로 분산한 것 ② 정치적, 경제적, 기타 압박요인에 의하여 비자발적이고 강제적으로 모국을 떠난 것 ③ 고유한 민족문화와 정체성을 유지하고자 노력하는 것 ④ 다른 나라에 살고 있는 동족에 대해 애착과 연대감을 갖고 서로 교류하고 소통하기 위한 초국적 네트워크를 만들려고 노력하는 것 ⑤ 모국과의 유대를 지키려고 노력하는 것

표 1-2 디아스포라 유형

유형	국가(민족)
박해도피형 (迫害逃避型, Victim or Refugee)	유대인, 아프리카인, 아르메니아인, 팔레스타인인, 아일랜드인, 일제식민지시기(1910-1945) 한국인, 중앙아시아 강제이주(1937) 고려인(한국인)
식민지이주형 (植民地移住型, Imperial or Colonial)	고대 그리스인, 영국인, 스페인인, 포르투갈인, 네덜란드인, 프랑스인
노동이동형 (勞動移動型, Labor or Service)	인도계약노동자, 중국인, 일본인, 한국인
상업적 이주형 (商業的 移住型, Trade or Commerce)	베네치아인, 레바논인, 중국인, 한국인
다인종문화형 (多人種文化型, Cultural or Hybrid)	해외거주 카리브인

4 William Safran. 1991. Diasporas in Modern Societies: Myths of Homeland and Return. Diasporas, 1(1), 83-99.; 윤인진. 2003. 코리안 디아스포라: 재외한인의 이주, 적응, 정체성. 한국사회학, 37(4), 102-103.

5 정성호, 전게서, 108.; 윤인진, 전게서, 103-104.

나. 코리언 디아스포라

코리언 디아스포라는 1863년 연해주지역의 고려인[6] 농업이민으로부터 시작하여 본격적으로 이루어졌다. 이후 코리언 디아스포라의 역사는 새로운 경작지를 찾아가는 농업이민, 외지에서 노동을 하는 노동이민, 잃어버린 조국의 광복을 위하여 밖으로 간 망명이민, 노동계약에 의하여 밖으로 간 계약이민, 사업진작을 위하여 밖으로 간 사업이민 또는 투자이민 등 다양한 형태를 띠고 있다.[7]

코리언 디아스포라는 그 유형에 있어서 구디아스포라와 신디아스포라로 구분되어 시기, 지역에 따라 큰 특징을 보이고 있다([표 1-3]).[8]

표 1-3 코리언 디아스포라의 유형

	구디아스포라	신디아스포라
이주시기	1860-1945년	1960년 이후
이주지역	러시아, 중국, 일본, 미국	미국, 독일, 캐나다, 브라질
이주유형	농업이민, 노동이민, 망명이민	가족이민, 투자이민

구디아스포라는 19세기 중엽과 20세기 초엽에 이주자들로 기근, 압제, 식민지 통치와 같은 모국의 배출요인에 의해 이주하게 되었고, 계층배경은 주로 농민, 하층계급이었으며 거주국에서의 정향성은 정착보다는 일시체

6 궁핍과 기아에 시들인 조선인들이 연해주지역으로 이주한 이후 조선인, 재소한인 등으로 사용하다가 '고려인' 명칭은 1990년대 초 자신들을 남북한 사람과 중국의 조선족과의 차별성을 확보하기 위해 사용(이명재 외. 2004. 억압과 망각 그리고 디아스포라- 구소련권 고려인문학. 서울: 한국문화사)

7 정성호. 전게서, 109.

8 상게서, 110.

류의 성격이 강했다. 반면에 신디아스포라는 1960년대 이후 이주자들로 모국의 배출요인 못지않게 거주국의 흡입요인(높은 생활수준과 교육기회)에 강하게 끌렸으며, 계층배경은 도시출신의 고학력, 중산층이 다수를 이루었다. 또한 거주국에서의 정향성은 처음부터 영구정착을 목표로 하였다([표 1-4]).[9]

국가별로 보면, 러시아와 중앙아시아의 코리언 디아스포라(고려인)의 이주와 정착의 역사는 농업이민(1860-1905년), 망명이민(1905-1937년), 강제이주(1937-1938년), 소련연방해체 이후시기(1991-)로 구분하여 나누기도 한다.[10]

1863년 이후 연해주지역에 이주한 고려인은 대부분 농업에 종사하였다(약 1,800명). 1905-1937년의 시기에는 정치적 동기(독립운동)에 의한 망명이민이 주로 나타났다. 1937년에 극동지방에는 160여 개 이상의 농촌과 지역 소비에트에 거주하였다. 중앙아시아지역에는 1926년부터 1931년까지 부분적으로 한인이주가 이루어졌으며, 1937년에는 스탈린[11]에 의해 중앙

9 윤인진. 전게서, 105-106.

10 이광규. 1998. 러시아 연해주의 한인사회. 서울: 집문당, 43.

11 스탈린 시대에는 한인들 이외에도 민족의 강제이주는 흔한 일이었다. 볼가강 유역의 독일인들, 크림의 타타르인들, 체첸인들, 칼미크인들, 발카르인들, 카라차이인들, 잉구시인들, 폴란드인들, 메스케치안 터키인들 등도 강제이주라는 고통을 경험하였다. 그들의 죄목은 훗날 모두 사실무근으로 드러났지만 민족 전체가 조국에의 배반이었다. 그 결과 1940년대 '국가적 작전에 따라' 강제적으로 이주된 사람들은 301만 1,108명이었으며, 자발적으로 이주한 삶도 포함하면 그 수는 322만 6,340명에 달한다(Ф 1989, 135). 그렇지만 이들 민족은 모두 제2차 세계대전 기간에 강제이주당한 경우였고, 그 이전에 민족 전체가 집단이주당한 경우는 연해주의 한인들이 유일하였다; Бугай Н. Ф. 1989. К вопросу о депор тации народов в 30-40-х годах //История СССР, No. 6, 1989, С. 135; Правда, 24 ноября.

| 표 1-4 | 코리언 디아스포라의 이주 배경요인, 이주자 특징, 거주국의 민족정책

구분		독립국가연합	중국	일본	미국	캐나다
이주시기	1단계	1863-1904	1863-1910	1910 이전	1903-1905	1967 이전
	2단계	1905-1937	1910-1930	1910-1937	1906-1945	1967 이후
	3단계	1937-1945	1930-1945	1937-1945	1945-1964	
	4단계	1945-1991	1945-1992	1945-1989	1965년 이후	
	5단계	1991년 이후	1992년 이후	1989년 이후		
세대 구성		3, 4세 주류	3, 4세 주류	2, 3세 주류	1세 주류	1세 주류
출신지역		현)북한지역(함경도, 평안도)	• 1930년 이전: 현재 북한지역(함경도, 평안도) • 1930년 이후: 한반도 내 지역으로 다양화	현)남한지역(경상도, 전라도, 제주도)	대부분 남한 출신과 소수의 북한 실향민	대부분 남한 출신과 소수의 실향민
이주동기		주)경제적 이유(경제유민)/정치적 동기(독립운동)도 작용	주)경제적 이유(경제유민)/정치적 동기(독립운동)도 작용	주)경제적 이유(노동이민)/1937 • 1945년에는 강제 징집	주)경제적 이유(초기의 노동이민과 후기의 중산층이민)/사회문화적 이유(자녀교육)도 작용	주)경제적 이유/사회문화적 이유(자녀교육과 사회복지)도 작용
계층배경		• 다수가 기근과 압제에 떠밀린 가난한 농민 • 유민(流民)의 성격이 강했음	• 다수가 기근과 압제에 떠밀린 농민 • 유민(流民)의 성격이 강했음	• 다수가 농민과 노동자 • 체류자와 강제 이주자의 성격이 강했음	• 초기: 농민, 노동자 • 중기: 국제결혼 여성, 전쟁고아, 유학생 • 후기: 고학력, 중산층 • 초기에는 체류자 성격이 강했으나 이후 정착이민의 성격이 강함	• 고학력: 전문직, 중산층, 정착이민의 성격이 강함
거주국의 민족정책		동화주의	다원주의(민족자치 허용)	동화주의	다원주의	다원주의(다문화주의)
호칭		고려사람	조선족	재인(在日)한인	코리언-아메리칸	캐나다 한인

아시아로 약 18만 명이 강제이주하여 정착하였다.[12] 1991년 소련연방해체 이후 현재 고려인은 러시아 곳곳에 약 16만 명,[13] 중앙아시아에 약 30만 명[14]이 거주하고 있으며, 고려인의 대부분은 1937년 강제이주된 이민 1세, 2세의 후손들이다.

중국으로의 이민은 중국이 압록강과 두만강지역을 청 태조의 발상지로 보아 봉금령을 내린 것에 기인한다. 그러나 러시아의 서침으로 더 이상 봉금령을 유지할 수 없었던 상황에서 1886년 봉금령이 해제되고 두만강 이북의 화룡지역이 한민족의 독점개간구역으로 설정됨에 따라 조선인의 이민이 장려되었다. 이에 따라 많은 조선인이 북간도(현재 연변)로 이주하게 된다.[15] 1952년 연변조선족자치주가 건립되었으며, 동북 3성인 길림성, 요녕성, 흑룡강성에 집중하여 거주하고 있다. 그러나 이들 3성에 거주하는 조선족은 2000년 약 2백만 명에 달했던 것이 중국의 개혁개방과 한중수교 이후 중국 내의 도시로, 한국으로, 일본 등으로 진출하면서 급격한 감소를 나타내고 있다. 동북 3성에는 2011년 약 180만 명의 조선족이 거주하고 있었으

12 총 36,442가구 171,781명이 원동을 떠나 강제 이송됨(20,170가구 95,256명은 카자흐스탄으로, 우즈베키스탄으로는 16,272가구 76,525명이 이송); 반병률. 1997. 강제 이주 이전의 한인사회의 동향, 1923-1937. 러시아의 변화와 한러관계. 한국슬라브학회 제11차 학술대회 발표논문. 11월 14-15일(서울: 경희대학교, 1997), 10.; 장우권, 사공복희. 2006. 중앙아시아에서의 한글정보자원관리. 한국도서관 · 정보학회지, 37(2), 293.

13 모스크바(76,876), 상트페테르부르크(26,288), 극동지방(블라디보스토크 40,522, 이르쿠츠크 7,384, 사할린 12,614) 등. 외교부, 2021: 시민권자 중심). 출처: 〈https://www.korean.net/_res/portal/etc/okf_2021.pdf〉

14 우즈베키스탄 174,200명, 카자흐스탄 108,551명, 키르키즈공화국 17,124명. 타지키스탄 637명, 투르크메니스탄 917명(외교부, 2021: 시민권자 중심). 출처: 〈https://www.korean.net/_res/portal/etc/okf_2021.pdf〉

15 중국 이민의 수는 대략 1904년 5만 명, 1907년 7만 명, 1910년에는 10만 명, 1921년에는 45만 명으로, 그리고 1940년에는 114만 명으로 증가했다.; 사공복희, 장우권. 2004. 재중조선족 정보자원 생산과 콘텐츠에 관한 연구. 한국동북아논총, 9(1), 173-201.

나 2021년에는 약 160만 명으로 감소하고 있다. 중국 전체적으로는 약 210만 명이 거주하고 있다.[16]

재일한국인(Zainichi)은 한일 합병(1910) 이전 일본으로 이주한 한국민, 일제강점기시기 일본으로 이주한 한국민(일본에 의한 강제이주가 주),[17] 제2차 세계대전 종전 이후 일본에 남아있던 한국민, 1965년 이후 한국과 외교관계 복원 이후 장기 혹은 영구 거주지위를 가지고 일본에 입국한 한국민으로 이루어졌다. 일본에는 재외동포가 전후 약 60만 명이었으나 귀국과 이별 그리고 일본에 귀화 등으로 현재 약 38만 명이 거주하고 있다.[18]

북미에서는 한미(韓美) 간의 조약(1882년) 이후 상인, 학생, 정치적 망명객, 대한제국시기 1903년에 이루어진 하와이이민, 6 · 25 한국전쟁에 의한 국제결혼, 전쟁고아, 해외입양, 해외유학, 1965년 미국이 민족별 이민 할당제(National Original Quota System)를 통한 자유화 이후 이주(상당수가 한국에서 교육받은 중산층 출신)와 취업 등 다양하게 이주가 이루어졌다. 현재 약 170만 명이 거주하고 있다. 중남미에서는 1905년 천여 명의 멕시코 에네켄 농장이주, 300여 명의 쿠바 재이주, 6 · 25 한국전쟁 이후 제3국으로 이주, 남미 농업이민, 의류 · 제조업 이민 등이 이루어졌다. 현재 약 4만 명이

16 2000년(연변조선족자치부 1, 장백현조선족자치현 1, 자치향(鄕) 및 진(陳) 42, 촌(村) 2,000여 개). (외교통상부, 2011); 외교부. 2021 재외동포현황(시민권자 중심) 〈https://www.korean.net/_res/portal/etc/okf_ 2021.pdf〉

17 1910년 국권상실 후 식민지 정책으로 인한 일본 이주와 1939년 만주, 사할린, 일본 등지로 노동자 징용과 징병으로 이루어진 것임. 제2차 세계대전 말경(1939-1945) 725,000명의 한국인들이 군대와 강제노역을 위해 징집됨. 현재 2021년 기준 383,991명이 거주.; K. S. Park. 1965. Documents of Forcrible Conscription of Koreans(in Japanese). Tokyo: Miraisha.; 외교부. 2021 재외동포현황(시민권자 중심) 〈https://www.korean.net/_res/portal/etc/okf-2021.pdf〉

18 C. Fred Bergsten, 최인범. 전게서, 108.

거주하고 있다.[19]

유럽에서는 대한제국시기, 고려인 재이주, 6・25 한국전쟁 이후 제3국으로, 국제결혼, 전쟁고아, 북한의 고아와 유학, 1962년 이후 파독광부와 간호사, 해외유학, 취업, 해외입양 등으로 약 50만 명이 유럽 곳곳에 거주하고 있다. 남아시아 태평양에서는 1980년대 이후 주로 가족단위 해외이주가 주를 이루었으며 유학, 취업 등으로 약 7만 명이 거주하고 있다.[20]

다. 코리언 디아스포라의 현황

코리언 디아스포라는 전 세계에 약 750만 명이 거주하고 있다. 한국 외교부에서는 코리언 디아스포라를 재외동포로 명칭하고 있다. 이에 대한 관련 법률을 살펴보고 재외동포 현황을 살펴보고자 한다.

1) 코리언 디아스포라 관련 법률

'재외동포' 관련 명칭과 정의 등을 관련 법률에서 찾아보면 헌법에서는 "대한민국의 국민이 되는 요건은 법률로 정함," 재외동포의 출국과 법적 지위에 관한 법률(약칭 재외동포법)에서는 재외동포란 "대한민국의 국민으로서 외국의 영주권(永住權)을 취득한 자 또는 영주할 목적으로 외국에 거

19 북미(미국 1,529,855명, 캐나다 140,624명); 중남미(멕시코 990, 브라질 30,170, 아르헨티나 8,113, 파라과이 123, 칠레 85, 코스타리카 43 등); 외교부. 2021 재외동포현황(시민권자 중심). 출처: 〈https://www.korean.net/_res/portal/etc/okf_2021.pdf〉

20 유럽(우크라이나 12,711, 프랑스 12,524, 독일 11,093, 스웨덴 11,037, 영국 10,737, 덴마크 7,994, 노르웨이 6,866, 네덜란드 5,020, 스페인 975 등), 남아시아 태평양(뉴질랜드 11,854명, 호주 57,661명 등); 외교부. 2021 재외동포현황(시민권자 중심). 출처: 〈https://www.korean.net/_ res/portal/etc/okf_2021.pdf〉

주하고 있는 자(재외국민)," "대한민국의 국적을 보유하였던 자(대한민국 정부 수립 전에 국외로 이주한 동포를 포함) 또는 그 직계비속(直系卑屬)으로서 외국국적을 취득한 자중 대통령령으로 정하는 자"로 명시하고 있다([표 1-5]).

따라서 이 글에서는 재외동포(在外同胞)와 재외국민(在外國民) 그리고 재외한인(在外韓人)을 모두 '코리언 디아스포라'라고 명칭한다.

표 1-5 코리언 디아스포라 관련 법률과 정의

법률	법조항(정의와 내용)
대한민국헌법 [시행 1988.2.25.] [헌법 제10호, 1987.10.29., 전부개정]	제2조 ① 대한민국의 국민이 되는 요건은 법률로 정한다. ② 국가는 법률이 정하는 바에 의하여 재외국민을 보호할 의무를 진다.
재외동포의 출국과 법적 지위에 관한 법률 (약칭 재외동포법) [시행 2017.1.20.] [법률 제13797호, 2016.1.19., 타법개정]	제2조(정의) 이 법에서 "재외동포"란 다음 각 호의 어느 하나에 해당하는 자를 말한다. 1. 대한민국의 국민으로서 외국의 영주권(永住權)을 취득한 자 또는 영주할 목적으로 외국에 거주하고 있는 자(이하 "재외국민"이라 한다) 2. 대한민국의 국적을 보유하였던 자(대한민국정부 수립 전에 국외로 이주한 동포를 포함한다) 또는 그 직계비속(直系卑屬)으로서 외국국적을 취득한 자 중 대통령령으로 정하는 자(이하 "외국국적동포"라 한다) 제5조(재외동포체류자격의 부여) ① 법무부장관은 대한민국 안에서 활동하려는 외국국적동포에게 신청에 의하여 재외동포체류자격을 부여할 수 있다. ② 법무부장관은 외국국적동포에게 다음 각 호의 어느 하나에 해당하는 사유가 있으면 제1항에 따른 재외동포체류자격을 부여하지 아니한다. 다만, 제1호나 제2호에 해당하는 외국국적동포가 38세가 된 때에는 그러하지 아니하다. 1. 직계존속(直系尊屬)이 외국에 영주할 목적 없이 체류한 상태에서 출생하여 외국국적을 취득함으로써 복수국적자(複數國籍者)가 된 남자가 병역을 기피할 목적으로 법률 제7499호 국적법중개정법률 시행 전 종전 제12조의 이중국적자의 국적선

	택의무에 따라 18세가 되는 해의 1월 1일 전에 대한민국 국적을 이탈하여 외국인이 된 경우 2. 대한민국 남자가 병역을 기피할 목적으로 외국국적을 취득하고 대한민국 국적을 상실하여 외국인이 된 경우 3. 대한민국의 안전보장, 질서유지, 공공복리, 외교관계 등 대한민국의 이익을 해칠 우려가 있는 경우 ③ 법무부장관은 제1항과 제2항에 따라 재외동포체류자격을 부여할 때에는 대통령령으로 정하는 바에 따라 외교부장관과 협의하여야 한다. ④ 재외동포체류자격의 취득 요건과 재외동포체류자격을 취득한 자의 활동 범위는 대통령령으로 정한다.
재외동포재단법 [시행 2020.11.27.] [법률 제17307호, 2020.5.26., 일부개정]	제2조(정의) 이 법에서 "재외동포"란 다음 각 호의 어느 하나에 해당하는 사람을 말한다. 1. 대한민국 국민으로서 외국에 장기체류하거나 외국의 영주권을 취득한 사람 2. 국적에 관계없이 한민족(韓民族)의 혈통을 지닌 사람으로서 외국에서 거주 · 생활하는 사람

2) 코리언 디아스포라의 현황

| 표 1-6 | 코리언 디아스포라 팽창[21]

(단위: 명)

연도	총계	비고
1971	702,928	
1981	1,590,832	
1991	4,832,414	• 중국의 190만 명, 독립국가연합(CIS)의 50만 명의 코리언 디아스포라 규모가 확인 • 전체적으로 코리언 디아스포라 규모가 공식적으로 파악됨
2001	5,653,809	• 151개국에서 코리언 디아스포라가 살고 있음
2011	7,167,363	
2021	7,325,143	• 193개국에서 코리언 디아스포라가 살고 있음

21 외교부. 2021 재외동포현황. 출처: 〈https://search.mofa.go.kr/search/search_new.do〉

조선 · 대한제국기 (19세기 중반 –1910년)		◀ 간도 · 연해주로 이주하는 사람들		◀ 해외 첫 이주 -1903년 102명 갤릭호 출발
일제강점기 (1910년– 1945년)		◀ 일본 탄광에 징용된 조선인 노동자	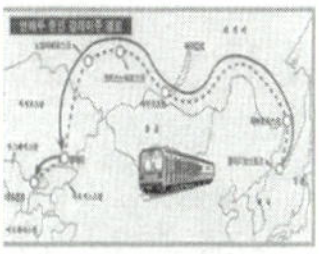	◀ 고려인 강제 이주 경로 6,000㎞
8 · 15해방이후 (1945년– 1962년)		◀ 해외로 입양 되는 한국고아	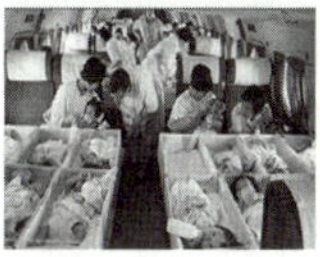	◀ 해외로 입양 되는 한국고아
해외이주법 제정 이후 (1962년–현재)		◀ 독일 파견 간호사		◀ 독일 파견 광부

▌그림 1-1 ▌사진으로 보는 코리언 디아스포라[22]

한국인들은 1971년에 70만 명, 1981년에 160만 명, 1991년에 약 480만 명, 2001년에 570만 명, 2011년에 720만 명, 2021년에는 약 730만 명으로 많은 증가세를 보이고 있으며 193개국에서 코리언 디아스포라로 살고 있다. 2021년 현재 UN 가입국가수는 193개국이다. UN이 곧 코리언 디아스포라인 셈이다.

전체 코리언 디아스포라 중 2021년 12월 현재 재외국민은 250만 명, 외국국적 동포는 480만 명으로 나타났다. 재외동포가 가장 많이 거주하는 상위 10개국은 미국(260만 명), 중국(240만 명), 일본(80만 명), 캐나다(20만 명),

22 재외동포사회 형성과정. 출처: 〈https://www.korean.net/portal/support/pg_ust_formation.do〉

우즈베키스탄(18만 명), 러시아(17만 명), 호주(16만 명), 베트남(16만 명), 카자흐스탄(11만 명)이다([표 1-6]), ([표 1-7]).[23]

▌표 1-7 ▌ 국가별 · 지역별 코리언 디아스포라 현황

지역별		제외국인				외국국적(시민권자)	총계
		영주권자	일반체류자	유학생	계		
동북아시아	일본	342,839	78,953	13,082	434,874	383,991	818,865
	중국	8,979	213,822	34,074	256,875	2,093,547	2,350,422
	소계	351,818	292,775	47,156	691,749	2,477,538	3,169,287
남아시아태평양		94,355	285,457	38,020	417,832	71,588	489,420
북미	미국	434,458	626,005	43,459	1,103,922	1,529,855	2,633,777
	캐나다	60,269	19,114	17,357	96,740	140,624	237,364
	소계	494,727	645,119	60,816	1,200,662	1,670,479	2,871,141
중남미		41,200	8,910	320	50,430	39,859	90,289
유럽		43,344	65,405	23,497	123,246	553,910	677,156
아프리카		1,470	7,356	500	9,326	145	9,471
중동		131	17,111	1,034	18,276	103	18,379
총계		1,018,045	1,322,133	171,343	2,511,521	4,813,622	7,325,143

23 외교부. 전게 현황; 재외동포가 가장 많이 거주하는 상위 10개국은 미국(2,633,777명), 중국(2,350,422명), 일본(818,865명), 캐나다(237,364명), 우즈베키스탄(175,865명), 러시아(168,526명), 호주(158,103명), 베트남(156,330명), 카자흐스탄(109,495명)으로 파악. 외교부. 2021 재외동포현황(시민권자 중심). 출처: 〈https://www.korean.net/portal/info/pg_knt_area.do〉

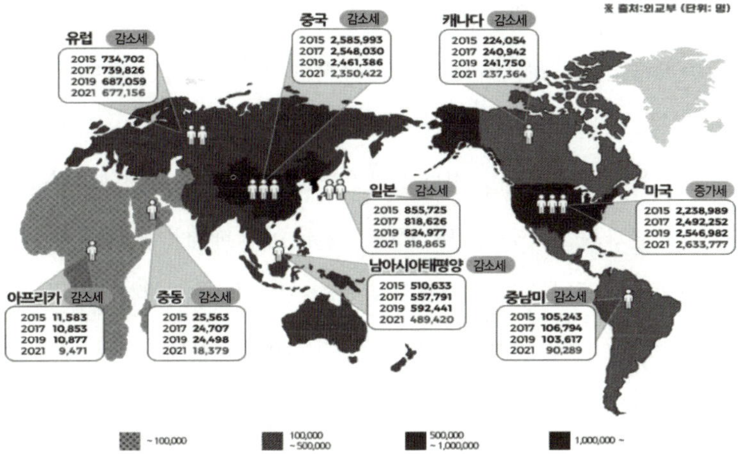

그림 1-2 재외동포현황(193개국 732만 5,143명)[24]

1.2 지식정보자원과 디아스포라 지식정보자원

가. 지식정보자원

정보란 불확실성을 없애는 것이고, 세계 어느 곳이든 넘나드는 코스모스적 성격을 띠고 있다. 정보는 글로벌 정보 사회에 대한 전략적 자원으로써 이제 국가발전과 경제의 중요한 자원으로 인식되고 있다. 최종이용자는 형식, 위치, 또는 매체에 관계없이 통합된 정보를 원하고, 정보는 이것저것 모두 접근할 수 있어야 한다. 또한 사실 또는 정보를 제공하는 문헌은 다양한 형태와 형식에서 사용할 수 있는 인간의 지식, 관찰과 사고(思考)의 기록이며, 정보원이 될 수 있다.[25]

24 재외동포 현황. 출처: 〈https://www.korean.net/portal/info/pg_knt_01.do〉

정보원은 정보생산의 근원지로서 정보생산자를 의미하며, 생산된 정보는 오류가 없는 것으로 간주한다.[26] 정보원은 어떤 식으로든 조직과 수용되는 경우 정보자원이 되며, 재사용할 수 있다. 정보원은 두 가지 요소로 구성된다.: 전달자(물리적 시설: 정보를 처리하고 배포, 저장, 수집에 사용)와 콘텐츠(정보원과 구성요소)이다.[27] 정보자원은 어떤 매개체를 사용하여 기록한 정보와 자원이다. 광의적으로는 문자와 기호 등에 의해서 전달되는 모든 기록정보를 의미하며, 협의적으로는 기록정보 가운데에서도 각 학문분야에서의 학술적 가치가 있는 기록정보를 의미한다.[28] 즉 정보의 공급원으로부터 이용되는 각종 자료군이다.[29]

정보자원은 도서관의 주요 구성요소의 하나이며, 도서관의 서비스의 품질은 크게는 정보자원 기반의 품질에 따라 결정된다. 전통적인 도서관의 주요 정보자원은 책과 인쇄 형태의 저널 등이며, 오늘날 정보자원은 오프라인과 온라인 모두 오디오 테이프, 필름 및 디지털 양식(멀티미디어 포함) 등 다양한 새로운 형태로 이루어지고 있다. 또한 디지털정보자원은 디지털도서관의 주요한 핵심요소이다. 여기에는 인쇄매체, 컴팩트디스크, DVD 등의 오프라인 형식과 전자책, 전자저널, 웹자원 등의 온라인 형식으로서 이용자는 많은 정보자원을 온라인으로 접근하거나 다운로드할 수 있다.[30]

지식정보자원이란 국가적으로 보존하고 이용할 가치가 있으며, 학술 ·

25 장우권. 2012. 디지털정보자원관리연구. 한국문헌정보학회 학술발표논문집, 제30집 (2012.11), 12.
26 문헌정보학용어사전. 2010. 한국도서관협회, 299.
27 장우권. 전게서.
28 사공복희, 장우권. 2004. 재중 조선족 정보자원 생산과 콘텐츠에 관한 연구. 한국동북아논총, 9(1), 179.
29 문헌정보학용어사전, 전게서, 300.
30 장우권, 전게서, 18-19.

문화 또는 과학기술 등에 관한 디지털화된 자료 또는 디지털화할 필요성이 인정되는 자료이다. 즉 지식정보자원은 아이디어와 정보를 활용한 지식의 창출, 확산 및 활용으로 가치 창출을 위한 핵심자원이다.

지식정보자원은 생산과 축적(수집과 조직)을 통해서 과거의 역사와 문화를 계승하고 이를 기반으로 한 새로운 문화를 창조하고 확충하여 왔다. 이러한 연속적인 지적 지식정보자원의 전달과 이용, 새로운 지식정보자원의 창조과정(유통과정)을 통해서 발전적 지식정보순환이 이루어진다.[31] 또한 지식정보자원관리는 정보와 지식 그리고 그와 관련된 자원을 계획, 조직, 분배, 이용하도록 하는 모든 활동이다.[32]

나. 디아스포라 지식정보자원

디아스포라 지식정보자원은 이주와 정착지에서 생성되고 축적·이용되고 있는 기록된 지식정보자원으로서 도서, 신문, 잡지 등의 도서매체, 영화, 필름, 레코드나 테이프 등의 비도서매체, 웹DB, 전자책, 전자자널 등의 디지털 자료로 이루어진다. 또한 디아스포라 지식정보자원은 유·무형의 지식정보자원으로 구성된다. 유형의 디아스포라 지식정보자원은 그림(圖), 책, 신문, 지도, 마이크로필름, CD-ROM, DVD, 컴퓨터파일, 전자책, 전자저널, 웹자원 등이며, 무형의 지식정보자원은 음악(노래, 소리, 춤), 연극, 영화 등이다. 디아스포라 아카이브는 이들의 지식정보자원을 역사적·정보적·문화적 측면에서 지속적으로 보존할 가치가 있는 기록물이다.

디아스포라 지식정보자원의 생산흐름과 대중매체로서의 미디어의 사회

31 사공복희, 장우권. 전게서, 174.
32 문헌정보학용어사전. 전게서, 300.

적 기능을 살펴보면 다음과 같다([그림 1-3]).

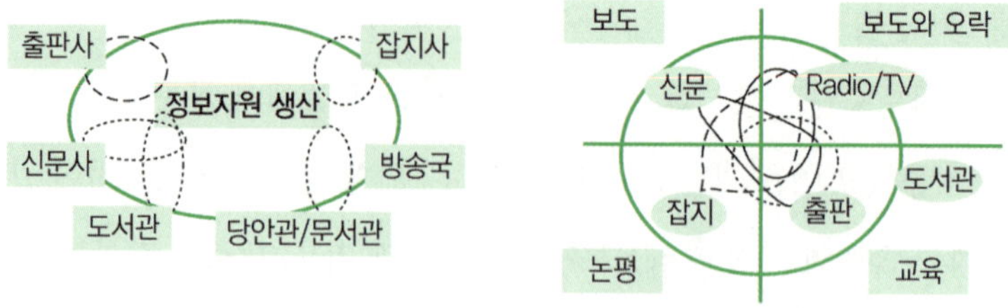

(a) 지식정보자원 생산 흐름과 범주(範疇) (b) 대중매체로서의 미디어의 사회적 기능

▌그림 1-3 ▌디아스포라 지식정보자원 생산흐름과 기능[33]

신문은 각양각색의 기사거리에 대한 지식정보자원을 제공하는 보도의 기능[34]을 갖는다. TV와 리디오에서 제공하는 지식정보자원은 보도, 오락, 논평, 교육기능 중에서 오락적 기능을 다른 어떤 매체보다 많이 가지고 있다. 잡지는 학문적으로 또는 일상적인 여가생활에 대한 여러 가지 지식정보자원을 제공한다. 신문에 비해 문제점이나 상황을 심층 보도할 수 있으며, 사건을 중심적으로 분석·해설하는 논평기능이 강하다. 일반신문이나 방송 등 다른 매체에 비하여 즉시성과 항구성, 신속성과 심층성을 함께 지닌 유일한 매체이다.[35] 출판은 다양한 교육적 기능을 내포한 정보자원을 생산하고 있다. 출판은 특히 문화의 보호·전승 및 발전과 문화의 창조과정에서 중추적 기능을 담당하고 있으며, 대중매체로서 교육의 기능이 강하다.

33 이명규, 장우권 외. 2005. 재외한인 문헌정보자원과 실제. 서울: 집문당, 57-58.
34 뉴스보도기능(어떤 사실을 알리기 위한 전달), 해설보도기능(해설을 위한 보도), 광고보도기능(독자에게 도움을 주기 위한 보도), 오락보도기능(대중에게 즐거움을 주기 위한 보도)
35 P.M. Sandman, D.M. Rubin, & D.B. Sachman. Media(N.J: Prentice-Hall Inc., 1972); 사공복희, 장우권, 전게서. 195-196.

1.3 코리언 디아스포라 라키비움

가. 라키비움의 배경과 개념

지식정보자원의 급증과 역사문화자원의 국가산업화가 이루어지고 있다. 즉 IT 기술 환경변화와 지식정보자원의 기하급수적 증가로 전 세계 어디에서든 지식정보자원의 생산과 유통, 공유와 서비스, 역사문화유산의 유적과 관광, 한류(韓流)(가수, 드라마, 영화, 세트장 등) 등이 활발하게 이루어지고 있다. 또한 역사문화자원의 관심증대와 인터넷을 활용한 다양한 주제와 유형의 지식정보자원을 제공하기를 요구하고 있고 다양하고 깊이 있는 지식정보서비스가 요구되고 있다.

그러나 이용자들이 지식정보자원을 접근하는데 한계가 나타나고 있다. 도서관, 박물관, 기록관에서는 자관(自官)에서 보유하고 있는 자료 및 소장품만 제공하고 있다. 또한 각 기관별 정책과 제도, 독특한 조직문화, 개별적 기술요소 등으로 지식정보자원의 공유와 서비스가 제한되고 있다. 이러한 문제점을 극복하고 다양한 지식정보자원의 공유와 제공을 위해 도서관, 박물관, 기록관의 기능이 하나로 통합되어 서비스될 수 있는 생산적인 라키비움 구축과 서비스가 필요하다.

라키비움(Larchiveum = Library + Archives + Museum)[36]은 도서관, 박물관, 기록관의 유사한 기능을 통합하여 다양한 매체의 지식정보자원을 통

36 2008년 메간 윈젯(Megan Winget)이 미국도서관박물관기구(The Institute of Museum and Library Services: IMLS)에서 지원한 '대규모 다중 사용자 게임(MMOG)의 수집과 보존을 위한' 라이브러리 저널(Library Journal)과의 인터뷰에서 언급한 개념; 장찬. 2020. 대학라키비움 구축방안에 관한 연구. 석사학위논문, 강릉원주대학교 대학원 기록관리협동과정, 9.

합 · 수집하여 종합적으로 서비스하는 기능을 갖춘 복합문화시설이다.

나. 도서관, 박물관, 기록관의 제휴

라키비움 전제로서 도서관, 박물관, 기록관이 제휴해야 할 이유는 다음과 같다.

첫째, 이용자의 지식정보요구를 효과적으로 만족시켜줄 수 있는 최선의 방법이다. 즉 세 기관이 소장하고 있는 자료에 대한 서지정보와 컬렉션이 인텃상에서 디지털 형태로 제공된다면 이용자는 한 장소에서 모든 자료에 접근하고 편리하게 새로운 지식정보를 얻는다.

둘째, 유비쿼터스 환경하에서 통신망을 통한 지식정보의 양이 급격히 증가하여 각 기관 내의 제한된 예산으로 이용자의 확대된 지식정보서비스 요구에 부응하지 못할 뿐만 아니라 증가하고 있는 지식정보자원을 모두 구비할 수 없는 상황이다. 따라서 세 기관의 제휴는 비용면에서 경제적인 부가가치를 창출할 수 있다.

셋째, 세 기관의 자료수집에 도큐멘에테이션 전략을 세워 실행함으로써 경제적이며 체계적인 수집업무를 수행한다.

넷째, 역사문화유산의 콘텐츠를 효과적으로 이용할 수 있다.

다음 [그림 1-4]는 라키비움으로서 도서관, 박물관, 기록관 제휴 모형을 제시한 것이다.

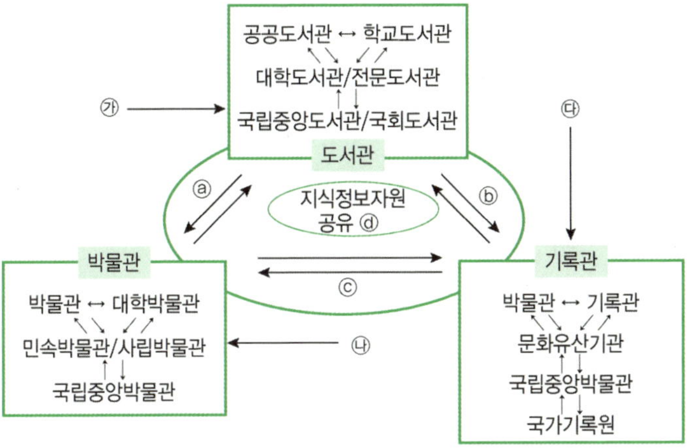

㉮ 국민과 지역사회 구성원을 위한 교육과 연구, 취미, 문화, 산업, 다문화 지식정보자원 등
㉯ 시대별, 국가별 지역사회와 국가의 특성화된 박물관 자료, 유물과 유적의 발굴과 보존 · 전시자료
㉰ 시대별, 국가별 역사와 지역사회의 사료 · 기록물
ⓐ, ⓑ, ⓒ ⇒ 1단계[지식정보자원 알림기능(링크)] ⇒ 2단계(지식정보자원 소재위치기능)
⇒ 3단계 ⓓ지식정보자원 통합검색기능(기관안내, 자료이용, 교육, 홍보, 정보게시판 등)

그림 1-4 라키비움으로서 도서관, 박물관, 기록관 제휴 모형

다. 코리언 디아스포라 라키비움

전 세계의 코리언 디아스포라들은 이주와 정착 그리고 삶의 여정을 통해 다양한 지식정보자원을 생산하였다. 생산된 지식정보자원을 수집 또는 기증 · 축적 · 정리 · 유통되어 현지 또는 한국의 도서관, 박물관, 기록관에서 서비스되고 있다. 세 기관의 각각의 기능이 하나로 통합 또는 구축되어 서비스되는 복합문화시설 공간이 코리언 디아스포라 라키비움이다.

코리언 디아스포라 라키비움은 일반적인 라키비움보다 다른 특색있는 복합문화시설로서 제휴 또는 구축되어야 한다. 라키비움 구축을 위한 핵심 전략으로 이용자 중심적 사고에 입각한 세 가지 기본 방침을 제안한다. 첫째, 도서관과 기록관, 박물관, 미술관 등의 코리언 디아스포라 역사문화유산시설의 정보와 서비스를 포괄하는 지식정보와 역사 · 문화 · 예술을 향유하는 라키비움이다. 둘째, 새로운 아이디어를 탐구하고 이용자의 능동적 참여를 유도하는 메이커 스페이스이다. 셋째, 인간 본연의 욕구인 자연회귀에의 대응을 고려한 생태환경과 조화를 중시한 매력적인 도서관의 공간 구축이다([표 1-8]).[37]

[표 1-8]은 위의 기본방침을 토대로 코리언 디아스포라 라키비움 구축을 위한 전략을 제시한 것이다.

표 1-8 코리언 디아스포라 라키비움 구축 전략

1. 지식정보 · 역사문화 · 예술을 향유하는 코리언 디아스포라 라키비움	
역사문화 · 예술광장 (culture commons)	인쇄매체와 디지털 콘텐츠를 혼용하여 도서, 기록, 박물, 미술, 과학 등 다양한 콘텐츠를 통합적이고 체계적으로 제공하고 역사문화와 예술을 향유하는 역사문화 · 예술 광장으로서 '코리언 디아스포라 라키비움'
다양한 만남 (high contact)	지식정보와 지식정보의 만남, 지식정보와 이용자의 만남, 이용자와 이용자의 만남의 장을 마련하여 다양한 지식정보를 교류하고, 생각을 공유하며 또 다른 지식을 창출할 수 있는 지식정보공유공간으로서 '지식정보광장'
접근 (connection)	도서, 기록, 박물, 미술 등 주제별 콘텐츠와 상호 연속적인 흐름을 원활하게 하여 지식정보취약계층 등 모든 사람들의 효율적인 이용을 지원하고 오픈 GLAM(Gallery Library Archive Museum)을 지양하는 '디지털 코리언 디아스포라 라키비움'
2. 새로운 아이디어를 탐구하고 이용자의 능동적 참여를 유도하는 메이커 스페이스	
적은 부담 (low impact)	첨단 기술과 장비, 미디어 접근에 대한 부담을 최대한 줄이고, 새로운 아이디어를 탐구하고 창의하고 만들며, 새로운 것을 시도하고, 협업을 지원하는 공간으로서 첨단 장비와 기술, 미디어에의 접근성을 최우선적으로 고려하는 '메이커 스페이스'

37 곽승진, 이정미. 2018. 복합문화시설로서 도서관의 라키비움 도입 전략 연구. 한국비블리아학회지, 29(1), 346-347.

능동적 참여 (participation)	지식정보를 체험하는데 그치지 않고 습득한 지식정보를 '생각', '교류', '공감'함으로써 또 다른 새로운 지식을 창출하는 적극적 이용과 능동적 참여를 지원하는 '커뮤니티 센터'
스마트 (smart)	인공지능과 빅데이터 등 첨단 정보기술을 이용하여 이용자의 지식정보 문해와 빅데이터 활용능력을 배양하고 이를 창조적으로 활용할 수 있는 지식정보환경으로서 '스마트 도서관'
플랫폼 (platform)	클라우드 기반의 자료관리시스템과 디스커버리 기술, 스마트 장비 등을 활용하고 다양한 지식정보원을 통합하여 제공하는 '도서관 서비스 플랫폼(library service platform)'
3. 생태적 개념을 적용한 매력적인 공간	
자연 (green)	인간의 근본적인 휴식요소인 자연(green) 개념을 적극적으로 도입하는 '아름답고 매력적인 도서관 환경'
건강 (health)	눈의 피로를 줄이고 콘텐츠의 시각적 전달력을 높이는 효율적인 전시환경과 자연스러운 움직임을 유도하는 '사색하고 휴식하는 공간'
호기심 자극 (curiosity)	시각정보의 과밀현상이 일어나지 않도록 지식정보의 주제를 정돈하고 호기심을 자극하는 전시/체험/역사문화향유 서비스를 제공하는 '큐레이션 서비스'

2장

코리언 디아스포라 지식정보자원 형성과 관리

2.1 코리언 디아스포라 지식정보자원 형성과 발전

2.2 지식정보자원 관리

2장

코리언 디아스포라 지식정보자원 형성과 관리

2.1 코리언 디아스포라 지식정보자원 형성과 발전

코리언 디아스포라는 전장(前章)에서 언급하였다시피 세계 곳곳에 이주하여 거주하고 있다. 코리언 디아스포라(고려인, 조선족, 재일한국인, 북미와 중남미, 유럽 등)는 정치적으로 또는 경제적으로 개인을 넘어 거주지 촌을 중심으로 공동사회를 형성해 왔다. 특히 이 장에서는 오랫동안 디아스포라의 삶을 영위하고 있는 고려인과 조선족을 중심으로 기술하였다.

가. 정체성과 한인 공동체

러시아 고려인 사회는 최초의 이민자 그룹이라 할 수 있다. 러시아지역에 정착한 한인들은 140년 동안 수많은 사회변동을 겪으면서 다양한 한인 공동체를 형성해 왔다. 19세기 이후 약 70년 동안 고려인 1세대 이주민들은 민족공동체를 거점으로 한 문화공동체를 형성했고, 그 속에서 다양한 정보자원을 생산해 낼 수 있었다. 그 과정은 단지 주어진 기회를 활용한 것에 있지 않았고, 치열한 항일투쟁, 차별당하지 않기 위한 헌신적인 노력과 실천, 한민족의 근면성을 바탕으로 이루어질 수 있었다. 오늘날 러시아와 주변국가에 살고 있는 고려인은 수많은 역사적 고난을 경험했던 세계한민족 중에서도 매우 비극적인 삶을 이겨내며 살아온 사람들이다. 이들은 광활하게 펼쳐져 있는 유라시아대륙에 흩어져 살았지만 닥쳐온 문제들 속에서 단련되었고, 시련을 통해 성장했다. 고려인공동체의 형성과 이주방식은 매우 중요한 의미를 가지고 있고 정보자원의 생성과 유통에도 중요한 영향을 미친다고 할 수 있다.[1]

강제이주 초기의 민족정체성은 고려인에게는 정신적인 자부심이며 미래의 희망이었다. 그러나 이러한 희망이 소련의 소수민족언어 말살정책과 새로운 환경에 적응해야 하는 이중적 삶의 고통에서 사라지고 독특한 고려인의 정체성이 형성되었다. 구소련지역의 고려인들은 스스로 고려인이라고 존재규정을 한다는 면에서 일치한다. 그러나 어떤 내용과 기준을 통해 자신을 한민족으로 규정하는가에 있어서는 차이가 있다. 구소련지역의 고려인들은 부모가 고려인이라는 사실, 즉 혈연에 큰 비중을 둔다. 이는 공통된 민족어를 상실하고 문화적 동화가 이루어진 조건에서 자신의 정체성을 부모세대로부터 찾으려는 것으로 의식적 · 상징적 성격이 강하다고 할 수 있다.[2] 따라서 이제 중앙아시아 고려인들은 그들에게 걸맞는 그들 고유의 합당한 정체성을 확보해야 한다.

중국의 조선족은 민족적 정체성을 문화의 동질성[3]과 민족의 중요한 구심

1 김정현, 장우권, 김홍길. 2006. 러시아에서의 고려인이 생산한 한글정보자원에 관한 연구: 1900-1937. 한국도서관 · 정보학회지, 37(3), 360.

2 조화성. 중국과 구소련의 소수민족정책과 재외한인의 민족정체성. 출처: 〈http://www.korea.ac.kr/~politics/magazine/working paper/natident.hwp〉

체 역할을 하는 공통된 언어인 조선어가 존재하고 이를 사용하는 것을 가장 중요한 민족의 특성으로 간주하고 있다. 이외에 조선족의 정체성을 유지할 수 있었던 것은 조국이 존재하고 있다는 사실이다. 일제치하의 그 어려움 속에서도 조국이 있었기에 중국 땅에서 삶의 터전을 이루고 살 수 있었다. 이것은 조국이 정신적 지주로서 기반이 되었다는 것이다.

오늘날 조선족의 정체성은 조선족이라는 민족성과 더불어 중국인이라는 국적을 동시에 포괄하고 있다. 조선족은 중국에 살면서 중국의 다른 민족들과 함께 중국의 강토를 개척하고 경제를 발전시키며 중화인민공화국을 건립하였으며 나라를 건설하는 과정에서 이중문화 심리를 가진 중국 소수민족의 하나로 바뀌었다는 것이다. 즉 조선족은 한반도에 있는 조선족과는 다른 이중문화를 지닌 중국민족이라는 것이다. 따라서 우리는 조선족의 특수성을 이해하고 중국 속의 조선족이 당당한 중국의 중요한 역할을 할 수 있도록 민족의 정체성 측면에서 지원해야 한다.[4]

나. 거주국의 언어와 한글

러시아 고려인들은 두 가지 부류로 구분할 수 있다. 초창기에는 경제적인 이유(농업이민)로 이주해 왔으며, 대부분 가난한 농민이었기 때문에 거주국인 러시아어 사용에 많은 문제점을 안고 있어 생활하는데 많은 어려움이 있었다. 또한 이주 2기(1905-1937) 이후에는 정치적 동기로 지식인, 혁명

3 우리들의 삶 속에 전승되어 유지되고 있는 한민족의 문화는 조선족에게도 커다란 영향을 끼쳐왔다. 매년 자치구, 시, 현별로 개체되는 축제 속에 나타나는 전통민요, 무용, 놀이, 음식문화 등은 조선족으로서의 살아가야 할 민족적 당위성을 보여주고 있는 사례이다.

4 이명규, 장우권. 2004. 중국조선족 한글정보자원 생산과 출판물에 대한 연구. 한국도서관 · 정보학회지, 35(4), 405-406.

가, 독립운동가 등이 이주(망명)함으로써 조선어 사용과 러시아어 사용이 동시에 이루어졌다. 더욱이 고려인 신문, 잡지 등의 정기간행물은 순한글, 러시아어, 병용(러시아어와 한글) 등으로 발행되었다. 강제 이후 중앙아시아 고려인과 사할린의 조선인들은 초기에는 우리말을 사용하고 우리말로 된 신문을 발행하였으나 구소련의 민족말살정책으로 우리말 사용이 금지되었다. 이후 러시아와 구소련사회에 동화되어 공식적으로 우리말 사용이 사라졌으나, 개인적으로 그리고 일부 지식인과 선각자들에 의해 계속 그 명맥이 이어져 왔다.

이와는 달리 중국조선족은 중국정부의 다원주에 입각한 민족자치주를 허가함에 따라 일상생활은 물론 교육기관, 신문, 정기간행물, 방송 등에서도 민족어인 조선어를 계속 사용해 왔다.

다. 교육과 기관

고려인과 조선족이 민족의 정체성을 계속 유지할 수 있었던 것은 교육의 힘이었다. 1911년 12월에 결성된 항일 민족운동단체인 권업회(勸業會)는 창립목적을 교민의 실업을 권장하고 저축을 장려하고, 러시아 공민이 갖추어야 할 문명의 행동을 도모한다고 밝혔다. 또 구체적 행동 강령으로 농상공업의 기획과 경영을 수행하고 회원의 정신적 욕구를 계발하기 위해 학교, 도서관, 독서실을 짓고, 독서회를 조직하고 신문과 잡지를 발행할 것을 결정한다.[5]

이와 같이 1922년 10월까지 연해주를 중심으로 극동공화국에는 약 220

5 러시아극동의 한인들: 19세기 후반 20세기 초, 문서와 자료, 2001, 블라디보스토크, 184.

개의 한인학교(한인사범학교, 니꼴스크-우수리스크 고려한인사범학교 등)가 있었다. 1926-1927년도 블라디보스토크 관구에는 농촌지역에 한인초등학교가 114개, 도시지역에는 5개가 있었다. 또한 문맹퇴치를 위해 고려인들은 적극적으로 참여하였다.[6] 그 결과 1930년대 연해주 고려인은 해외에 존재하는 어떤 그룹보다 높은 90% 이상의 문자해독률을 독파했다.[7]

1936년 지방인민교육부 자료에 따르면 287개의 초등학교에 총 19,255명, 준초등학교에 총 5,497명, 중등학교 261명의 학생이 재학하고 있었다. 또한 한인사범대학, 교육전문학교 2개, 농업기술학교 1개, 지방한인 소비에트당원학교, 고등공산주의 농업학교 조선과, 극동조선사범학교 등이 있었으며 많은 고려인들이 수학하고 있었다.[8]

강제이주 이후 우즈베키스탄에서는 17개 지구 주요 마을에 초등학교 48개소, 준중등학교 17개, 중등학교 7개소를 포함하여 총 72개소 학교를 개설하였다. 1938년 카자흐스탄에서는 농촌지역과 크질오르다지역에 한인사범학교 건립계획을 세웠으나 세우지도 못하고 극동에서 옮겨온 원동고려사범대학과 소왕령사범학교가 모두 폐쇄되었고 대부분 고등교육기관으로 개편되었다. 다행스럽게도 일부 고려인집단마을에 있는 고려인학교에서 한국어를 가르쳤다.[9]

---

6 1925년 한인마을에는 125개의 문맹퇴치조직이 만들어져 5,000명이 교육을 받았다. 이를 위해 성인을 위한 교과서인 '문맹퇴치'가 한글로 번역되어 제작되었다. 1929년에는 148개의 문맹퇴치 주민학교가 설치되어 1만 명이 교육을 받았다.; 극동혁명위원회 한인위원회 회의록, 러시아국립문서보관소, 서고 17.

7 러시아연방 국립문서보관소 소장자료, 문서고 1235, 목록 119, 사건 17 장9, 러시아 국립사회정치사문서보관소, 서고 495, 목록 154, 사건 240, 장 2.; 임채완, 장우권 외. 2008. 재외한인 정보자원 생성과 발전. 성남: 북코리아, 105-106.

8 김승화. 1965. 재소한인사연구. 카자흐스탄 알마티: 나우카, 209-210.; 임채완, 장우권 외. 상게서, 114.

1942년부터 사할린에 강제 징집된 조선인(노무자)은 1945년 8월 해방 이후에도 고국으로 돌아가지 못하고 잔류되었다. 일제식민지 통치가 끝나자 사회주의가 강요되었다. 한인들은 일본인과 떨어져 지내면서 집거촌을 형성하였고, 1946년 9월 1일 사할린 조선학교를 개교하였다. 1945년부터 1964년까지 사할린국립대에는 조선어학과가 있었다. 1954년 9월 1일에는 사할린 교육대학이 설립되어 고려인들에 대한 한글교육이 진행되었다. 그러나 사회주의 길을 강요받으면서 1964년 8월 조선사범전문학교 마저도 폐교되었다.[10]

중국 내 조선족학교는 1904년 동광학교, 1906년 용진학교, 서전서숙, 1907년 양정학당에서부터 1945년 춘화학교까지 913개의 학교가 운영되었다. 또한 조선족 서당은 1883년 용정육도구서당, 1887년 요하의 순호서당, 1901년 화룡규암재, 1913년 연길신흥서당에서부터 1935년 왕청 용수서당까지 158개의 서당이 활발하게 설립되고 운영되었다. 해방 후 중국의 소수민족 민족교육장려 정책으로 2002년 이래 약 537개의 조선족학교[11]가 운영되고 있다. 그러나 1장의 코리언 디아스포라에서도 언급했다시피 중국 조선족의 인구감소로 많은 학교가 폐쇄되고 있는 실정이다.

9 김필영. 2004. 소비에트 중앙아시아 고려인 문학사. 강남대학교 출판부, 24.; 임채완, 장우권 외. 상게서, 119-121.

10 임채완, 장우권 외. 상게서, 136-138.

11 소학교 327개교, 중등학교 157개교, 기타학교 53개교, 성별로는 연변자치주(209), 흑룡강성(144), 요녕성(90), 길림성(87), 기타(7) 순으로 나타났다. 황유복 편. 2002. 중국속의 한글학교. 미 · 중 한인우호협회, 3.; 김현동, 주인영. 1999. 재중동포사회 기초자료집 I: 중국조선족 개황, 재외동포재단, 191-234.; 재외동포재단. 2002. 중국조선족현황, 12.

라. 정보자원 생성(형성)과 발전

코리언 디아스포라(고려인, 조선족)는 공통적으로 이주와 정착지에 공동체를 수립하면서 자연스럽게 공동체의 소식을 전하고 결집할 수 있는 다양한 형태의 정보자원을 생산하고 발전시켜 왔다.

러시아 극동지역에서는 유치원, 초등학교, 민족사범학교 등 민족교육기관과 신문사, 출판사, 잡지사, 극장 등이 설립되어 운영되었으며, 이들 기관에서는 초중등학교 및 콜호즈 청년학교용 교과서를 제정하여 출판하였고, 신문, 잡지, 소식지 등을 발행하였다. 또한 문화와 각종 산업분야의 서적, 조선문목록집, 사회주의 학습 및 당 출판물 등 활발한 출판활동이 이루어졌다. 이들 중 특히 신문이나 잡지, 소식지 등은 고려인 사회를 결속시킨 문화적 원동력이 되었다.[12] 이들 정보자원들은 조선어와 러시아어 등으로 편찬되었다.

중앙아시아(카자흐스탄, 우즈베키스탄)에서는 초창기 학교를 설립하여 민족교육을 시키다가 그 이후 강제 폐교되었으며, 신문사, 출판사, 잡지사, 방송국, 극장, 영화사 등이 설립되어 운영되었다. 이들 기관에서는 고려말과 러시아어로 된 신문, 잡지, 텍스트, 문학서적 등이 발행되었으며, 방송, 공연 등이 이루어졌다.

중국에서도 조선족을 중심으로 서당, 소학교, 중학교, 전문학교, 대학교 등 민족교육기관과 신문사, 출판사, 잡지사, 방송국, 문화예술기관 등이 설립되어 운영되었으며, 교과서와 전문도서와 문학도서, 당 출판물, 신문, 잡지 등이 조선어와 중국어로 발행되고, 조선말방송과 우리민족 예술공연 등이 이루어졌다.

12 김정현, 장우권, 김홍길. 전게서, 361-362.

2.2 지식정보자원 관리

가. 지식정보자원 구성과 분포

지식정보자원 구성은 크게 국가와 시대별로 구분한다. 러시아와 중앙아시아는 1860년대 이후1945년 해방 때까지 조국에서 생활도구와 같이 가져온 가문(家門)에 관련된 족보(族譜)와 기록문서, 19세기 때의 고문서와 20세기 초에 생산된 정보자원, 1937년 강제이주 이전 극동에서 생산된 정보자원, 1937년 강제이주 이후 개혁개방 이전까지 연해주(沿海州), 모스크바, 상트페테르부르크, 사할린 등에서 생산된 정보자원, 1937년 강제이주 이후 현재까지 카자흐스탄과 우즈베키스탄 등에서 생산된 정보자원, 해방 이후 북한에서 가져왔거나 보내온 도서, 개혁개방 이후 한국에서 가져왔거나 보내온 정보자원 등으로 구성된다.

중국은 1860년대 이후 1945년 해방 때까지 조국에서 생활도구와 같이 가져온 가문에 관련된 족보와 기록문서, 19세기 때의 고문서와 20세기 초에 생산된 정보자원, 해방 이후 조선족자치주, 집거지역(集居地域)과 잡거지역(雜居地域)에서 생산된 정보자원으로 구성된다.

또한 지식정보자원은 다음과 같이 분포되고 있다.

- **텍스트와 기사 위주 생산**: 출판사, 잡지사, 신문사, 방송국 등
- **음향과 영상기록매체**: 라디오, TV 등
- **문화예술 공연**: 극장, 필름(시네마, 영화관), 가무단(歌舞團) 등
- **역사기록문헌**: 도서관, 당안관(檔案館), 문서관(文書館), 기록보존소 등

나. 정보자원 생산기관과 매체별 현황

1) 출판사와 출판물

러시아에서 출판사는 1923-1937년 강제이주 이전에는 원동국영, 원동국립, 외국노동자, 원동당출판, 연해도위생부(沿海島衛生部), 원동변강직업동맹(遠東邊疆職業同盟), 인민교육, 국립교육, 도서주식회사(圖書株式會社), 연해교육부, 연합출판, 원동변강소비조합동맹, 유즈노사할린, 레쎄페쎄레적십자회, 해삼현 당간부, 태평양직업동맹, 크니스노예젤로, 외국문서적 등으로 이루어졌다. 발행지는 극동지역(연해주)에서 블라디보스토크, 우수리스크, 해삼위, 하바로프스크와 유즈노 사할린. 그리고 모스크바, 레닌그라드 등으로 나타났다.

이들 발행지의 출판사에서는 교육출판물(초중등학생의 고려인 한글교육용 등의 교과서와 사회주의 학습교과서, 사전 등), 지침서(농업, 어업, 축산, 양봉 및 양잠, 광업, 상업, 계획경제 등 직능별 분야에 관한 전문도서), 여성 및 건강, 생활상식 및 문화, 음악 및 문학(희곡집, 문학작품) 등의 도서, 아동도서 등이 출판되었다. 특징으로는 이들 도서들이 대부분 한글문헌이라는 것이다([그림 2-1], [그림 2-2], [그림 2-3] 참조).

1937년 강제이주 이후에서 현재까지는 모스크바, 상트페테르부르크, 사할린 등지에서 각종서적과 지침서, 희곡집과 음악관련자료, 아동도서 등이 사할린 서적, 소련과학원 동방도서, 모스크바 과학, 외국문서적(外國文書籍), 모스크바 쁘로그레쓰 등에서 발행되고 있다.

▌그림 2-1 ▌연해주에서 만들어진 한글교육교재

▌그림 2-2 ▌1920-1930년대 농업분야 고려인 문헌

▎그림 2-3 ▎1930년대 생활상식분야 고려인 문헌

중앙아시아 카자흐스탄에서는 한글로 된 정보자원 대부분이 1934년에 창립된 자수시(Zhazushy)출판사에 발행되었다.[13] 이외에도 카자흐국영출판사, 알마아따 출판사, 알마아따 작가출판사, 알마아따 오네트출판사, 알마아따 산삼출판사(고려인 운영) 등에서 발행되었다. 출판유형은 주로 시, 소설, 희곡, 종합작품집, 개인과 다수 저작 등이다.

중국 내의 조선족 출판은 1945년 이전에는 국내와 중국 내의 출판사에서 이루어졌다. 해방 이후 1949년 중화인민공화국이 성립되기 전인 1947년에 벌써 중국 내 소수민족 가운데서 처음으로 연변교육출판사를 설립하여 운영하였으며, 이외에 연변인민출판사(1951년), 중앙민족출판사 조선문편집

13 현재 이 출판사에서 한국어 도서는 발행되지 않고 있다. 그 이유는 카자흐스탄 고려인들이 한글을 거의 잊어버리고 있으며 출판에 있어서 판로 문제가 있기 때문이다. 이 출판사에서 현재까지 순수 한글로 마지막 발행된 도서는 김광현의 작품 '싹'(1986)이다. 그 이후 작가들은 러시아어로 작품을 쓰고 발행하고 있다. 작가 한진은 주로 민족적 색채가 짙은 작품을 쓰는 것으로 알려져 있는데, '고려인(한인)이주'(1996)를 러시아어와 한글 합철로 발행하였다.; 장우권 외. 2006. 재외한인의 문헌정보자원 정책과 관리. 성남: 북코리아, 232.

실(1953년), 흑룡강조선민족출판사(1976년), 요녕민족출판사(1986년), 고차원의 학술저서, 고등학교교재 출판을 담당한 연변대학출판사(1986년)가 운영되었다. 현재 중국 내 조선족 조선문 발행 출판사는 7개가 운영되고 있다. 즉 조선문민족출판사로서 연변인민출판사, 연변교육출판사, 민족출판사, 흑룡강조선민족출판사, 료녕민족출판사, 연변대학출판사 등 6개의 출판사와 북경의 외문출판사가 있다.[14] 이들 출판사에서는 조선문 또는 중문(中文)으로 정치와 역사, 경제와 사회, 문화예술 등의 영역에서 다양하게 텍스트와 전문도서(중국조선족민족연구), 문학도서(조선고전문학선집), 아동도서(세계아동문학), 교육용 · 학습용교과서(한글), 사전(中朝辭典) 등을 발행하고 있다.

2) 신문사와 신문

1908년 2월 26일에 연해주 해삼위에서 러시아 최초 한인 한글신문인 '해죠신문(海朝新聞)'이 발행되었다. 이후 '대동공보'(1908), '대양보'(1911), '권업신문'(1912), '자유종'(1917), '선봉'(1923) 등 많은 신문과 소식지가 발행되었다. 이 중에서 가장 대중적인 신문은 '선봉'(先鋒, 아방가르드(Авангард), Senbon)[15]이었다. 1937년까지 러시아 고려인 사회에서는 총 18개의 언론기관이 형성되었고, 고려인의 삶의 가치가 기록으로 전해졌다.[16]

14 이명규, 장우권. 전게서, 412-418.; 장우권 외. 전게서, 53-76.

15 1923년 3월 1일 '3 · 1독립만세운동' 제4주년을 기념하여 창간호가 발행되었는데(초대 주필은 이성), 1932년도에는 1만부의 부수를 가질 정도로 발전하였다. '선봉'은 강제이주 바로 전인 1937년 9월까지 발행되었다. 당시 이 신문은 한인 이민의 생활, 관습, 전통, 역사에 관한 정보를 기사화했으며, 전체 극동의 산업, 문화, 사회생활에서의 사회경제적 변동과 새소식에 관한 정보를 다루었다.

16 이명규, 임채완 외. 전게서, 209-212.; 임채완, 장우권 외. 전게서, 253-254.

강제이주 이후에는 '선봉'이 1937년 11월 7일 크즐오르다에서 발행하였다. 이후에는 '레닌의 긔치'(1938), '레닌기치', '고려일보'(1991)로 제호가 변경하여 개칭되어 발행되고 있다. 현재는 '고려일보', '주간고려일보', '한인일보'(1999), '실크로드'(2004) 등이 발행되고 있으며, 우즈베키스탄에서는 '고려신문'(타슈켄트, 1997), '교민일보'(20001)가 발행되고 있다. 사할린에서는 '朝鮮勞動者(1949년)', '레닌의 길로'(1961), '새고려신문'(1991)으로 제호가 변경되었으며, '원동(1994)' 이 발행되고 있다.[17]

중국 내 조선문신문은 시기별로 다음과 같이 발행되었거나 발행되고 있다.

- **1909-1910:** 월보(月報)(1909)와 대성단보(大成團報)(1910)[18]
- **3·1운동(1919-1920):** 조선독립신문(북간도, 1919), 대한청년보(상해, 1920) 등 24종
- **1921-1945년(해방):** 애국신보(연길, 1921, 연길) 등 110여 종
- **1945-1948:** 한민일보(연길, 1945) 등 17종
- **1949-1978(중국공산당창건-문화대혁명):** 동북조선인민보(연길, 1949) 등 15종
- **1979-현재:** 연변일보(연길, 1948), 흑룡강신문(목단강, 1983), 길림신문(장춘, 1985) 등 20여 종[19]

---

17 장우권, 사공복희. 전게서, 9-11.

18 조선족의 첫 신문은 1909년 연길의 국자가에서 발행(월보, 月報), 월보와 대성단보는 정치, 경제 교육, 법률, 역사, 지리, 국내외 시사 및 지방소식 등 광범위한 내용을 담은 종합지이다. 진보지(근대정치를 평론하고 낡은 정치를 비판), 반일 구국사상 및 권선징악, 사회기풍의 개량, 산업의 개발과 교육의 진흥, 공평한 법률과 정치적 개선을 주장; 최상철. 1995. 중국조선족 언론사. 경남대출판부, 16-18.

19 이명규, 임채완 외. 전게서, 99-100.; 장우권 외. 전게서, 76-82.

3) 잡지사와 잡지

1937년 강제이주 이전에 '신종'(1908), '대한인정고보'(1910), '애국혼'(1917?), '말과 칼'(1924), '앞으로'(1933) 등이 발행되었다. 1937년 강제이주 이후 '소련'(1953-1990, 모스크바), '소련여성'(모스크바), '평화와 사회주의 제문제(1958-1968, 모스크바), '한인회소식(사할린, 1992), '한인사회'(하바로프스크, 1997) 등이 발행되고 있다.

중국에서 조선문잡지는 해방 이후에서부터 현재까지 발행되거나 폐간되었다. 잡지의 발간은 연변을 중심으로 목단강, 하얼빈, 길림, 장춘, 통화, 심양, 북경 등지에서 이루어졌으며, 잡지의 종류는 크게 당잡지(정치교양지), 학술지, 교양지, 과학기술지, 군사지, 청소년지, 아동지, 여성지, 문학지(순문학지와 문예비평지) 등으로 또는 크게 문예지, 정치지, 전문지, 종합지, 생활지, 인터넷으로 등으로 구분할 수 있다. [표 2-1]은 잡지유형별 잡지 현황을 나타내고 있다. 현재 조선문 관련 잡지 소년아동(1950), 연변문학(1951) 등 38종이 발행되고 있다.[20]

표 2-1 조선문잡지 유형별 잡지 현황

발간시기	잡지유형	잡지명
광복직후와 해방전쟁 이전시기 (1945-1949)	정치지	사회과학강좌, 연변통신, 시사순보, 민족공작통신, 농민의 기쁨 등
	전문지	교육통신
	종합지	신건설, 불꽃, 신청년, 해방, 건설, 대중, 연변문화, 문화 등

20 리옥금, 김덕모 편. 2002. 중국조선문잡지목록색인 1954-1990. 목단강: 흑룡강출판사. 이 목록색인을 필자가 다시 재분류하여 '中國朝鮮文類別雜誌名目錄索引'을 완성(1954년부터 1990년까지 중국 내에서 발행한 모든 조선문잡지 조사); 이명규, 임채완 외. 전게서, 115-142.

<table>
<tr><td rowspan="4">중화인민공화국 창건시기 (1949.10–1956)</td><td>문예 화보지</td><td>연변문예,[21] 아리랑, 장백산, 인민화보, 민족화보 등</td></tr>
<tr><td>정치지</td><td>신농촌, 지부생활보, 지부생활, 당의건설, 학습, 붉은기 등</td></tr>
<tr><td>전문지</td><td>소학교육, 연변위생, 학습과 연구, 대중과학, 어문학습참고재료, 연변일보통신 등</td></tr>
<tr><td>종합지</td><td>기적, 장홍, 불꽃, 선행, 쇠물, 번개, 의란, 맹아, 새싹, 천벌, 배꽃, 동풍, 심근의 노래, 샘물, 천평벌, 구수하벌, 구락부의 벗, 쿨룽산, 해란강, 부르하통하, 가야하, 송하강, 두만강 등</td></tr>
<tr><td rowspan="4">건국 후 7년시기 (1957–1965)</td><td>문예지</td><td>장백산, 송하강, 연출재료, 아리랑, 연변문학 등</td></tr>
<tr><td>정치지</td><td>지부생활, 학습, 붉은 기 등</td></tr>
<tr><td>전문지</td><td>교육통신, 연변위생, 대중과학, 어문학습참고자료 등</td></tr>
<tr><td>종합지</td><td>연변청년, 연변, 동북민병, 민병의 벗 등</td></tr>
<tr><td rowspan="4">문학혁명시기 (1966–1975)</td><td>문예지</td><td>혁명가곡, 군중예술, 연변문예 등</td></tr>
<tr><td>정치지</td><td>붉은 기, 신길림 등</td></tr>
<tr><td>전문지</td><td>흑룡강일보통신, 연변방송 등 법률과 생활</td></tr>
<tr><td>종합지</td><td>동북민병 등</td></tr>
<tr><td rowspan="5">새시기 (1976–현재)</td><td>문예지</td><td>연변문예, 천지, 군중예술, 해란강, 송하강, 장백산, 예술세계, 도라지, 문학과 예술, 장백산, 세계문학, 아리랑, 진달래, 시내물, 별나라, 북두성, 세계아동문학, 봄노래 등 동북후비군</td></tr>
<tr><td>전문지</td><td>교육통신, 연변교육, 중국조선족교육, 대중과학, 연변위생, 연변의학, 연변일보통신, 통신원의 벗, 흑룡강일보통신, 학습과 통신, 흑룡강신문, 연변송, 조선어문사업통신, 소년과학, 어문연구, 조선어학습과 연구, 일본어학습과 교수, 조선어문, 중국조선어문, 취재와 집필, 신문연구 등</td></tr>
<tr><td>생활지</td><td>동북저널, 문화주간 등</td></tr>
<tr><td>종합지</td><td>홍소병, 소년아동, 청년생활, 은하수, 새마을, 갈매기, 연변여성, 꼍동산, 민족단결 등</td></tr>
<tr><td>인터넷</td><td>인터넷 신문 등</td></tr>
</table>

21 연변문학은 연변문예(1951), 아리랑(1956), 연변문학(1959), 연변(1961), 연변문예(1974), 천지(1985), 연변문학(1998) 등으로 잡지명이 부침을 거듭하였다. 그 이유는 정치적 변혁에 따라 개칭이 이루어졌기 때문이다.

4) 방송국과 방송프로그램

현재 하바로프스크 '한국어방송(라디오),' 사할린 '우리말 방송(라디오),' 카자흐스탄 '우리민족 텔레비전방송'(1991, 국가방송, 알마티), '고려인라디오방송'(알마티)이 개국되어 방송되고 있다. 중국에서 첫 번째 조선어 방송은 1946년 6월 연길신화방송국에서 시작되었다. 현재 조선어방송은 5개가 운영되고 있다: 연변라디오방송(1948, 연변인민방송국), 연변TV방송(1977, 연변TV방송국), 흑룡강조선어 라디오방송(1964, 흑룡강조선어방송국; Web 방송 병행), 중앙인민 라디오방송(북경, 중국인민방송국조선어방송), 중국국제방송(1950, 북경, 중국국제방송국조선어방송, CRI; Web방송 병행).

5) 문화예술기관과 음악, 연극, 영화

카자흐스탄에는 1932년 원동 블라디보스토크에서 '조선극장' 창립 이후 고려극장(1997)으로 개칭하여 현재 500만 명 이상의 관객을 유치하였고, 약 250여개의 연극과 음악회 공연, 극작가들에 의해 약 80여 편의 희곡, 약 70여 편의 러시아, 소련, 외국작품들이 번역되어 무대에서 상연되고 있다. 또한 영화로는 카자필름(카자흐스탄 영화제작소), 송시네마(개인영화사) 등에서 주요 기록문헌을 토대로 기록영화 제작과 발표를 하고 있다.

우즈베키스탄에서는 '우즈벡필름', '우즈벡텔레필름' 등에서 고려인에 관한 다큐멘터리 영상물과 TV방송용 여상물이 제작되어 방영되었으며, '샘물 바이얼린'(1992), '청춘가무단'(1984, 타슈켄트) 등의 예술단체에서 고려인의 예술문화를 계승하여 이를 발전시키고 있다.

3 장

코리언 디아스포라 라키비움 지식정보자원

3.1 코리언 디아스포라 도서관

3.2 코리언 디아스포라 기록관(기록보존소)

3장

코리언 디아스포라 라키비움 지식정보자원

3.1 코리언 디아스포라 도서관

가. 러시아

러시아에서 고려인들에 관련된 지식정보자원(1945년 이전)은 연해주, 모스크바, 레닌그라드에서 출판되었다. 이들 정보자원은 현재 러시아 국립도서관(전 레닌국립도서관), 러시아국립역사도서관, 전러시아외국문학도서관, 러시아국립도서관(상트페테르부르크), 국립러시아역사도서관(모스크바), 과학아카데미 산하 연구도서관, 대학부설 도서관, 학교교육기관부설 도서관 등에 보관되어 있다.

1) 러시아국립도서관(모스크바)

도서관 전경[1]

컬렉션[2]

컬렉션 문서[3]

- 원명(原名): Российская государственнаябибли отека(부설 동양학자료센터)
- 주소: 119019, Москва, ул. Воздвиженка, 3/5
- 설립연도: 1862년
- 커뮤니케이션: e-mail: post@rsl.ru(대학교); mery@rsl.re, oc@rsl.ru(동양학센터) / Tel: 7(800)-100-57-90, 7(499)-557-04-70
- 홈페이지: https://www.rsl.ru/
- 지식정보자원:

---

1 러시아국립도서관(RSL)은 러시아에서 가장 큰 도서관이며 세계에서 두 번째로 큰 도서관이다. 러시아 연방 모스크바에 있는 국립도서관, 모스크바 최초의 국립도서관(Russian State Library)은 루미나테스(N.P. Ruminates) 백작이 수집한 러시아와 세계 각국의 서적을 바탕으로 1862년 개관하였다. 이후 상트페테르부르크로 이전하였다가 소련정부에 의해 1918년 모스크바로 재이전하였으며, 1924년 레닌국립도서관(Lenin state library of the USSR)으로 중앙도서관이 되었다. 1992년 1월 러시아 대통령 옐친의 포고령에 의해 러시아국립도서관으로 이름이 바뀌어 오늘에 이르고 있다. 그것은 1862년에 설립되었고 모스크바 공공박물관과 루미안체프 박물관의 일부였다. 설립 순간부터 도서관은 러시아에서 출판된 모든 출판물의 법적 보증금 사본을 받아오고 있다. 1924년 1월 24일 레닌러시아도서관으로 개칭되었다. 1925년 2월 6일 소비에트 연방 대 레닌국립도서관으로 바뀌었고 1992년 1월 22일부터는 러시아국립도서관이다. 현재 러시아국립도서관은 4,700만 권 이상의 책, 문서, 공예품을 소장하고 있다. 연간 80만 명 이상이 도서관을 방문하고 약 10만 장의 신규 도서관 티켓이 발행된다. RSL에는 36개의 열람실이 있으며, 150명 이상의 사람들이 동시에 일할 수 있다. 14세 이상의 러시아 시민이나 기타 국가 시민은 누구나 도서관의 이용자가 될 수 있다. 출처: 〈https://www.rsl.ru/〉

2 전 세계 367개 언어로 된 지식정보자원으로 전체 소장품 약 4,740만 점(희귀본 약 300만 점)을 소장하고 있다. 출처: 〈https://www.rsl.ru/〉

3 가장 초기의 필사본은 말과 가르침의 모음(1076년)이다. 이미 디지털화된 책 기념물 중에는 13세기 고대 러시아 도서 문화의 가장 유명한 기념물 중 하나인 시몬의 복음서와 러시아 최초의 필사 지리 지도책인 시베리아의 드로잉북이 있다. 여기의 책은 사도 1564. 모스크바에서 인쇄된 최초의 정확한 날짜의 책이다. 이 사도의 창시자는 이반 페데로프(Ivan Fedorov)와 피터 터모페에프 므스첼레벳스(Peter Timofeev mstialavets)라는 두명의 선구적인 인쇄공에 관한 것이다. 출처: 〈https://www.rsl.ru/〉

▸ 러시아국립도서관은 고려인에 관련된 자료들을 부설 동양학자료센터로 이관하여 보존 · 열람시키고 있다.[4] 여기에는 수많은 자료들이 있으나 필자들이 발굴한 900여 종의 자료들 속에는 독립운동 관련서적, 연해주 고려인들의 교과서, 고려인의 언론 및 잡지 관련서적, 러시아 고려인들의 이주 관련서적, 농촌 소비에트에서의 다양한 문화와 각종 산업분야의 서적, 사회주의 학습 및 당 출판물, 조선문서목록 등이었다.[5]

러시아국립도서관(모스크바) 부설 동양학자료센터에 보관되어 있는
연해주에서 만들어진 한글교육교재[6]

4 폐가제로 운영되고 있는 자료들을 담당자와 팀장의 허락하에 서고에 직접 들어가 일일이 자료를 찾았다. 열람조건도 너무 까다로워 힘들었다. 많은 자료가 너무나 정리되지 않고 방치되어 있어 우리 민족사의 비극을 말해주는 것 같았다.

5 서적, 연해주 고려인들의 교과서, 고려인의 언론 및 잡지 관련서적, 조선문서목록 등이었다. 자세한 자료목록은 김정현, 장우권, 김홍길. 2006. 러시아에서의 고려인이 생산한 한글정보자원연구: 1900-1937. 한국도서관 · 정보학회지, 37(3), 357-380.에서 참조

6 이 자료들은 필자가 2006년 현지조사를 통해 확인된 것이다.; 임채완, 장우권 외. 2008. 재외한인 정보자원 생성과 변천. 성남: 북코리아, 255-256.

2) 러시아국립도서관(상트페테르부르크)

성 페테르부르크의 겨울풍경[7]

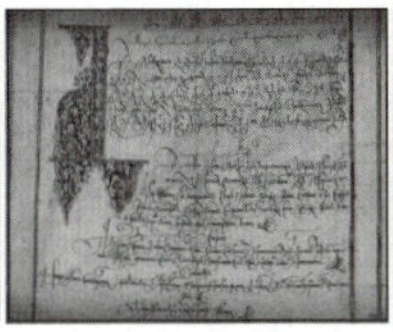
디지털 도서관[8]

볼테르도서관[9]

온라인 전시[10]

- 원명(原名): РОССИЙСКАЯ НАЦИОНАЛЬНАЯ БИБЛИО ТЕКА (이전 레닌국립도서관)
- 주소: 상트페테르부르크시 사도바야 18
  г. Санкт-Петербург, Садовая ул., д. 18 Межо тдельская гр уппа по работе РНБ в системе РИНЦ /18, Sadovaya street, St. Petersburg, Russia, 191069
- 설립연도: 1795년

7 당시 러시아 제국의 수도였던 성 페테르부르크의 겨울풍경을 묘사한 우리 컬렉션의 초기 엽서이다. 19세기 말과 20세기 초에 러시아와 스웨덴의 출판업자들이 발행한 이 카드에는 유명 작가와 덜 알려진 예술가의 작품을 복제한 내용이 담겨 있다. 출처: 〈http://nlr.ru/〉

8 러시아국립도서관의 디지털 도서관은 개방적이고 일반적으로 접근하기 쉬운 지식정보자원을 구축하고 있다. 2019년 초, 디지털 라이브러리는 책, 잡지, 신문, 음악 출판물, 그래픽 자료, 지도, 계획, 도해, 오디오 녹음을 스캔한 65만 부 이상을 소장하고 있다. 출처: 〈http://nlr.ru/〉.

9 도서관 컬렉션에는 유럽의 문화유산이 잘 표현되어 있다. 그 중에서도 특히 프랑스 소재가 풍부하다. 18세기 유럽 문화의 가장 중요한 기념물 중 하나는 볼테르도서관이다. 도서관은 약 7,000권으로 구성되어 있으며, 그 중 3분의 1은 작가의 노트를 포함하고 있다. 출처: 〈http://nlr.ru/〉.

10 도서관에서 열리는 여러 전시회에 대한 발표를 볼 수 있다. 러시아국립도서관의 소장품 중에서 독특하고 희귀하며 가장 소중한 물건들의 예를 볼 수 있다. 그 전시회들은 필사본, 희귀 도서, 지도, 인쇄물, 그리고 러시아 도서 컬렉션의 자료들을 보여준다. 출처: 〈http://nlr.ru/〉.

- 커뮤니케이션: e-mail: ref.service@nlr.ru /
  Tel: 8-800-100-01-96, 8(812)310-71-37
- 홈페이지: http://nlr.ru/
- 지식정보자원:
  - 러시아국립도서관[11]에는 한국 관련 자료가 가장 많은 도서관으로서 18세기 이후 20세기 말까지의 한국 관련 자료, 한문도서, 고대 역사 관련 서적, 한민족 시문화, 19세기 조선-러시아 관계 서적, 항일독립운동기록 등이 다양하게 소장되어 있다.[12]

3) 전러시아 외국문학도서관(모스크바)

도서관 전경[13]

더블린 상[14]

과학홀[15]

위대한 사서: 마가리타 이바노프 루도미노 (1900–1990)[16]

11 1795년에 설립된 러시아 최초의 국립도서관으로 현재 약 3천5백만 권의 장서를 보유하고 있다.

12 러시아국립도서관에서 소장하고 있는 한글 문헌 중 단행본 형태로 1925년부터 1937년까지 발행된 단행본의 목록은 임채완, 장우권 외. 2008. 재외한인정보자원 생성과 변천, 북코리아, 282-287. 참조

13 1920년 12월, 글라프로포브라의 외국어 부문의 수장으로 임명된 에카테리나 야코블레브나 케스터(Ekaterina Yakovlevna Kester)는 모스크바에 도서관을 두고 신필학 연구소를 조직하였다. 1921년 6월, M.I. 루도미노는 신생물학 연구소의 도서관장으로 임명되었다. 1924년 5월, 신생물도서관이 붉은 광장에 있는 역사박물관 건물로 옮겨간다. 동시에 '외국문학도서관'이라는 새로운 이름으로 승인되었다. 1948년 9월 도서관은 자체 출판 활동을 시작. 2019년 4월, 이베로-아메리칸 문화센터가 개관. 2020년 12월, 책과 책 사업 '구텐베르크 우주'의 역사에 AR 기술을 갖춘 멀티미디어 센터가 개설. 2021년 9월, '외국인 과학홀 2층에 비야흐(Vyach)와 이바노프의 이름을 따서 명명된

- 원명(原名): Библиотека иностранной литературы
- 주소: 모스크바 니콜로얌스카이 1

  109240, г. Москва, ул. Николоямская, д. 1 Посмотреть на карте / Nikoloyamskaya Street 1, Moscow 109240
- 설립연도: 1920년
- 커뮤니케이션: e-mail: vgbil@libfl.ru /

  Tel: 8-495-915-36-21, 7(495)915-35-03
- 홈페이지: http://www.libfl.ru/
- 지식정보자원:
  - 한국 관련자료는 문학류의 교과서 관련서적, 네끄라소브 저작의 번역(시선집, 로씨아에서는 누가 살기 좋은가 등), 확인된 문서철은 주로 김병하의 조선어 독본, 김준원, 김병하, 황동준(조선어교과서), 빠질코프, 마주르 유와 엔 등의 교재들, 극동소비에트 관련기록 등이 소장되어 있다.[17]

과학홀이 운영시작. 출처: ⟨http://www.libfl.ru/⟩

14 더블린 상을 수상한 지난 10년 동안의 책. 출처: ⟨http://www.libfl.ru/⟩

15 2021년, 2층에 비야흐와 이바노프의 이름을 따서 명명된 과학홀이 운영, 기념 도서관의 문서 중에는 언어학, 문학 비판, 역사, 반학, 문화 연구, 인류학, 고고학, 철학, 미술, 사진, 극장, 영화, 물리학, 경제학, 수학, 사이버네틱스, 신경과학, 러시아어 및 외국어의 사전 및 소설에 관한 출판물이 있다. 또한, 과학홀에는 새로운 포스트 휴머니즘 및 시각 연구, 음향 및 통신 연구, 디지털 인문학 및 인지과학에 대한 간행물을 소장. 출처: ⟨http://www.libfl.ru/⟩

16 마가리타 이바노프 루도미노(1900-1990)는 전설적인 사서이자 외국문학도서관의 창립자이며, 50년 이상 이사로 재직하였다. 대표적인 어록 "도서관은 영원합니다. 우리 시대 이전에는 이미 도서관이 있었습니다. 그리고 기관은 XIX와 XX 세기의 발명품이며, XXI 세기에 그들에게 무슨 일이 일어날지 볼 수 있도록 남아있습니다. 어쩌면 기관은 새로운 무언가로 대체될 것입니다. 그러나 라이브러리는 유지됩니다. 그들을 대체할 수 있는 것은 없습니다." 출처: ⟨http://www.libfl.ru/⟩

4) 국립모스크바 역사도서관

도서관 전경[18]

전시회[19]

빅토르 마토린 역사화[20]

출판사 정보[21]

- 원명(原名): Государственная публичная историческая библиотека России
- 주소: 모스크바 스타로사드스키 배래율록 9

101990, г. Москва, ул. Николоямская, д. 1 Посмотреть на карте

17 러시아국립도서관에서 소장하고 있는 한글문헌 중 단행본 형태로 1925년부터 1937년까지 발행된 단행본의 목록은 임채완, 장우권 외. 2008. 재외한인정보자원 생성과 변천, 북코리아, 282-287. 참조

18 역사, 역사과학, 관련 분야에 관한 문헌의 국가 보관소이다. 출처: 〈http://www.shpl.ru/about_library/ history_library/〉

19 전시회 '책들 사이의 삶. 러시아국립도서관 희귀서적부 창립 100주년 기념행사'. 전시회의 1부에는 부서장의 초상화, 첫 번째 카탈로그의 손으로 쓴 카탈로그 카드, 박물관 · 도서관 소장품 및 출판사 카탈로그에 대한 작업 자료, 1945년 가을부터 시작된 방문 및 리뷰 책 등이 전시되어 있다. 출처: 〈http://www.shpl.ru/about_library/history_library/〉

20 예술가 V. 마토린 - 일리야 글라주노프 러시아 회화, 조각, 건축 아카데미의 강사, 모스크바 국립 박물관-보호구역의 직원, 모바일 전시 프로젝트 "현실주의의 매력"의 큐레이터. 마토린의 작품은 조국의 역사적 과거를 이해하는 것으로 가득 차 있다. 유명한 작품으로는 '성스러운 모스크바 대공 드미트리 돈스코이'(2002년), '얼음 학살'(1998년) 등이 있다. 출처: 〈http://www.shpl.ru/about_library/ history_library/〉

21 도서관이 발행하는 출판물의 주제는 역사적으로 관련 분야이다. 이것들은 서지학 표지판, 도서 전시회 카탈로그, 도서 수집에 대한 설명, 참고문헌, 도서관의 재출판이다. 도서관의 오랜 전통인 과학 및 서지학 출판물은 전문가 · 역사학자들의 높은 평가를 받고 있다. 출판물 및 구매 기회에 대한 정보는 러시아 국영출판사 홈페이지에서 확인할 수 있다. 출처: 〈http://www.shpl.ru/about_library/ history_library/〉

- 설립연도: 1938년
- 커뮤니케이션: e-mail: realiz@shpl.ru /
  Tel: 8(495)628-05-22, 8(496)625-48-31
- 홈페이지: http://www.shpl.ru/about_library/history_library/
- 지식정보자원:
  - 한국 관련 자료는 19세기 말과 20세기 초 한문으로 만들어진 일부 잡지들과 경성에서 출판된 일부 자료들, 러시아인의 한국방문기, 러시아어로 번역 출판된 프랑스인의 한국방문기, 러시아에 한국학 관련 초기 저작들, 한글문학의 러시아관 자료가 소장되어 있다(아래 사진 참조).[22]

역사도서관 현판

19세기 한국기록

동양문헌실 내부

5) 과학아카데미 산하 연구도서관

과학아카데미 산하 극동문제연구소 한반도센터, 과학아카데미 산하 동방학연구소 상트페테르부르크도서관, 모스크바 러시아과학원 동방학연구소, 러시아과학아카데미 사회과학정보연구소, 모스크바 레닌교육연구소 부설 도서관 등에는 코리언 디아스포라 관련 지식정보자원을 소장하고 있다.

22 필자가 2006년 현지조사를 통해 확인하였다. 임채완, 장우권 외. 전게서, 206-208.

(1) 과학아카데미 산하 연구도서관

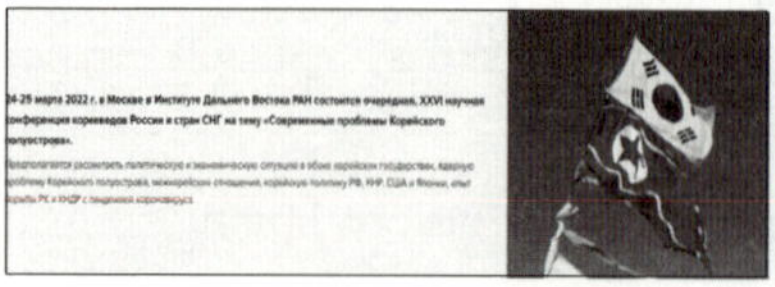
국제학술회의 안내[23]

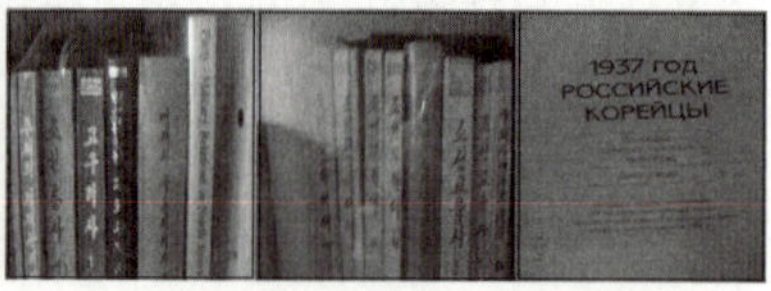

자료실 소장 고려인 관련 문헌[24]

- 원명(原名): ИНСТИТУТ ДАЛЬНЕГО ВОСТОКА РАН
- 주소: 117997 모스크바 나키모스키 프로스펙트 돔 32
  117997, Москва, Нахимовский пр-т, 32, каб. 500
- 설립연도: 1996년 설립. 중국학연구소에서 분리되어 만들어짐(한반도 역할이 증대)
- 커뮤니케이션: e-mail: ifes@ifes-rad-ru / Tel: 7(499)-124-02-17
- 홈페이지: http://www.ifes-ras.ru/
- 지식정보자원:
  - ▸ 러시아의 한국학 관련 자료, 한국현대사, 국제관계, 역사 등

23 2022년 3월 24일부터 25일까지 러시아 극동연구소 RAS에서 '한반도 현대문제'를 주제로 한 XXVI 한국학술회의가 열린다는 홍보. 출처: 〈https://www.ifes-ras.ru/〉
24 임채완, 장우권 외. 전게도서, 208-209.

(2) 동방학연구소 상트페테르부르크도서관

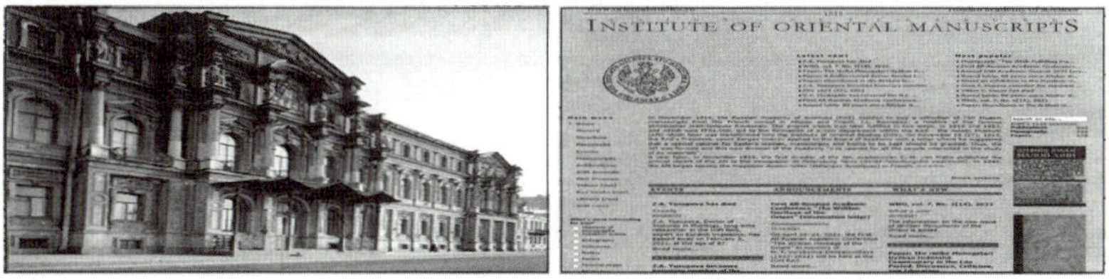

도서관 전경과 안내[25]

- 원명(原名): Санкт Петербургский филиал Института Востоковедения Российской Академии Наук
- 주소: 191186 Санкт Петербург, Дворцовая наь., 18
  12 Rozhdestvenka St. Moscow 107031
- 설립연도: 1818년
- 커뮤니케이션: e-mail: library@spios.nw.ru /
  Tel: 7(812)-315-87-28, 7(812)-312-14-65, 7(495)-928-3566
- 홈페이지: http://www.orientalstudies.ru/

---

25 1818년 11월, 러시아과학아카데미(RAS)는 유명한 철학자 장 자크 루소의 친척인 알레포와 트리폴리의 프랑스 영사로부터 700개의 무슬림 원고를 구입하기로 결정하였다. 1819년과 1825년에 두 단계로 진행되었으며, FF51,000의 비용이 들었으며, 이후 동양학회(IOS)로 변모한 아시아박물관(AM)이라는 RAS 내 새로운 부서가 설립되었다. 컬렉션은 원고와 조기 인쇄된 책인 아비시니안(에티오피아), 아랍어, 아르메니아어, 그루지야어, 히브리어, 중국어, 한국어, 쿠르드어, 만주어, 몽골어, 페르시아어, 산스크리트어, 투르크어, 티베트어, 터키어, 탱구트 등 65개의 언어와 사어(死語)로 된 100,000권 이상을 소장하고 있다. 또한 러시아 동양학의 역사에 대한 몇 가지 매우 가치 있는 문서를 포함하여 동양학 아카이브를 구축하고 있다. 도서관에는 동양의 다양한 분야에 걸친 800,000권 이상의 책을 소장하고 있다. 이전 USSR의 민족의 언어로 책의 컬렉션, 특히 1930년대에 발행된 책들은 큰 가치가 있다. 출처: 〈http://www.orientalstudies.ru/〉

- 지식정보자원:
  - ▸ 러시아의 한국학 관련 자료, 연해주지역의 조선독립운동 관계자료와 러일전쟁 관계자료

(3) 러시아과학원 동방학연구소(모스크바)

동방학연구소 상트페테르부르크도서관과 같음(현재 모스크바와 같이 운영)

- 지식정보자원:
  - ▸ 도서관에는 19세기 이후 한-러 관계 자료집뿐만 아니라 동방학연구소에서 출판한 여러 한국학 관련 서적들을 소장

(4) 사회과학정보연구소

도서관 검색창[26]

- 원명(原名): Российская академия наук (Информация о социальных науках Институт)
- 주소: 11991, Москва, Ленинский просп., 14

26 고려인 검색결과: Литература Корё 2959건(2022.2.1. 기준)

- 설립연도: 1724년[27]
- 커뮤니케이션: Tel: (495)-938-0309, (495)-954-3320
- 홈페이지: http://www.ras.ru/
- 지식정보자원:
  - 19세기 초반 지리, 문학, 인문학 연구 자료수집, 중국과 일본, 북한 관련 자료 소장

(5) 레닌교육연구소 부설 도서관

- 원명(原名): Библиотека Московского Городско го Педагогичес кого Yниверситета
- 주소: 129226 모스크바 설호즈프로에즈드 4동 3호
- 설립연도: 1872년
- 커뮤니케이션: e-mail: bibl@mpgu.ru / Tel: (495)-181-6860
- 홈페이지: http://www.mpgu.ru/
- 지식정보자원:
  - 1920년대 하바로프스크와 블라디보스토크에서 만들어진 한글교과서들과 정치교양서적 등

6) 대학교 부설 도서관

모스크바국립대학교 과학도서관, 상트페테르부르크대학교도서관, 모스

27 러시아과학아카데미는 1724년 1월 28일(2월 8일) 상원에서 피터 1세 황제의 명령에 의해 설립되었다. 1991년 11월 21일 러시아 연방의 대통령령에 의해 러시아의 최고 과학기관으로 재창립되었다.

크바 국제관계대학교도서관, 모스크바국립대학교 아시아 · 아프리카도서관, 극동연방대학교도서관 등에서는 코리언 디아스포라 관련 지식정보자원을 소장하고 있다.

(1) 모스크바국립대학교 과학도서관

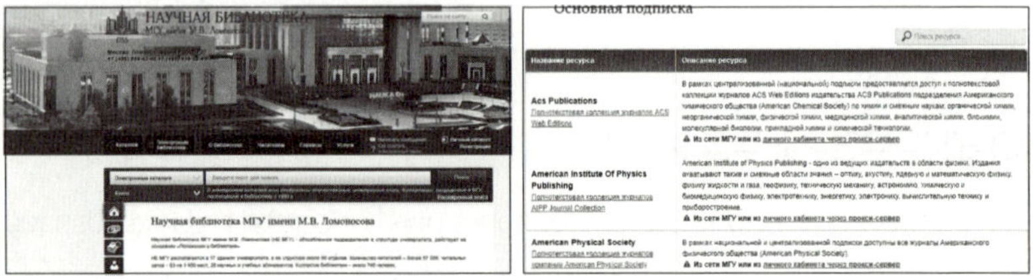

대학도서관 전경과 구독자료 리스트[28]

- 원명(原名): Научная библиотека
- 주소: 119192 Москва, Ломоносовский просп., 27
- 설립연도: 1755년
- 커뮤니케이션: e-mail: info@rector.msu.ru; inf@mail.lib.msu.su / Tel: 7(495)-939-42-42, 7(495)-939-22-41
- 홈페이지: https://nbmgu.ru/
- 지식정보자원:
  - ▸ 러시아어로 된 고려인 관련 문헌과 한국학 관련자료

28 로모노소프 모스크바주립대학교(Moscow State University of Moscow)의 과학도서관의 직원은 약 700명이다.

(2) 상트페테르부르크대학교도서관

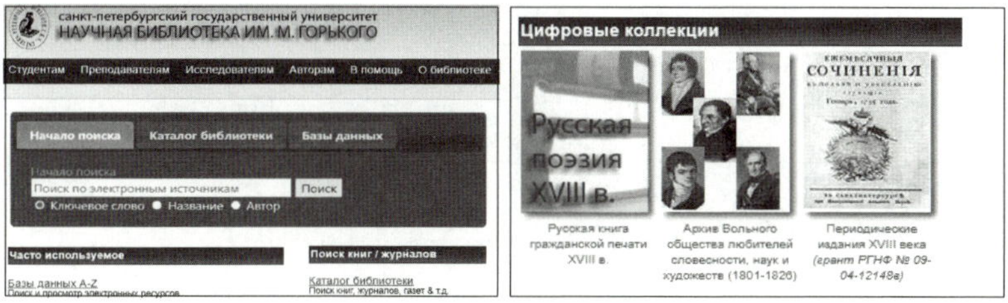

도서관 검색창과 디렉토리[29]

- 원명(原名): Научная библиотека им. М. Горького
- 주소: 199034 Санкт-Петербург Yниверситетская наб. 7/9
- 설립연도: 1783년
- 커뮤니케이션: e-mail: info@lib.pu.ru / Tel: 7(812)-328-27-41
- 홈페이지: http://lib.pu.ru/
- 지식정보자원:
  - 한국 관련 고문서와 사본, 20세기 초 한국에서 생산된 서적, 모스크바에서 출판된 서적 등

29 상트페테르부르크대학교 중앙도서관 홈페이지 모습. 출처: 〈http://lib.pu.ru/〉

(3) 모스크바 국제관계대학교도서관

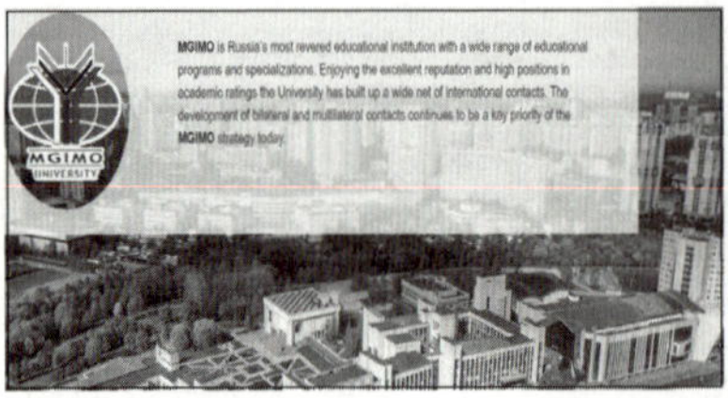

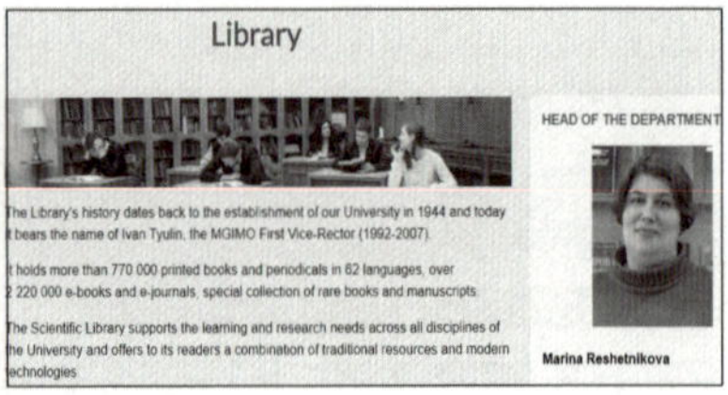

대학교 전경과 도서관[30]

- 원명(原名): МГИМО Университет /MGIMO University
- 주소: 76, Prospect Vernadskogo Moscow, Russia, 119454
- 설립연도: 1944년
- 커뮤니케이션: e-mail: international@inno.mgimo.ru / Tel: 7)495)-234-8461
- 홈페이지: https://mgimo.ru/
- 지식정보자원:
  - 1970년대 이전까지 러시아에서 진행된 한국학 관련 자료들을 소장하고 있으며 1996년 이후 한국에서 발간된 교과서, 문집, 단행본, 학술저널지 등을 다수 확보하여 관리하고 있음

30 1954년에 폐교된 동방대학도서관에서 소장했던 자료들을 흡수하여 한국학 자료를 발전시켜 왔으며, 대학교 산하에 동방지역 연구센터가 활동하고 있어 다양한 동양문헌의 수집과 관리를 담당하고 있다. 현재 62개 언어로 된 77만 권 이상의 인쇄 도서와 정기 간행물, 22만 권 이상의 전자책과 전자 여행, 희귀 도서 및 원고 특별 모음집을 보유하고 있다. 출처: 〈https://english.mgimo.ru/structure/library〉

(4) 모스크바국립대학교 아시아 · 아프리카도서관

суббота и воскресенье – выходные дни
первый вторник месяца – санитарный день

Библиотека ИСАА работает 11.00-15.00, кроме суббот и воскресений. Выдаем и принимаем книги на абонементе. Помогаем подобрать литературу к рефератам и курсовым работам. Тел. 8 (495) 629 54 48

Внимание! 1 и 3 февраля 2022г. библиотека закрыта на санитарный день.

대학교 전경과 도서관 안내[31]

- 원명(原名): Международный центр корееведения МГУ им. М.В. Ломоносова/ International Center for Korean Studies, Moscow State University
- 주소: 125009, Москва, Моховая, д. 11
- 설립연도: 1991년
- 커뮤니케이션: e-mail: office@iaas.msu.ru / Tel: 7(495)-629-4349, 7(495)-629-7491
- 홈페이지: http://www.iaas.msu.ru/; http://www.rauk.ru/index.php?option=com_departments&view=deproot&id=16&Itemid=14&lang=ru
- 지식정보자원:
  - ▸ 한국의 역사와 문화, 고전문학, 한국인물 관련 자료들과 고(古) 박미하일 교수의 개인자료, 1990년대 이후 한국 관련 자료

31 1991년 러시아 M.V. 로모노소프 모스크바국립대학교 아시아 · 아프리카학부 내에 설립된 연구소이다. 1대 소장은 역사학 박사이자 공훈 교수인 미하일 박(M.H. Пак)이었다. 출처: 〈http://www.iaas.msu.ru/〉

(5) 극동연방대학교[32] 도서관

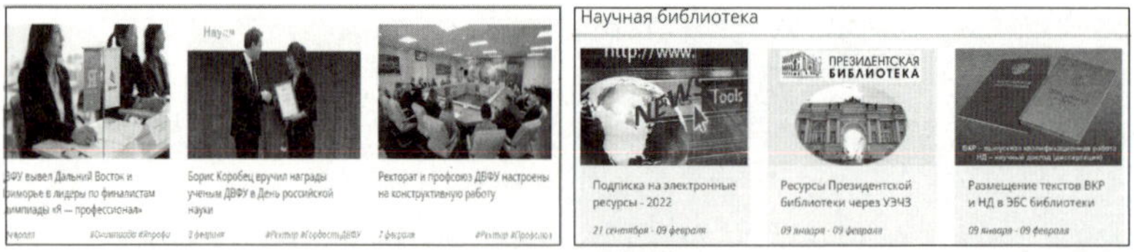

대학교 소식과 도서관

- 원명(原名): Дальневосточный федеральный университет
- 주소: 690091 Russia, Primorsky Krai, Vladivostok, Primorsky Krai Ulitsa Mordovtseva, 12, строение 2
- 설립연도: 1899년
- 커뮤니케이션: e-mail: rectorat@dvfu.ru; nbibl.oeb@dvfu.ru / Tel: 7(800)-555-38-38, 8(423)-243-23-15

32 1899년 10월 21일 러시아 블라디보스토크에서 러시아 마지막 황제 니콜라스 2세(Nicholas II)의 특명에 따라 동방연구소(Восточный институт) 개소식이 거행되어 몽골어와 칼미크어 학자인 포즈드네예프(A.M. Позднеев)가 초대 총장을 역임하였다. 1920년 동방연구소와 일부 사립학교가 극동국립대학교로 통합되었고, 1930년 정부의 결정에 따라 극동국립대학교 개혁을 통해 소속 각 학부들이 고등 교육기관으로 분리 독립하였다. 1939년 보유 중이던 도서관 장서, 과학 논문과 성과물, 장비 등이 파괴되거나 사라졌고, 교수들 다수가 정치적 박해를 받거나 피해를 입었다. 1956년 극동국립대학교가 복원되었고, 1960-2010년 진취적인 국제화로 러시아 최고의 대학 중 하나로 선정되었다. 2010-2011년 극동지역에 있는 극동국립대학교, 극동국립기술대학교(Дальневосточный государственный технический университет), 태평양국립경제대학교(Тихоокеанский государственный экономический университет) 그리고 우수리스크국립사범대학교(Уссурийский государственный педагогический институт) 등 총 4개의 대학을 통합하여 극동연방대학교(Дальневосточный федеральный университет)가 설립되었다. 출처: https://www.dvfu.ru/; 〈http://www.okpedia.kr/Contents/ContentsView?localCode=cis&contentsId= GC95300963〉

- 홈페이지: https://www.dvfu.ru/library/
- 지식정보자원:
  - 16세기 이후 출판물 약 140만 종, 희귀본 자료실에는 한국학 관련 자료 포함 약 15,000건의 자료들을 소장. 일부 자료들은 1937년 강제 이주과정에서 상당수가 유실됨

7) 대학교 부설 한국학센터와 학교도서관

대학교 부설 한국학과(부), 한국학교 내에는 도서관을 갖추고 한국 관련 지식정보자원을 소장하고 이를 서비스하고 있다.

도서관 소재명	주소	지식정보자원
모스크바국립대학교 한국학 국제센터	Mokobaya 11번지 Moscow 125009 / icfks@iaas.msu.ru/	한국 관련 기록들과 러시아에서의 한국역사, 문학, 각종 현대적 글, 한글문학의 러시아판 번역서, 한국에서 발간된 서적 등
상트페테르부르크대학교 동방학과 한국어문화센터	Universiteskaya nab 11 St-Petersburg 199034	1897년 유럽에서 최초로 한국어 강좌 개설 귀중한 한국학자료들, 문학서적, 교과서, 정기간행물 보관
모스크바국제관계대학교 국제관계학부	prospekti Vernadskogo, 76, Moscow, 119454	러시아 한국학자들이 만든 교재, 한국에서 출판된 교재와 북한에서 출판된 교재
극동연방대학교 한국학대학	Aleuskaya 56, Vladivostok, 90600	러시아극동지역에서의 한인들, 한국어와 한국문학, 한국역사에 관한 교재를 발간
1086 국제학교 (모스크바시 교육청 소속)	32 A 베젠스키 117279	한글자료와 러시아자료를 보관(어린이교재, 한글소설 등)

8) 신문사 및 출판사

러시아에서는 일반적으로 강제이주(1937년 스탈린 명령에 의한 중앙아시아 등으로) 이전 연해주에서 1932년경 7종의 신문, 10여 개의 출판사가 있었다고 한다. 7종의 신문은 선봉,[33] 문화, 새세계, 노동자, 로동신문, 적선, 동아공산신문 등이다. 그러나 필자의 조사에 의하면, 최초의 한글신문인 해죠신문(1908), 대동공보(1908), 대양보(1911), 권업신문(1912), 자유종(1917), 청구신보(1917), 일세보(1917), 한인신보(1917), 국민성(1919), 대중의 목소리(1920), 새세계(1920), 새벽북(1920), 적기(1920), 동아공산(1920), 자유보(1920), 노동신보(1921), 지위휘보(1922), 붉은긔(1922), 선봉(1923), 연해주어부(1930), 광부(1932), 당교육(1932), 동방꼼무나(1933), 공격대원(1933), 스탈린네츠(1933), 레닌광선(1936) 등 26종이 발행되었다.[34]

도서발행은 연해주에서 연해교육부(해삼위), 도서주식회사(블라디보스도크), 해삼위(해삼위), 원동국립(하바로프스크), 원동변강(하바로프스크), 원동당출판(하바로프스크), 연해도위생부(해삼위), 인민교육(하바로프스크), 레쎄패쨰레적십자(하바로프스크) 등이고, 모스크바에서 연합출판, 국립교육), 국

33 선봉(先鋒, 아방가르드(Авангард), Senbon). 이 신문은 극동에서 발행한 최초의 한글신문이다. 1923년 3월 1일 '3 · 1독립만세운동' 제4주년을 기념하여 창간호가 발행(초대주필은 이성)되었다. 1932년도에는 1만 부의 부수를 가질 정도로 발전하였다. '선봉'은 강제이주 바로 전인 1937년 9월까지 발행되었다. 이때 신문은 한인 이민의 생활, 관습, 전통, 역사에 관한 정보를 기사화했다. 즉 전체 극동의 산업, 문화, 사회생활에서의 사회경제적 변동과 새소식에 관한 정보를 다루었다. 출처: 장우권 외. 전게서, 33.

34 이명규, 장우권. 2005. 재외한인 문헌정보자원과 실제. 파주: 집문당, 210-212. '〈표 IV-1〉 1937년 이전 연해주지역 한글신문'에 신문명(제호), 발행처(주체), 발행시기, 발행인 주필, 발행빈도, 발행호수, 기타 등으로 상세히 기술되었다. 이것에 대한 근거로서 13개의 단행본과 논문 등을 제시하였다.

영학용, 외국로동자출판 등의 출판사에서 이루어졌다.

1945년 이후에도 쏘련과학원동방도서출판사, 뽀르그레쓰출판사, 싸할린서적출판사 등에서 다음과 같은 문학작품이 발행되었다.

연번	서명(발행연도)	작품유형	저자	발행지	발행사
1	선집(1959)	종합 작품집	조명희	모스크바	쏘련과학원동방도서 출판사
2	삼형제(1961)	중편소설	장유기	유즈노 싸할린스크	싸할린서적출판사
3	고향(상 · 하) (1966)	장편소설	리기영 (북한작가)	모스크바	뽀르그레쓰 출판사
4	두만강	다부작	리기영		

현재 러시아에서는 고려인 관련 신문은 러시아고려인신문(모스크바), 고려신문(우수리스크), 새고려신문(사할린)이 발행되고 있다. 출판은 삼일문화원, 모스크바 러시아과학원 산하 동방문헌출판사, 상트페테르부르크 동방학연구소 부설 동방학출판사 등에서 이루어지고 있다.

(1) 러시아고려인신문

1997년 2월에 창간호가 발행되었으며, 매월 1회에 발행되고 있다. 초기 창간호에서는 주로 고려인들의 디아스포라문제가 중요한 주제였다. 따라서 신문은 한동안 고려인들의 이주문제를 집중적으로 다루고 있었다. 이후 고려인신문은 주제를 다양하게 넓혀 러시아에서 활동하는 다양한 고려인들의 생활, 인물, 기록, 활동상과 한국 관련 소식을 전하는 종합소식지로서 발전해 왔다.[35]

창간호 표지와 주요 기사

주요 주제 커버스토리(강제이주, 회상의 열차)

- 원명(原名): РОССИЙСКИЕ КОРЕЙЦЫ
- 주소: 24167 Moscow, Leningradsky Prospect 43A
- 설립연도: 1997년 2월
- 커뮤니케이션: e-mail: tchenvs@mail.ru / Tel: 7(495)-787-4231
- 지식정보자원:
  - 고려인 사회의 지식정보교류의 중심
  - 초기에는 고려인들의 디아스포라문제가 중요한 주제였으며, 한동안 고려인들의 이주문제를 집중적으로 다룸. 현재는 주제를 다양하게 넓혀 러시아에서 활동하는 다양한 고려인들의 생활, 인물, 기록, 활동상과 한국 관련 소식을 전하는 종합소식지로서 발전

(2) 새고려신문과 고려신문

새고려신문은 사할린에서 조선어와 러시아어로 병합하여 발행되고 있으며, 주1회 발간. 총 8면(한국어 5면, 로러 3면)으로 구성되었다.

35 임채완, 장우권 외. 전게서, 225-227.

새고려신문 1면과 제호 변천사

카페의 메인 소식

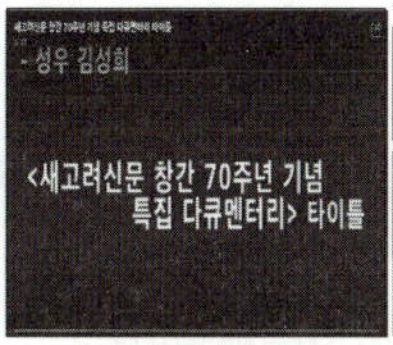

창간 70주년 다큐멘터리[36]

고려신문 제호와 기사 (2022.2.11. 11972호)

- 원명(原名): 새고려신문(Новая корейская газета)
- 주소: 693020 г.Южно-Сахалинск, ул. Чехова, 37
- 설립연도: 1949년 6월 1일
- 커뮤니케이션: e-mail: skr@sakhalin.ru / Tel: 43-59-80; 43-72-94
- 홈페이지: https://cafe.naver.com/sekoreasinmun; https://www.arirang.ru/
- 지식정보자원:
    - 주1회 발간. 총 8면(한국어 5면, 로러 3면)으로 구성
    - 사할린 고려인 관련 정치, 경제, 사회, 문화, 역사, 예술 등 다양한 뉴스
    - 사할린 고려인의 삶의 여정을 다룬 다큐, 문학작품, 예술공연 등

(3) 고려신문

러시아 연해주 우수리스크에서 고려신문(КОРЕ СИНУН)[37]이 창간되어 2004년 2월 21일에 제1호를 발행하였다. 현재 16면으로 러시아어로 발

36 새고려신문 창간 70주년 기념 특집 다큐멘터리. 출처: 〈https://blog.naver.com/kbs44ksh〉

37 고려신문. 출처: 〈https://www.arirang.ru/archive/kore-sinmun-uss/2022/KS.20.01.2022.pdf〉

행되고 있으며, 인터넷판도 제공하고 있다.

«КОРЕ СИНМУН» (КОРЕЙСКАЯ ГАЗЕТА)

고려신문

1 (271) 20 января 2022 года

Победители шахматного турнира «Новошахтинск - 2022»

고려신문(2022.1.20. 제271호)

Победы и победители шахматного турнира «Новошахтинск – 2022. Новогодний»

Объявление

고려신문(2022.1.20.) 기사

Более 400 новых рабочих мест обеспечит новый порт в Приморье

Новая модель развития среднего профессионального образования

고려신문(2022.1.20.) 기사

- 원명(原名): 고려신문(КОРЕ СИНҮН)
- 주소: 692525, РФ, Приморский край, г. Үссурийск, ул. Амурская, 63, редакция газеты «Коре синмун»
- 설립연도: 2004년
- 커뮤니케이션: e-mail: sinmoon@mail.ru / Tel: (4234) 33-37-47
- 홈페이지: http://www.arirang.ru/archive/kore-sinmun-uss/content.htm
- 지식정보자원:
  - 고려인 관련 정치, 경제, 사회, 문화, 역사, 예술 등 다양한 뉴스
  - 고려인의 삶의 여정을 다룬 다큐, 문학작품, 예술공연 등을 심도 있게 전달

(4) 삼일문화원

삼일문화원(三一文化院)은 한국인 이형근 목사가 설립한 사회사업단체로 고려인 디아스포라문제 연구 및 지원 관련 교육활동 및 출판문화활동을 전개하고 있다. 대표적인 재러 한인 사회단체인 삼일문화원은 모스크바시에서 출발하여 볼고그라드 방으로 활동영역을 확대하고 있다.

삼일문화원 현판과 도서관

삼일문화원 출판도서[38]

- 원명(原名): 삼일문화원(三一文化院)
- 주소: 야스네바 울리짜 로꼬또바 1(미뜨로야세예보 전철 근처)
- 설립연도: 1995년
- 커뮤니케이션: e-mail: mossamil@netian.com / Tel: 7(425)-0844
- 홈페이지: https://instagram.com/pervoe_marta31?utm_medium=copy_ link
- 지식정보자원:
  - 한국사 신론, 광장, 진달래 꽃, 한국의 언어 등 한국문화를 쉽게 접근할 수 있게 해주는 책들을 러시아어로 번역 · 출간
  - 스탈린 시대(1934-1938) 정치 탄압의 한인(고려인) 희생자들(총 13권)[39]

38 상게서, 229-230.; 러시아 남부지역 한국학의 진흥을 꿈꾸는 삼일문화원 2.0. 출처: 〈https://www.okf.or.kr/portal/global/pg_news_local.do?mode=view&articleNo=1000760019#/list〉; 〈https://instagram.com/pervoe_marta31?utm_medium=copy_link〉
39 고려인의 역사를 복원하려는 활동의 일환으로 스탈린 시대에 정치적으로 근거 없이

(4) 기타 출판사

모스크바 러시아과학원 산하 동양문헌출판사와 상트페테르부르크 동방학연구소 부설 동방학출판사에서도 코리언 디아스포라 지식정보자원을 발행하고 있다.

출판사명	주소	지식정보자원
모스크바 러시아과학원 산하 동양문헌출판사	103051 Tsvetnoy bulvar 21	삼국사기(러시아판 번역), 한국의 불교건축 서적, 동방철학사, 삼국사기(三國史記) 증포판, 한국학 총서 등
상트페테르부르크 동방학연구소 부설 동방학출판사	상트페테르부르크 도보트소바야 나베레자나야(Dvortsovaya Naberzhnaya)	저명한 러시아 한국학자들의 저작들을 다수 출판; 한국신화, 최치원에 대하여, 한국어와 문화센터 통보 정간물

나. 중국

중국에서 조선족에 관한 지식정보자원은 대학도서관, 공공도서관, 학교도서관, 연구소도서관, 기타 도서관 등에 산재하여 소장하고 있다. 이들 도서관은 크게 조선족 집거지역(集居地域)[40]과 잡거지역(雜居地域)[41]에 분포되어 있다.

희생당한 고려인들의 명단을 최초로 발굴하여 정리한 기록. 그동안 비밀문서 보관소에 잠자고 있던 이 명단은 구 스베틀라나라는 고려인 여성에 의해서 수집되어 왔다. 그 작업을 바탕으로 800명의 명단이 수록된 책을 출판하였다. 출처: 세계한민족문화대전 〈http://www.okpedia.kr/Contents/ContentsView?localCode=cis&contentsId=GC95300877〉

40 중국에서 조선족이 가장 많이 살고 있는 지역으로 대표적으로 길림성의 연변조선족자치주이다.

41 중국에서 타민족과 함께 거주하는 지역이다.

1) 대학도서관

대학도서관은 연변대학교도서관, 중앙민족대학교도서관, 북경대학교도서관, 기타 대학교도서관, 대학교내 한국학연구소 자료실(도서실) 등에 코리언 디아스포라 관련 상다수의 지식정보자원이 소장되어 있다.

(1) 연변대학교도서관

옌변대학(延边大学, 延邊大學)[42]은 조선족 교원 및 간부양성을 위하여 1949년 3월 20일 연변조선족자치주 연길시에 설립되었다. 중국 내에 거주하는 소수민족 가운데 교육 열의가 월등하며, 지역사회의 발전은 물론, 동북아의 문화, 역사 연구 및 한 · 중 · 일 · 러 국제협력에 대한 연구를 심도있게 수행하고 있다. 특히 예술, 과학분야에서 뛰어난 인재들을 배출하여 학술적 재능을 과시하고 있다. 또한 연변대학의 동북아 연구결과는 중국의 정책 결정과 남북관계에 중요한 영향을 미치고 있다. 이러한 연구결과는 대학연구원들의 교육 · 연구에 대한 부단한 노력과 대학도서관의 지식정보자원의 서비스가 한데 어우러진 결과로 볼 수 있다.

연변대학교 전경과 도서관

42 출처: 〈https://www.ybu.edu.cn/〉; 한국민족문화대백과사전 〈http://encykorea.aks.ac.kr/Contents/Item/E0036780〉

- 원명(原名): 延邊大學 / Yanban University
- 주소: 吉林省延吉市公园路977号 邮政编码: 133002
- 설립연도: 1949년
- 커뮤니케이션: e-mail: xcb@ybu.edu.cn / Tel: 0433-2733273
- 홈페이지: https://www.ybu.edu.cn/
- 지식정보자원:
  - 연변과 중국의 기타 지방에서 출판된 조선문도서 약 10만 권
  - 이조실록, 조선전사, 이왕조실록, 조선왕조실록, 비변사등록, 독립운동사, 한국전사, 한국경학자료, 조선문학, 청년문학, 조선어문 등과 약 50여 종의 정기간행물, 대학교재와 참고서 등을 소장

(2) 중앙민족대학교도서관

중앙민족대학교도서관은 1951년에 설립(대학교는 1950년)되었으며, 중국에서 유일하게 국내 56개 민족의 구성원들을 모두 포함하고 있는 대학도서관으로서 중국대륙의 축소판으로 불리우며 여러 민족의 다원문화가 공존하며 이와 관련 다양한 지식정보자원을 보유하고 서비스되고 있다.

도서관 전경과 안내

- 원명(原名): 中央民族大學 / Minzu University of China
- 주소: 北京市海淀区中关村南大街27号
- 설립연도: 1950년(도서관 1951년)
- 커뮤니케이션: e-mail: book@muc.edu.cn / Tel: 010-68932442
- 홈페이지: http://www.muc.edu.cn/
- 지식정보자원:
  - 소수민족어(조선어 등 20언어)로 된 도서와 고적(古籍) 22만여 권
  - 다수의 조선문도서(약 5만 권) 등을 소장

(3) 북경대학교도서관[43]

도서관 검색창과 역사문화

- 원명(原名): 北京大學 / Peking Uiversity
- 주소: 北京市海淀区颐和园路5号 邮政编码：100871
- 설립연도: 1898년(도서관 1902년)

43 베이징대학(北京大学, 北京大學)은 청나라 시대 1898년에 중국 최초의 공립 교육기관으로 설립되었다. 경사대학당(京師大學堂)으로 시작, 1929년 국립 베이징대학으로 독립, 장서 약 650만 권으로 아시아 최대 도서관이다. 출처: ⟨https://www.pku.edu.cn⟩; ⟨https: //www.lib.pku.edu.cn/portal⟩

- 커뮤니케이션: e-mail: its@pku.edu.cn / office@lib.pku.edu.cn / Tel: 86-10-62751051
- 홈페이지: https://www.pku.edu.cn/ https://www.lib.pku.edu.cn/portal/
- 지식정보자원:
  - ▸ 300여 종 3,600여 권의 한국고문헌 소장, 이 중 17종 30권은 한글로 된 문헌
  - ▸ 대표문헌: 北京大學文科研究所所藏朝鮮金拓片目錄(1951), 北京大學圖書館所藏朝鮮學書目혜編(1992), 北京大學圖書館藏書古代朝鮮文獻解題(1997)[44]

(4) 기타 대학교도서관

- 길림대학교: 吉林大學 / Jilin Uiversity / https://www.jlu.edu.cn/
- 남개대학교: 南開大學 / Nankai University / https://www.nankai.edu.cn/
- 대련외국어대학교: 大連外國語大學 / Dallian of Foreign Languages Uiversity/ https://www.dlufl.edu.cn/kr/
- 동북사범대학교: 東北師範大學 / Northeast Normal University / https://www.nenu.edu.cn/
- 복단대학교: 復旦大學 / Fudan University / https://www.fudan.edu.cn/
- 산동대학교: 山東大學 / Shandong University / https://www.sdu.edu.cn/

44 왕단. 2021. 중국(中國) 북경대학도서관(北京大學圖書館) 고적분관(古籍分館) 소장(所藏) 한글 문헌(文獻)에 대(對)한 고찰(考察). 선청어문, 39, 83-109.

- 중경대학교: 中京大學 / Chongqing / https://www.cqu.edu.cn/
- 흑룡강대학교: 黑龍江大學 / Harbin University/ http://www.hlju.edu.cn/

한국어학부(조선어)가 설립되어 운영되고 있는 대학도서관에는 상당량의 한국학(조선학) 관련 지식정보자원이 소장되어 있다.

(5) 대학교내 한국학연구소 자료실(도서실)

북경대학교 한국학연구 중심, 산동대학교 한국학연구소, 요녕대학교 한국학연구소, 중국사회과학원 한국학연구소, 중앙민족대학교 한국문화연구소, 항주대학교 한국학연구소 등 대학교와 연구소 부설 도서실(자료실)에는 많은 수의 한국학(조선학) 관련 지식정보자원이 소장되어 있다.

2) 공공도서관

조선족 집거지역에는 연변도서관(연변조선족자치주도서관)을 비롯 연길시소년아동도서관, 안도현도서관, 도문시도서관, 돈화시도서관, 훈춘시도서관, 왕청현도서관, 화룡시도서관, 용정시도서관 등 9개 시(市) · 현(縣) 도서관이 있다.[45] 이들 도서관에는 많은 조선문도서와 잡지, 신문 등이 소장되어 있다.

(1) 연변도서관(延邊圖書館)

연변도서관은 1949년 2월 건립되어 중국사회의 변혁과 발전에 따라 명

45 필자가 2004년, 2005년 현지 조사 결과 각 도서관마다 약 5천에서 2만 권의 조선문도서를 소장하고 서비스되고 있다.; 이명규, 장우권 외. 전게서 152-164.

칭이 여러 번 바뀌었다. 1955년 길림성 정부로부터 정식으로 연변조선족자치주도서관으로 확정되어 오늘에 이르고 있다.[46]

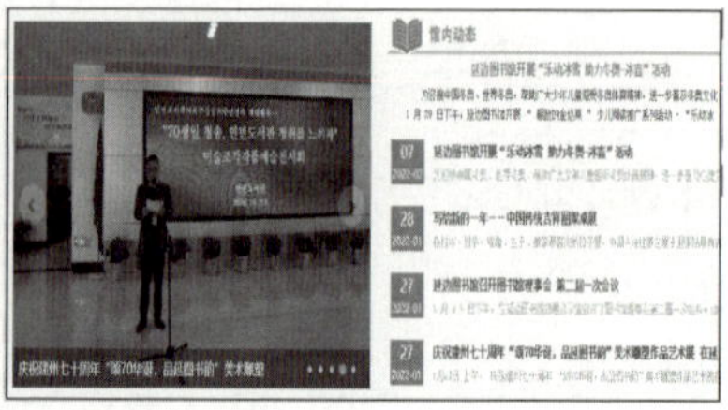

도서관 전경과 소식

- 원명(原名): 延边朝鲜族自治州图书馆
- 주소: 133000 길림성 연길시 문화거리 399호 / 吉林省延吉市文化东街399号
- 설립연도: 1955년
- 커뮤니케이션: Tel: 0433-2519813
- 홈페이지: http://www.yblib.com.cn/ http://kr.yblib.com.cn/
- 지식정보자원:
  - 약 56만 권의 장서 중 조선문 도서 8만2천 권, 고서 7천 책, 지방문헌 5천여 책
  - 고서는 천문대성지집요(天文大成志輯要), 강희자전(康熙字典), 십

46 1955년에 설립된 중국에서 유일한 조선문문헌, 수집, 저장센터로서 각 학과 중외문헌 수집과 국내에서 출판되는 조선문문헌(고서적 포함)을 수집하며, 지방문헌을 전면적으로 수집 · 보존하고 있다. 이러한 장서수집정책은 지방특색을 겸비한 장서체계를 갖추고 있다. 현재 약 56만 권의 장서, 조선문도서 8만2천 권, 고서 7천책을 소장하고 있다. 또한 연변조선족자치주 도서관은 해마다 연변조선족자치주 중소학교 학생들을 위하여 각 학교 또는 도서관에서 단체로 열람증을 발급하며 독자들을 위하여 정기적으로 장서 이용안내, 새 책 소개 등 정보를 제공한다. 출처: 〈 http://kr.yblib.com.cn/〉

통(十通), 태평어람(太平御覽), 동주렬국지(東周列國志), 논어집주(論語集注), 맹자집주(孟子集注), 태학장구(太學章句), 리조실록(李朝實錄) 등, 지방문헌은 민성보(民聲報), 국자가의연혁(局子街的沿革), 훈춘향토지(琿春鄉土地), 두갈 재전선(兩條戰線), 발해사연구(渤海史研究) 등을 소장[47]

(2) 연길시 소년아동도서관[48]

연길시 소년아동도서관은 1982년 길림성에서 최초로 건립된 도서관으로 어린이를 위해 전문적으로 특화된 서비스를 하는 연변자치주 유일의 도서관이다.

도서관 안내와 독후감 수상작

- 원명(原名): 延吉市少年兒童圖書館 / 延吉市少年儿童图书馆
- 주소: 133600 길림 연변조선족자치주 연길시 국자가 풍수골목 58호 /

47 출처: 이명규, 장우권 외. 2005. 재외한인 문헌정보자원과 실제. 파주: 집문당, 161.
48 1973년 연길시 문화도서관, 1979년 연길시도서관, 1980년 연변도서관과 연길시도서관으로 분리되었다. 출처: 길림성 연길시 지방지 편찬위원회. 1994. 연길시지; 세계한민족문화대전 〈http://www.okpedia.kr/Contentsid=GC05300884&localCode=krcn〉; 인민넷 〈http://korean.people.com.cn/111864/10796886.html〉

吉林省 延吉市局子街 豊收胡洞 2號

- 설립연도: 1982년
- 커뮤니케이션: Tel: 0433-5009133 / 001-86-433-322-4168
- 홈페이지: http://www.yjseg.cn/user
- 지식정보자원:
  - ▸ 조선어도서(연변인민출판사, 민족출판사, 흑룡강출판사 등), 한국도서, 중국도서 번역(한글) 등 약 30만 권의 도서 소장[49]

(3) 안도현도서관[50]

안도현도서관은 송강진(松江鎭)에서 설립되어 1983년 명월진(明月鎭)으로 옮겨 지식정보서비스를 하고 있다. 도서관은 안도현문화관 내에 있다.

도서관 전경(좌)㉮

봉오동전투 전적비 (1920-6.4-6.7)㉯

안도현 고성촌마을(2005)㉰

- 원명(原名): 안도현도서관(安圖縣圖書館)
- 주소: 133600 길림성 안도현 명월진 신안가 진학호동 23호

---

49 출처: 길림신문 〈http://www.jlcxwb.com.cn/edu/content/2018-05/29/content_224202.htm〉

50 출처: 안도현 ㉮, ㉯, ㉰ 〈http://www.okpedia.kr/Contents/ContentsView?localCode=krcn&contentsId=GC05301804〉. 〈http://www.soraknews.co.kr/renewal/kims7/bbs.php?table=news&query=view&uid=25685〉

133600 吉林省延边州安圖縣明月鎮新安街進學胡同 23號

- 설립연도: 1979년
- 커뮤니케이션: Tel: 0433-5822472
- 지식정보자원:
  - 약 10만 권의 장서 중 조선문도서 약 2만 5천 권
  - 조선문신문, 정기간행물

(4) 도문시도서관[51]

도문시도서관은 북한과 바로 국경을 인접한 도문시에 있으며, 1948년에 개관하였다가 폐관(閉館)되었다. 이후 1976년에 재개관(再開館)되었으며 도서관내에 인표어린이도서관도 들어서 어린이 관련 도서와 잡지 등을 배치하고 서비스하고 있다.

도서관 현관과 열람실

어린이실

- 원명(原名): 圖們市圖書館
- 주소: 133100 길림성 도문시 우의가 53호 / 吉林省圖們市友誼街 53號
- 설립연도: 1948년 설립, 1976년 재개관

51 출처: 도문시도서관 〈http://www.inpyolib.or.kr/center/info/branch_info.asp?sid=s3004〉; 서울시교육청어린이도서관. 2015년 연길시 소년아동도서관 방문보고서(2015.9.18.)

- 커뮤니케이션: Tel: 0433-3622035 / 0433-722-2035
- 홈페이지: http://inpyolib.or.kr/center/info/branch_info.asp?sid=s3004
- 지식정보자원:
  - 약 10만 권의 장서, 조선문신문, 조선문 정기간행물
  - 한국 에스콰이어재단에서 기증한 어린도서관 운영(어린이실)

(5) 돈화시도서관

돈화시도서관은 1979년 문화원에서 독립되어 2002년 신축된 국가 1급도서관이다.

돈화시도서관 전경㉮[52]

돈화현 1960년대㉯

돈화시 1980년대㉰

- 원명(原名): 敦化市圖書館
- 주소: 133700 吉林省延边州敦化市
- 설립연도: 1979년, 2002년 신축
- 커뮤니케이션: Tel: 0433-6360287
- 지식정보자원:
  - 장서 약 20만 권, 조선문신문, 조선문 정기간행물

52 출처: 돈화시 ㉮, ㉯, ㉰ 〈https://tadream.tistory.com/7768〉

(6) 훈춘시도서관[53]

훈춘시도서관은 어린이와 청소년은 물론 지역주민들을 위한 문화 힐링 공간으로 각광받고 있다.

도서관 전경과 어린이실, 정기간물실

- 원명(原名): 琿春市圖書館
- 주소: 吉林省延边州琿春市 靖和街 文化路 15號
- 설립연도: 1976년, 2018년 신축
- 커뮤니케이션: Tel: 001-86-440-751-3063
- 홈페이지: http://inpyolib.or.kr/center/info/branch_info.asp?sid=s3006
- 지식정보자원:
  - 약 5만 권 장서, 어린이잡지, 어린이 관련 회보, 비디오자료 등

(7) 왕청현도서관[54]

왕청현도서관은 1979년에 설립되어 문헌대출, 정보상담 및 학습교류, 공공서비스와 학술적 연구기간의 역할을 수행하고 있다. 왕청지방문헌수집센터이며, 2013년 국가 2급 도서관으로 선정되었다.

---

53 훈춘시도서관 지역주민들을 위한 문화 힐링 공간으로 각광받고 있다(연변라지오TV넷 연변뉴스). 출처: 〈http://www.iybtv.com/culture/p/169657.html〉
54 출처: 〈http://www.yblib.com.cn/〉

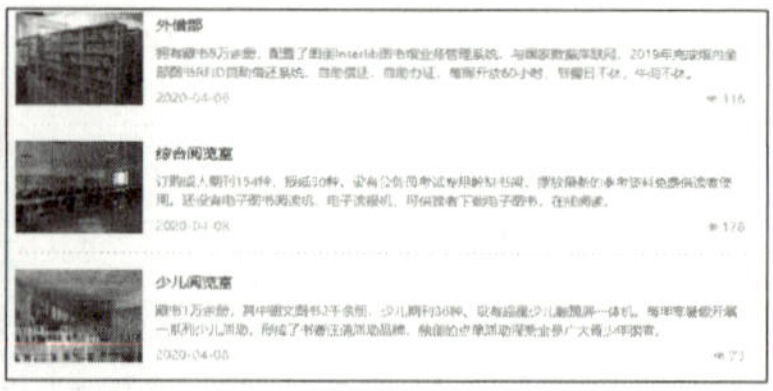

도서관 전경과 시설안내

- 원명(原名): 汪清县圖書館
- 주소: 吉林省延边州汪清县汪清镇大川街东967号
- 설립연도: 1979년
- 커뮤니케이션: Tel: 0433-8812972
- 홈페이지: http://www.yblib.com.cn/ http://www.wqxtsg.com/
- 지식정보자원:
  - 조선문도서 약 1만 5천 권, 소년열람실 1만 권 장서 중 조선문도서 약 2천 권

(8) 용정시도서관[55]

용정시도서관은 1979년에 설립되어 1984년에 신축 이전하였다. 2021년 12월 16일에 용문분관이 설립되었다. 이 분관은 용정시도서관, 용정시문화라디오텔레비전방송 및 관광국, 용문가두판사처에서 공동으로 설립한 전자열람실, 아동영화실, 다기능 멀티미디어실을 갖춘 스마트도서관이다.[56]

---

55 출처: 용정시도서관 〈http://www.inpyolib.or.kr/center/info/branch_info.asp?sid=s3002〉; 서울시교육청어린이도서관. 2015년 연길시 소년아동도서관 방문보고서(2015.9.18.)

56 출처: 연변일보 〈http://www.iybrb.com/soc/content/2021-12/30/19_522843.html〉

도서관 안내와 신간도서

- 원명(原名): 龍井市圖書館
- 주소: 133400 吉林省延边州龙井市临江路478号
- 설립연도: 1978년
- 커뮤니케이션: e-mail: longjingtushuguan@163.com / Tel: 001-86-433-322-4168
- 홈페이지: http://www.yblib.com.cn/ http://www.lj-lib.com/
- 지식정보자원:
  - ▸ 약 20만 권의 장서(조선문도서 포함)

(7) 목단강조선족도서관[57]

중국 유일의 관립 조선족도서관이다. 1980년에 건립되어 목단강시 예술관과 같은 건물을 사용하고 있다. 다양한 조선문 관련 지식정보자원을 소장하고 대출과 열람 그리고 한글백일장 등 여러 프로그램을 운영하고 있다.

57 출처: 목단강시도선족도서관 ㉮, ㉯, ㉰ 〈http://www.okpedia.kr/ Contents/ContentsView?localCode=krcn&contentsId=GC05305304〉, 〈http://kr.chinajilin.com.cn〉, 〈http://m.iybtv.com/p/166686.html〉

도서관 전경 ㉮

이야기 경연 ㉯

장끼자랑 단막극 경연 ㉰

- 원명(原名): 목단강조선족도서관
- 주소: 157000 黑龍江省牧丹江市 西安區海浪路朝鮮族圖書
- 설립연도: 1948년 문화관내 도서실, 1976년 독립
- 커뮤니케이션: e-mail: longjingtushuguan@163.com / Tel: 453-6187537
- 지식정보자원:
  - 약 20만 권의 장서(조선문도서 포함), 조선문신문, 조선문 정기간행물
  - 한국 에스콰이어재단에서 기증한 어린도서관 운영(어린이실)

(8) 중국민족도서관(1959년)

중국민족도서관은 북경에 소재하며, 1959년에 '민족문화궁도서관'이 설립하여 1984년에 '중국민족도서관'으로 개칭되어 오늘에 이르고 있다. 조서문을 비롯 24종의 소수민족문자문헌과 14종의 외국문자문헌, 약 3만 권의 조선문 도서가 소장되어 있다.[58]

---

58 장우권 외. 2006. 재외한인의 문헌정보자원 정책과 관리. 성남: 북코리아, 132-133.

3) 조선족학교도서관

조선족학교도서관은 일찍이 19세기 말 중국으로 이주 이후 20세기 초부터 해방 전까지 많은 수의 학교가 설립되어 동시에 도서관 또는 도서실이 운영되었다. 이들 도서관은 조선말로 된 도서, 잡지, 신문들을 수집 · 분류 · 서가배열 · 열람서비스 과정을 거친 명실공히 코리언 디아스포라 지식정보자원의 원천이었다. 이 원천으로 민족의 정체성을 확립하고 국가와 민족의 국권회복을 위한 독립운동의식 고취와 자긍심으로 독립운동가들에게 큰 영향을 주었다. 후에 조선족학교는 훌륭한 대한의 동량지재(棟梁之材)의 배출의 요람이었다.

자랑스러운 조선족학교와 도서관(도서실)은 1904년 동광학교 설립을 시작으로 1945년 춘화학교까지 무려 913개가 설립되어 운영되었다. 광복 이후 조선족학교는 2002년에는 소학교 327개교, 중등학교 157개교, 기차 학교 53개교 등 전체 537개교였다. 그러나 중국의 개혁개방과 한 · 중수교 이후 많은 조선족들이 중국 전역과 한국, 미국과 일본 등으로의 취업과 이주로 조선족학교는 급격히 줄어들었다. 2020년 기준으로 현재 중국에 있는 조선족학교는 225개교(길림성 102개, 흑룡강성 64개, 요녕성 57개, 네이멍구자치구 2개, 하북성진황도 1개)가 운영되고 있다.[59]

59 황우복 편. 2002. 중국 속의 한글학교(中國的韓國語學校). 미 · 중한인우호협회, 36-45.; 재외동포재단. 2002. 중국조선족 현황.; 김현동, 주인영. 1999. 재중동포사회 기초자료집 I: 중국조선족 개항. 서울: 재외동포재단, 191-234.; 이명규, 장우권 외. 전게서, 169-170.; 양기자의 취재수첩. 출처: 〈https://blog.naver.com/ysyang0815/222218192758〉

4) 출판사, 신문사, 방송국

중국조선족 지식정보자원은 도서관과 학교 외에 민족출판사, 신문사, 방송국 등에서도 활발하게 생산 · 유통 · 서비스되고 있다.

(1) 출판사

조선족 관련 출판사는 북경의 민족출판사, 연변인민출판사, 흑룡강조선민족출판사, 요녕민족출판사, 동북조선민족교육출판사, 연변대학교출판사 등이 있다.

① 민족출판사

북경민족출판사는 1953년 1월 15일에 창립되었다. 북경소재 유일의 소수민족 관련 서적 출판사로 연변 외에 제일 처음으로 세워졌다. 조선문 외에 중국어, 몽골어, 장족어, 위그르어, 카자흐어로 소수민족 관련 도서와 잡지를 출판하고 있다.[60]

민족출판사 간행 서적들[61]

60 출처: ⟨http://www.okpedia.kr/Contents/ContentsView?localCode=krcn&contentsId=GC05314423⟩

61 문일환(조선족학자). 1993. 조선고대신화연구. 북경: 민족출판사; 張春植. 1996. 間島文學-음성양쇠. 북경: 민족족출판사; 상지시 조선민족사 편찬위원회. 2009. 상지시 조선 민족사. 북경: 민족출판사

- 출판사명(原名): 民族出版社
- 주소: 10013 北京市安定門外和平里北街14號(國家民族民委新聞出版大樓)
- 설립연도: 1953년
- 커뮤니케이션: Tel: 010-64228211 / 010-64212794
- 지식정보자원:
  - ▸ 조선문도서
    - 중국조선민족문화사대계, 중국조선족가요선집, 조선고대신하연구 등
    - 한국도서 번역출간

② 연변인민출판사[62]

길림성 연변인민출판사는 1951년 8월 19일에 설립. 중국 내 55개 소수민족 가운데 하나의 민족이 세운 최초의 종합출판사이다.

출판사 홈페이지

출판사 간행 고서들[63]

출판사 도서와 잡지 소개

62 처음에는 30여 명의 인원으로 출발하여, 1954년에 '연변문예'를 창간하였으며, 해방 후 첫 장편소설인 김학철의 '해란강아 말하라'를 출간하였다. 설립 이후 60여 년 동안 7천여 종에 달하는 한글도서를 편집 · 출판하였는데, 그 가운데 '조선말사전'은 중국의 도서최고상인 '국가도서상'을 받았다. 출처: 연변일보(2021.8.24.). '민족출판 책 숲 이루기까지'; 한국민족문화대백과사전(민족출판사(民族出版社)). 출처: 〈http://encykorea.aks.ac.kr/Contents/Item/E0073772〉

63 연변일보(2021.8.19.). 연변인민출판사 전 도서 30% 할인 혜택 내놓아

- 출판사명(原名): 연변인민출판사(延边人民出版社)
- 주소: 133000 吉林省延边州延吉市友誼路11号
- 설립연도: 1951년
- 커뮤니케이션: e-mail: ybcbs@126.com / Tel: 0433-2732431
- 홈페이지: http://www.ybcps.com/portal/sites/site-101/pages/index_k.html
- 지식정보자원:
  - 2021년 현재 1만 8,000여 종의 도서 출판
  - 한국어도서(조선어사전, 중국 연변족 역사화책, 중국조선족문학사료전집(30권), 중국조선족사료전집(100권), 중국조선족풍속도 - 그림으로 보는 우리의 가치관 등)와 총서, 한문도서
  - 한글간행물(연변문학, 문화와 예술, 연변의학, 소년아동, 예술세계 등) 출판

③ 흑룡강조선민족출판사

흑룡강조선민족출판사는 1976년 3월에 목단강시에서 흑룡강성 안의 유일한 소수민족 출판사로 설립되었다. 특히 1999년에 하얼빈시로 이전한 뒤에는 다양한 분야로 출판 영역을 확장하여 사전류를 비롯하여 중국어 · 한국어 교재류와 학술서적, 생활도서 등을 발간하고 있다. 현재까지 약 200만여 권의 도서를 출판하였다. 뿐만 아니라 조선족 문화 발전과 한 · 중문화 교류에 중요한 역할을 담당하고 있다.[64]

출처: 〈http://www.iybrb.com/civ/content/2021-08/19/29_502871.html〉

64 연변일보(2021.8.24.). '민족출판 책 숲 이루기까지'; 흑룡강신문(2008.11.11.). '흑룡강조선민족출판사 이모저모'; 한국민족문화대백과사전(민족출판사(民族出版社)) 출

윤동주시집(2002)

대중가요대백과[65]

한양가[66]

- 출판사명(原名): 黑龍江朝鮮民族出版社
- 주소: 黑龙江省 哈尔滨市南岗区學院路 / 舊)黑龍江省牧丹江市西安區海洋路
- 설립연도: 1976년(목단강시), 1999년(하얼빈시), 2008년(신사옥)
- 지식정보자원:
  - ▸ 종합성 잡지 '은하수'와 소학생 정기 간행물 '꽃동산'을 창간

④ 요녕민족출판사[67]

요녕민족출판사는 1984년에 설립되었다. 조선족뿐만 아니라 만주족 ·

처: 〈http://encykorea.aks.ac.kr/Contents/Item/E0073772〉

65 중국, 조선, 한국의 대중가요 속에서 가장 널리 알려졌고 애창된 800곡 수록(전래민요, 항일혁명가요, 광복전유행가요, 중국조선족가요, 조선현대가요, 한국현대가요 등 6개 분야). 2012. 흑룡강조선민족출판사

66 중국에서 출판한 순한글가사집 - 권흑석, 최문식(정리). 1991. 한양가. 목단강: 흑룡강조선민족출판사

67 신조선어사전, 21세기 조선족 발전전략 향방, 조선족민속연구, 심양조선족지, 조선어문법, 조선족백년사화 등을 발간하여 중국 국무원에 의해 '요녕성조선어문고급단위'로 선정되었다. 또한 조선민족역사문화연구시리즈(1~10), 조선민족전설, 요녕성조선족학생시조작품집, 사랑의 외연 등은 '우수도서'로 선정, 한국김치 105가지는 우수번역상을 수상하였다. 출처: 연변일보(2021.8.24.). '민족출판 책 숲 이루기까지'; 한국민족문화대백과사전(민족출판사(民族出版社)) 출처: 〈http://encykorea.aks.ac.kr/Contents/Item/E0073772〉

몽골족 등 다민족과 관련한 3천여 종의 도서를 간행하고 있다.

征途와 이화림 회고록[68]

봉사도(奉使圖)[69]

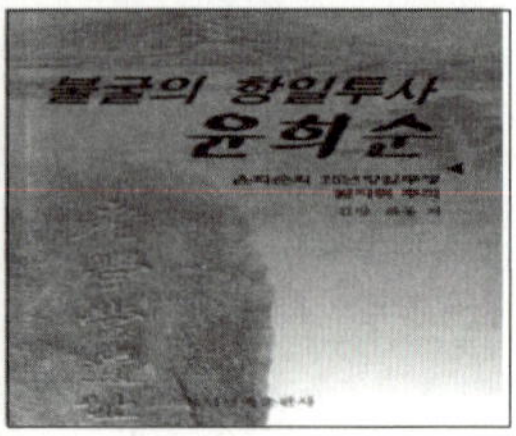

항일투사 윤희순[70]

- 출판사명(原名): 遼寧民族出版社
- 주소: 沈陽市和平區十一緯路25号(遼寧出版集團)
- 발행연도: 1984년
- 커뮤니케이션: Tel: 024-23284335
- 지식정보자원:
  - 신조선어사, 21세기 조선족 발전전략 향방, 조선족민속연구, 심양조선족지, 조선어문법, 조선족백년사화 등 우수한 조선문도서 발행

⑤ 동북조선민족교육출판사

초 · 중등교과서나 참고서를 출판하고 있다. 중국조선족 중소학교, 중등사범학교, 유치원교재, 과외독본, 공구서 및 문화교육도서를 편찬하고 출판하는 중국 유일의 조선어전문 민족교육출판사이다.[71]

68 李花林. 1995. 征徒. 沈陽: 黑龍江民族出版社. 정도를 번역한 것이 잊혀진 독립운동가 '이화림 회고록'(박경철 편)임
69 阿克敦. 奉使圖. 沈陽: 遼寧出版社. 청나라 봉사도에 나타난 조선의 연희는 당대의 생생한 문화현장 잔잔한 감흥을 불러일으킨다.
70 김양. 2003. 불굴의 항일투사 윤희순. 심양: 요녕민족출판사
71 출처: 〈https://www.koreascience.or.kr/article/JAKO199144272293052.pdf〉

출판사 전경(신/구)

출판사 간행물

- 출판사명(原名): 동북조선민족교육출판사/延边教育出版社
- 주소: 吉林省延吉市长白山东路98号水晶嘉园1号楼
- 발행연도: 1947년
- 커뮤니케이션: Tel: 0433-2913970 / Fax: 0433-2813970
- 홈페이지: http://www.ybep.com.cn/portal/sites/site-101/pages/index.html
- 지식정보자원:
  - 중국조선족 학교지(1998), 중국조선족교육연구총서(39종) 등 수많은 조선어로 된 도서 출간, 그 중에서 '조선어교재'는 1947년에 첫판이 나온 이후 2018년 현재 11판이 편찬되어 발행

⑥ 연변대학교출판사

연변대학교출판사는 길림성 직속 대학출판사로서 조선어와 역사관련 연구도서(총서), 번역서 등 한국 학술 번역집, 한류 최상급 총서 등을 출판, 한조 도해사전, 한조 실용자전, 신화자전(한국어본) 등 한국어와 중국어로 된 도서, 기초교육과 일반도서, 전국 학생 작문 데이터뱅크(대형 총서), 중화 고사성어 대사전, 소년 세계문학명작 등을 출판하고 있다.[72]

72 출처: 〈http://www.okpedia.kr/Contents/ContentsView?localCode=krcn&&contentsId=GC05300910〉

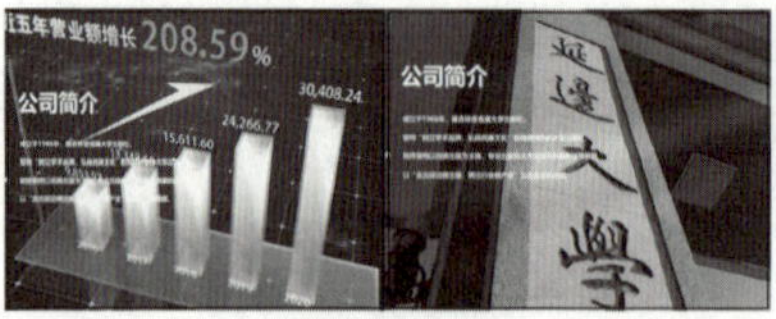

출판사 소개

출판물 소개

- 출판사명(原名): 延边大学出版社
- 주소: 吉林省延吉市长白山东路98号水晶嘉园1号楼
- 발행연도: 1986년
- 커뮤니케이션: Tel: 0433-2733160
- 홈페이지: http://www.ydcbs.com/ http://www.ydcbs.com.cn/
- 지식정보자원:
  - ▸ 조선 통사, 조선 약사, 현대 조선어, 조선 문학사, 발해사 연구(총서), 조선사 연구(총서), 조선족 연구 논총(총서), 고려 외교사(번역서) 등의 교재와 학술 저작

(2) 신문과 방송

신문과 방송은 코리언 디아스포라가 있는 곳에 언제든 시간과 장소를 넘어 인물, 사건, 행사 등에서 디아스포라의 삶의 현장을 찾아 그들의 이모저모를 다양하게 취재하고 이를 편집하여 생생하게 전달하는 지식정보자원 생산의 전초기지이다.

① 조선문신문

중국에서 조선족의 대변인이자 힐링의 행복매체인 신문은 해방 이전에 조선족 최초신문인 1909년 국자가에서 발행된 '월보(月報)', 1910년 '대성단보(大成團報)' 이후 조선독립신문(1919), 애국신보(1921), 대동(1921), 간도일보(1924) 등 다양한 유형의 많은 신문이 발행되었다. 광복 직후에는 16개의 신문이 발행되고 폐간 또는 정간되었다. 문화대혁명시기(1966-1978)에는 조선문신문은 암흑기였다. 많은 조선족 지식인들이 농촌으로 내려가고 민족언론통제가 심화되어 '연변일보'와 '위생선전'을 제외하고 대부분 조선족 신문이 정간되었다. 이와 같이 수많은 종의 신문이 발행되었다가 폐간과 정관이 되었다. 이들 신문의 발행종수, 창간일과 특징 등은 필자가 조사하여 기록한 '재외한인 문헌정보자원과 실제(2005)'[73]에 잘 나타나 있다. 현재는 일간(日刊)인 연변일보, 흑룡강신문, 길림신문, 주2회 요녕조선문보, 격일간 조선족소년보, 주간지로 라디오, 텔레비전, 동북조선과학기술신문, 종합산문, 현대가정, 일요특간 등이 발행되고 있다.[74]

㉠ 연변일보

연변일보는 정치, 경제, 사회문화, 스포츠, 평론, 국내와 국제적 이슈, 기획, 연재 등의 내용으로 구성되고 8면으로 발행된다. 또한 홈페이지를 구축하여 디지털 신문도 서비스되고 있다.

연변일보

당건설로 병원의 규범화 발전 추진

신문제호(2022년 2월 10일)

1면에 실린 연길시 문화회관

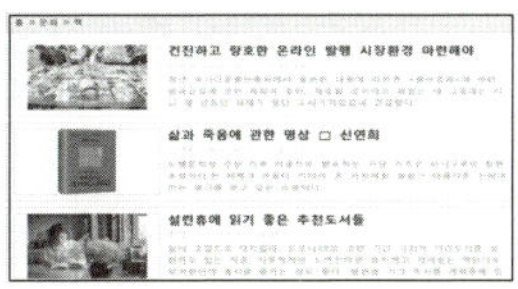
책 내용 소개와 추천도서

- 신문명(原名): 연변일보(延边日報)

73 이명규, 장우권 외. 전게서, 97-112.
74 상게서, 96.

- 주소: 길림성 연길시 신화가 2호(吉林省 延吉市 新华街 2号)
- 발행연도: 1948년 4월 1일 창간
- 커뮤니케이션: e-mail: webmaster@iybrb.com / Tel: 0433-2513100
- 홈페이지: http://www.iybrb.com/
- 지식정보자원:
  - 조선어로 발행된 종합신문, 8면의 기사 제공
  - 조선족 교육부서와 학부형, 중학교교원들의 중학생들의 과독물(과외독물)로서 요청에 의하여 발행

㉡ 흑룡강신문

흑룡강신문은 종합신문으로 정치, 경제, 사회, 동포사회, 국제, 문화, 인물. 사설 · 컬럼, 기획 · 특집 등의 내용으로 구성되고 8면으로 발행된다. 또한 홈페이지를 구축하여 디지털 신문인 '흑룡강뉴스'도 서비스하고 있다.

흑룡강신문

흑룡강신문 1면

디지털 신문 '흑룡강뉴스'

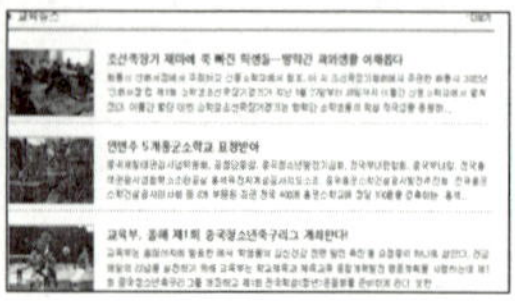

교육뉴스

- 신문명(原名): 흑룡강신문[75]
- 주소: 흑룡강성 하얼빈시 남강구 한수로 333호
  (黑龙江省 哈尔滨市 南岗区 汉水路 333号)

75 처음에는 '목단강일보'에서 1961년 하얼빈으로 옮기면서 흑룡강일보(조선문보)로, 1983년부터는 '흑룡강신문'으로 제호를 변경하였다. 처음에 4면에서 현재는 8면으로 확장되어 발행되고 있다.

- 발행연도: 1961년 10월 1일 창간(조선문보), 종합신문
- 커뮤니케이션: e-mail: nsmail2013@126.com / Tel: 86-451-87116814
- 홈페이지: http://www.hljxinwen.cn/
- 지식정보자원:
  - 조선어로 발행된 종합신문, 8면의 기사 제공
  - 일간과 주일특간(재중 한국인이 주요 대상)으로 발행

ⓒ 길림신문

길림신문은 1985년 4월 1일에 창간된 길림성 조선문 당기관지로 성급 언론지이다. 인터넷 길림신문도 발행하고 있다.[76]

길림신문 소개(웹창)㉮

포토뉴스㉯

두만강문학㉰

- 신문명(原名): 길림신문(吉林朝鲜文报)
- 주소: 길림성 장춘시 원구진양가(吉林省長春市園區晋陽街)
- 발행연도: 1985년 4월 1일 창간
- 커뮤니케이션: Tel: 0433-2518862
- 홈페이지: http://www.jlcxwb.com.cn/
- 지식정보자원:
  - 조선어로 발행된 종합신문, 4면의 기사 제공
  - 생활정보지인 '동북저널'(주간), 문화생활 전문지인 '문화주간'을 발행

76 출처: 길림신문 ㉮, ㉯, ㉰ 〈http://www.jlcxwb.com.cn/〉

㉣ 료녕신문

료녕신문은 료녕성의 유일한 소수민족문자의 언론이다. 신문구성은 뉴스와 시사, 경제, 문화, 교육 등 주요내용 외 만년생활, 관광, 스포츠, 동포뉴스 등 다양한 전문면을 통해 조선독자들에게 민족문화, 민족교육, 민족경제의 관련정보를 적시에 전달하고 생생한 지식정보자원의 생산의 보고이다.

료녕신문 1면

디지털 신문

조선족관련 특집뉴스

- 신문명(原名): 료녕신문[77](辽宁朝鲜文报(朝文))
- 주소: 1100013 료녕성 심양시 화평구 청년대가 356호
- 발행연도: 1958년 8월 15일 창간
- 커뮤니케이션: e-mail: lnsm2013@163.com(기사투고) / Tel: 024-2669-8215
- 홈페이지: http://www.jlcxwb.com.cn/
- 지식정보자원:
  - 조선어로 발행된 종합신문, 주 2회 8면의 기사 제공
  - 디지털 뉴스인 '료녕신문'을 제공

77 1958년에 창간하여 운영되다가 경영난으로 폐간되었다. 1965년 '료녕일보'로 복간, 1968년 문화혁명으로 다시 폐간되다가 1979년 '료녕일보'로 복간, 2013년부터 제호를 다시 '로녕신문'으로 바꾸어 주2회(화요일과 금요일) 8면으로 발행하고 있다. 출처: 〈http://kr.lnd.com.cn/Introduction.shtml〉

② 조선어방송

중국조선족을 위한 조선어방송은 연변인민방송국, 연변텔레비전방송국, 흑룡강조선어방송국, 중앙인민방송국 조선어방송, 중국국제방송국 조선어방송 등이 있다.

㉠ 연변인민방송국

연변인민방송국은 종합편성방송국으로 자체 프로그램을 제작하고 있다. 또한 국내외 프로그램을 번역하여 실시간으로 빠른 시간 내에 조선족들에게 지식정보자원을 서비스하고 있다.[78]

- 방송명(原名): 연변인민방송국(延邊人民放送局 ; 延边人民广播电台)
- 주소: 1945년
- 방송연도: 길림성 연변조선족자치주 연길시 국자가 166호
- 커뮤니케이션: Tel: 0433-2516547/2515702
- 지식정보자원:
  - 매주 일가, 백성 라인, 연변의 아침, 소년 아동 프로그램 등
  - 판공실 · 신문부 · 테마부 · 사회교육부 · 청소년부(한국어) · 문학부(한국어) · 음악부(한국어) · 중국어 문예부 · 광고부 · 방송부 · 기자 통신 연락부 · 녹음부 · 발사대 · 행정과 · 도서 자료실 등

㉡ 연변텔레비전방송국

연변텔레비전방송국은 1973년 1월 1일 하룡현 방송소에서 1kw 텔레비전 시설을 갖추고 중국 최초의 조선어 텔레비전방송을 시작했다. 1981년

78 延边朝鲜族自治州地方志编纂委员会. 1996. 연변조선족자치주지(延边朝鲜族自治州志).

12월 16일 연길텔레비전방송국을 연변텔레비전방송국으로 개칭하였다.[79] 현재는 연변라지오TV방송국으로 병합하여 서비스되고 있다.

디지털 방송 1면

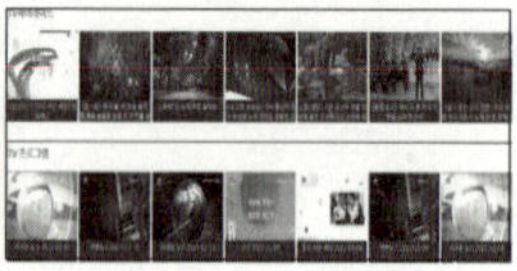
TV 프로그램정보

라지오 방송정보

- 방송명(原名): 연변라지오TV방송국

延边广播电视网
연변라지오TV방송국
YBRT

- 주소: 吉林省延吉市局子街1558号
- 방송연도: 1973년
- 커뮤니케이션: e-mail: iybtvadmin@163.com / Tel: 0433-8157612
- 홈페이지: http://www.iybtv.com/
- 지식정보자원:
  - ▸ 조선어라지오TV 방송으로 뉴스, TV, 라지오, 생방송, 스포츠, 생활, 여행, 포토, VR 전경 등 다양한 프로그램으로 제공

ⓒ 흑룡강조선어방송국

흑룡강인민방송은 1963년에 개국한 조선어와 중국어방송국이다. 1958년에 개국한 헤이룽장텔레비전(黑龙江电视台)과 2015년에 흑룡강인민방송과 합병하여 헤이룽장방송국(黑龙江广播电视台)이 되었다. 1993년에

79 장우권 외. 2006. 재외한인의 문헌정보자원 정책과 관리. 성남: 북코리아, 95-97.

조선어방송편집부가 흑룡강조선어방송국으로 승격되었고, 1999년 디지털 방송을 실시하였다. 현재 흑룡강조선어방송국 영상팀에서 종합사이트인 '흑룡강코리언'을 구축하여 라지오방송[80]과 TV방송을 동시에 전 세계에 송신하고 있다.[81]

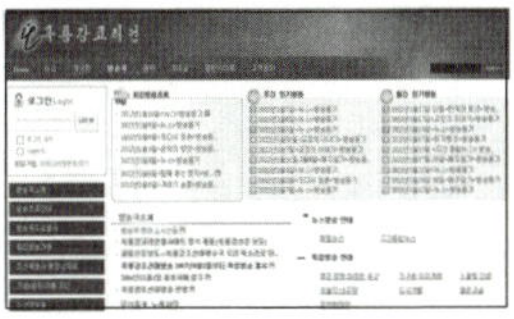
흑룡강코리언 메인화면

방송시간표와 채널표

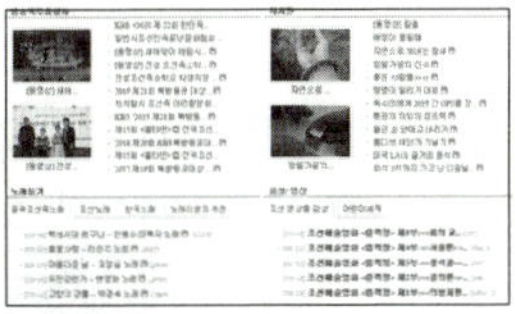
방송국 주요 행사와 노래듣기

- 방송명(原名): 흑룡강조선어방송국(黑龙江朝鮮語广播电台)
- 주소: 흑룡강성 하얼빈시 남강구 한수로 333호
 (黑龙江省 哈尔滨市 南岗区 汉水路333号)
- 방송연도: 1963년 2월 20일
- 커뮤니케이션: e-mail: 873k@873k.com / Tel: 0451-8289-8873
- 홈페이지: http://www.korean.com.cn/index.php?mid=Home_Page
- 지식정보자원:
  - ▸ 종합사이트에서는 뉴스, 방송국, 음악, 자료실 등
  - ▸ 자료실에서는 중국자료, 한국자료, 조선자료, 어린이세계, 영상물 감상, 영상자료, 기타자료(우리의 역사와 문화, 세계사, 명언, 고사성어 모음) 등

80 흑룡강조선어방송은 현재 중파 873KHz, 단파 5950KHz, FM96.1MHz로 매일 5시간 방송하고 FM95.8MHz로 매일 6시간 방송하고 있다.
81 '흑룡강코리언' 회사소개. 〈http://www.korean.com.cn/?document_srl=81066〉

㉣ 중앙인민방송국조선어방송

중앙인민방송국조선어방송은 1956년 7월 6일 개국하였다. 중국의 국가 방송국으로 조선족 청취자들에게 국내외 시사와 일상생활에 유익하고 다양한 지식정보들을 폭넓게 전하면서 청취자들의 정다운 벗이 되고 길잡이가 될 수 있도록 최선을 다하고 있다.[82]

조선어방송 메인화면

조선어방송 안내

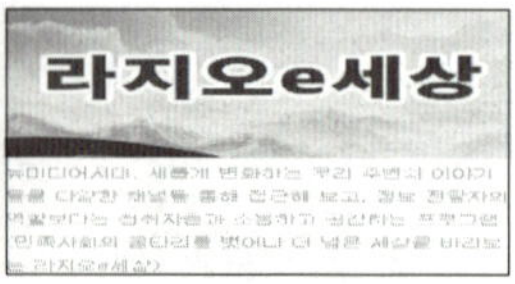

라지오e세상 안내

- 방송명(原名): 中國朝鮮語广播网
- 주소: 北京廈興門外大街 2号
- 방송연도: 1956년 7월 6일
- 커뮤니케이션: e-mail: 4008000088@cnr.cn; mzjubao@cnr.cn
- 홈페이지: http://www.krcnr.cn/ http://www.cnr.cn/
- 지식정보자원:
  - 뉴스(종합, 국내, 국제, 문화), 건강상식 등 웹사이트에서는 종합포토, 동영상 등을 제공

㉤ 중국국제방송국조선어방송

1950년 개국한 중국국제방송국조선어방송은 매일 20시부터 24시까지 4시간 방송되고 있다. 1999년 12월 10일에 조선어방송 사이트를 개설해 중

82 장우권 외. 전게서, 110.

국과 세계의 다양한 소식을 제공한다.

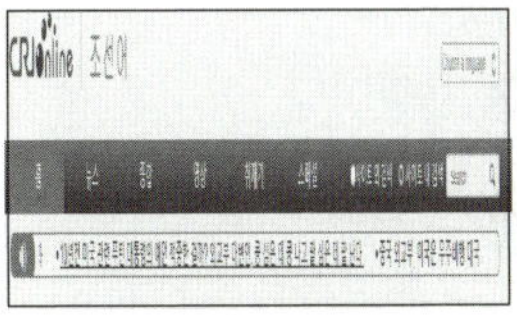
조선어방송 메인화면

방송 프로그램

라디오 뉴스

- 방송명(原名): 中国国际广播电台朝鲜语部
- 주소: 베이징시 석경산로 갑16번 중국국제방송국 조선어부
  (100040 北京市石景山路甲16号 中国国际广播电台朝鲜语部)
- 방송연도: 1950년 7월 2일
- 커뮤니케이션: e-mail: korean@cri.com.cn /
  Tel: 86-10-68892650, 68892139
- 홈페이지: http://korean.cri.cn/
- 지식정보자원:
  - 뉴스, 종합(경제, 문화, 사회, 관광, 청취자, 연예와 음악), 영상(시사와 다큐, 영상뉴스, 팝콘스튜디오), 취재기, 스페셜 등

다. 중앙아시아

중앙아시아에서 고려인에 대한 지식정보자원은 크게 5가지 유형으로 나눌 수 있다. 첫째는 소련시기에 고려인들에 관련된 자료이다. 이것은 1937년 강제이주 이전에서 극동과 중앙아시아에서 생산된 지식정보자원이다. 둘째, 초기 이주에 관련된 자료이다. 이것은 1937년 연해주에서 중앙아시

아 지역으로의 강제이주와 관련된 지식정보자원이다. 셋째, 강제이주 이후 현재까지의 자료이다. 이것은 고려인들이 현지에 정착하면서 생산해 낸 지식정보자원이다. 넷째, 개인가문에 관련된 지식정보자원이다. 이것은 초기 이주에 극동에서 고려인들이 생활도구와 같이 가져온 족보와 같은 개인이 소장한 가문에 관련된 기록문서와 조선말 19세기(주로 1800년대) 때의 고문서이다. 다섯째, 해방 이후 북한에서 가져왔거나 보내온 도서들이다. 이것은 주로 도서관에 소장되어 있다. 여기에서 첫째, 둘째, 넷째의 지식정보자원은 고려인의 과거역사에 대한 기록들이라면, 셋째는 중앙아시아에서 정착 후 생산해낸 지식정보자원으로 생생한 고려인들의 삶의 모습을 담은 기록사이다.

중앙아시아의 우즈베키스탄과 카자흐스탄에서 정보자원은 기록문헌 측면에서 살펴볼 때 텍스트와 기사 위주의 생산은 자수시와 산삼을 비롯한 다수의 출판사와 고려일보, 고려신문, 실크로드, 한일일보, 교민일보 등의 신문사에서, 음향과 영상매체의 기록은 고려말 라디오방송, 고려말 TV방송, 우즈베키스탄 제1국영방송 채널 4(고려인 프로그램 '친선') 등 방송국에서 그리고 문화예술공연은 고려인극장, 송시네마, 우즈벡필름, 우즈벡텔레필름, 샘물바이얼린단, 청춘가무단 등에서 이루어졌다. 고려인의 역사를 기록문헌에서 찾아본다면 기록보존센터인 우즈베키스탄 국립중앙기록보존소, 국정원기록보존소, 타슈켄트기록보존소, 카라칼팍스탄 자치공화국기록보존소, 카자흐스탄 국립중앙기록보존소, 알마티 · 잠볼 · 카라간지역기록보존소, 사진필름기록보존소 등에서 보존되어 있다.[83]

도서관 측면에서는 카자흐스탄 국립도서관(뿌시킨도서관), 국립과학도

83 장우권 외. 2006, 재외한인의 문헌정보자원 정책과 관리. 성남: 북코리아, 231-232.

서관 등에서 한국의 고문서 및 고려인과 한국관련 서적들을 소장하고 있다. 또한 우즈베키스탄 국립도서관과 국립과학도서관 등에서도 상당량의 고려인과 한국 관련 기록문서와 서적들을 소장하고 있다. 그러나 이들 자료들은 정리되지 못하고 서고에 방치되어 있다가 최근에 도서관 자체적으로 또는 한국의 국가기록원, 디아스포라 코리언 디아스포라 관련 연구기관, 일부 학자들에 의해서 체계적인 조사와 데이터베이스 구축이 이루어지고 있다.

1) 도서관

카자흐스탄 국립도서관(뿌시킨도서관)에는 한국의 고문서[84] 및 고려인과 한국 관련 서적들을 소장하고 있다. 국립과학도서관에도 조선시대의 고서와 기록문서가 소장되어 있다. 우즈베키스탄 국립도서관과 국립과학도서관에는 상당량의 고려인과 한국 관련 기록문서와 서적들을 소장하고 있다. 그러나 이들 자료들은 정리되지 못하고 서고에 방치되어 있었다.[85]

(1) 카자흐스탄 국립도서관(뿌시킨도서관)

카자흐스탄 국립도서관은 1910년 12월 31일 버넨스카야시 두마(Duma)의 결정에 따라 도서관 열람실로 설립되었으며, 1931년 소비에트연방 카자

84 도서관 홍보비서에 의하면, 첫 번째의 1937년 강제이주 이전과 이후에 수집하여 소장되어 있는 고문서는 약 300권이다. 실제로 연구자가 직접 고문서실을 방문하여 자료목록카드를 일일이 세어서 확인한 바에 의하면 150권이었다. 그러나 아직 공개되지 않은 자료가 150권이 더 있다는 담당자의 말을 들어 볼 때 약 300권으로 추정된다. 공개된 자료 중에는 18세기에서 19세기에 발행된 고문서들이 있다. 대표적인 문헌으로는 '증보문헌비고(增補文獻備考, Munhon bigo)' 50권, '황화집(皇華集)', '조선역사(朝鮮歷史)' 8권, '조선왕조와 조선무인(武臣)에 관한 역사'외 기타 조선시대의 족보 등이 있다(2005년 2월 18일. 현지방문과 도서관 홍보비서와의 인터뷰).

85 필자의 2005년 2월 방문시 확인

호주 공공도서관으로 개칭되었다. 카자흐스탄공화국으로 독립되면서 1991년 카자흐스탄 국립(중앙)도서관으로 개칭되어 문화보존의 중심도서관으로서의 역할을 수행하고 있다. 현재 도서관에는 50여 개의 언어로 씌여진 다수의 희귀도서를 소장하고 있다(슬로베니아와 한국과 관련된 희귀도서 2천여 권 소장).[86]

국외소재문화재단[87]의 조사에 의하면 우리의 소중한 문화유산이 25개국에 214,208점(2022.1.1. 기준)이 산재하고 있다고 하였다. 그 중 카자흐스탄 국립도서관에는 1,024점(0.48%)이 소장하고 있는 것으로 나타났다.

홈페이지 메인화면

'한국의 책' 코너와 한국자료실 전경

신착도서(新着圖署) 소개

카자흐스탄국립도서관 한국자료실은 3층 세계자료실 내에 위치해 있으며, 한국어 학습교재, 한국의 역사 및 문학 관련 도서, 영화 및 음반 자료 등 3,214책(점)으로 구성되었다. 또한 국립중앙도서관은 카자흐스탄국립도서관에 매년 200여 책(점)씩, 5년간 총 1,000여 책(점)의 한국 관련 자료를 지속적으로 제공할 예정이다.[88]

■ 원명(原名): Национальная Библиотека Республики Казахс

86 출처: 〈http://www.nlrk.kz/index.php?lang=kz〉
87 출처: 〈http://www.overseaschf.or.kr/front/main/main.do?SITE_ID=KOR〉
88 카자흐스탄에 31번째 한국자료실(Window on Korea) 개실 - 국립도서관 세계자료실 내, 한국 관련 도서 · 영화 등 제공 - 국립중앙도서관 보도자료(2020.10.8.).

тан(National Library of the Republic of Kazakhstan)

- 주소: 050013, Қазақстан Республикасы, Алматы қаласы, Абай даңғылы, 14
- 설립연도: 1910년
- 커뮤니케이션: e-mail: org.nbrk@mail.ru / Tel: 7(727)267-28-83
- 홈페이지: http://www.nlrk.kz/index.php?lang=kz
- 지식정보자원:
  - 이곳에 소장된 한국 고문헌은 목판본 125종, 금속활자본 52종, 신활자본 97종 등 모두 330종의 책들이다. 백헌집(白軒集), 약천집(藥泉集), 남파집(南坡集) 등 문집류, 육전조례(六典條例), 양전편고(兩銓便攷) 등 법전류, 고등소학독본(高等小學讀本), 몽학필독(蒙學必讀), 정선만국약사(精選萬國略史) 등 교과서류, 대한자강월보(大韓自强月報), 국민신보(國民新報), 제국신문(帝國新聞) 등 신문류 등 다양한 문헌들이 소장되어 있다.[89]

도서관 고문서실

한국고문서

해외전적문화재 조사목록 표지

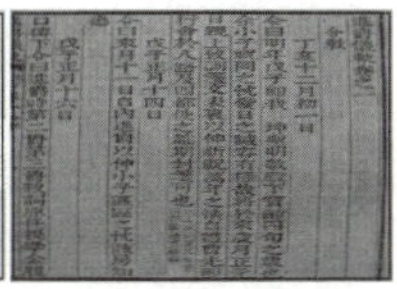
진작의궤[90]

89 '낯선 땅 낯선 곳에서도 우리 고문헌이… 카자흐스탄 국립도서관 소장 한국고문헌 목록집 발간.' 문화재청 국립문화재연구소는 카자흐스탄 국립도서관 소장 '해외전적문화재조사목록'을 발간하였다. 카자흐스탄 국립도서관에 있는 우리의 고문헌들은 블라디보스토크의 원동(遠東)조선사범대학 도서관에 보관되어 있었던 것을, 1937년 스탈린 정권에 의해서 조선인 강제이주와 함께 카자흐스탄으로 옮겨왔을 것으로 추정되는 책들이다. 특히 의궤류 3종과 19세기 말에서 20세기 초 무렵에 간행된 교과서류가 다른 도서관에 비해 많은 것이 특징이라고 할 수 있다(문화재청 보도자료. 2008.2.19.).

▸ 제2의 분서갱유 사건에도 불구하고 자료유실 상태에서 보존된 도서 약 800권이 도서들은 한인학교 폐쇄(1938년 9월 1일 소련정부의 지시에 따라 한인학교와 까자린스크의 한인학교와 크즐오르다의 고려사범대학 폐쇄), 서적판매금지(1939년 12월 한인문학과 관련한 서적판매소와 도서관에서 한국어 서적의 사용 중지명령), 소각령(출판 관련 비밀유지 담당 국가위원회의 엄격한 감독하에 극동에서 고려인들이 가져온 수만 권의 도서)에 의한 도서유실이다. 이때 분실된 자료는 약 134개 분야의 교과서적 12만 권 이상과 1만 7천 권 이상의 다양한 수준의 한국어 학습서 등이다. 이러한 제2의 분서갱유 사건에도 불구하고 자료유실 상태에서 보존된 도서이다. 필자의 현지조사(2006년)에 의하면 이 도서들은 당국의 소각지시의 명령에도 불구하고 도서관 선지자(문헌의 소중한 역사의식을 갖춘 몇몇 도서관사서)들의 노력으로 일부는 불에 타는 도중에 끄집어내어 비밀리에 보관되어온 자료들이다.[91]

작가 한진이 발표한 단편소설 '공포'(작품집 〈오늘의 빛(1990)〉에 수록)에서 다음의 구절을 볼 수 있다.[92]

---

90 진작의궤(進爵儀軌): 정리자판(整理字板). 2권 1책. 순조 28년(1828)에 순조비 순원왕후 김씨의 보령이 40세가 되는 것을 기념하기 위하여 잔치를 베풀고 이를 기록한 의궤이다. 자경전의 잔치 모습을 그린 진작도(進爵圖)와 함께 연경당에서 연향을 베풀 때의 좌차도(座次圖), 정재도(呈才圖), 복식도(服飾圖), 악기도(樂器圖) 등이 그려져 있어 궁중연향 연구에 큰 도움을 주고 있다(문화재청 보도자료. 2008.2.19.).

91 장우권 외. 전게서, 248-251.

92 상게서

"때가 오면 다시 이 도서관(카자흐스탄 국립도서관 특별장서실)에 찾아와 이 책들을 읽을 사람들이 반드시 있으리라는 것을 반드시 믿고 싶다."(공포, 40)

한진은 선견지명(先見之明)이 있었나 보다. 필자는 2005년 2월 22일에 이 도서관을 방문하고 관계자들과 면담(한국담당사서) 후 고문서실과 지하서고에 미쳐 정리되지 않고 방치되고 있는 한국고문서들과 제2의 분서갱유에서 살아남은 완전하나 먼지가 가득하고, 훼손된 문헌들을 보면서 국가가 없는 민족의 설움을 몸소 체험하였다. 이때 조사하여 발표한 것이 '제외한인 문헌정보자원 정책과 관리(2006)'이다. 이후 문화재청 국립문화재연구소는 카자흐스탄 국립도서관 소장 '해외전적문화재조사목록'을 발간하였다.

(2) 국립과학도서관

1932년에 설립되었다. 도서관에는 약 300권의 조선시대의 고서 일부와 기록문서가 소장되어 있다. 이 중에는 '光化門古鐘銘'이 있다.[93]

국립과학도서관 전경

고문서 '光化門古鐘銘'[94]

93 2005.2.22(화). 필자의 현지 방문과 수학자 박이반 교수의 소개에 의한 도서관 홍보담당 안내와 인터뷰

94 우리나라(삼국시대와 고려 · 조선시대) 종(鐘) 등에 새겨진 명문들의 기록을 해제한 것으로 보인다. 필자가 확인

(3) 우즈베키스탄 국립중앙도서관과 국립과학도서관

1870년 타슈켄트공공도서관으로 개관되어, 1948년 Alisher Navoi 도서관으로 개칭되었다. 75개국 언어로 된 약 40만 권의 장서를 소장하고, 2014년에 한국자료실(Window on Korea)을 개관하였다. 국립과학도서관에도 한국학 관련 문헌들이 있다.

도서관 전경

홈페이지 메인화면

한국학자료실(4층)

- 원명(原名): Alisher Navoiy nomidagi O′zbekiston Milliy kutubxonasi
- 주소: 51 Xorazm ko′chasi, Towkeht 10047, Uzebekistan
- 설립연도: 1870년
- 커뮤니케이션: e-mail: info@natib.uz / Tel: (99871)232-83-94
- 홈페이지: https://www.natlib.uz/
- 지식정보자원:
  - 한국학자료실에 한국의 역사, 문화예술, 학술 관련 도서 약 3천여 책(점)

(4) 대학교 내 한국학 자료실

① 카자흐국립대학교 한국학 자료실

카자흐국립대학교(Қазақ Ұлттық Университеті)는 1934년에 개교

되었으며, 1995년에 동방학부 내의 한국학과와 관련되어 설립되었다. 1999년 10월 한국학과로 명칭이 변경되어 현재에 이르고 있다. 학과 부설 도서관에는 한국의 다수의 관련 재단, 단체, 기관들이 제공한 서적과 잡지들이 있다.

소장된 문헌정보자원은 교과서와 관련하여 한국어사적과 사전, 한국에 관련된 정치, 경제, 사회, 문화 분야의 전문서적(한국어, 영어, 러시아어), 한국 관련 전문잡지(Korean Observer, Korean Journal of Social Sciences), 한국 소설, 시, 민화 등 다수의 19세기와 20세기 소비에트연방 시대의 한국과 고려인에 관련된 연구물(논문, 서적, 문서 등), 고려인 문학작가들의 작품(한글과 러시아어, 조명희, 한진, 양봉식, 김 아나톨리, 손 라브렌찐, 강 알렉산들르, 이진 등), 북한에서 발행된 도서, 기타 한국의 언어와 문화, 역사, 고려인에 관련된 연구논문 등이 소장되어 열람되고 있다.[95]

② 기타 대학교 내 한국학 자료실

알-파라비 카자흐국립대학교(Ál-Farab i atyndaǵy Qazaq Ulttyq Ýn i ve), 우즈베키스탄 니자미 사범대학, 동방대학, 세계언어대학 등 한국학과 도서실에는 대부분 한국에서 제공되는 지식정보자원을 소장하고 있다.

2) 출판사[96]

카자흐스탄에서 고련인 관련 도서 발행은 자수시(Zhazushy)출판사, 카자흐국영문예서적출판사, 알마아따출판사, 알마아따 작가출판사, 알마아따

95 2005.2.22(화). 김게르만 교수 면담, 학과방문
96 장우권 외. 전게서, 232-236.

오네트출판사, 고려인이 운영하는 산삼(SanSam)출판사에서 이루어졌다. 도서는 대부분 문학서적이었다.

도서발행은 대부분 자수시(사수싀)출판사에서 발행되었다(대부분 한글로 된 작품). 자수시출판사는 카자흐스탄에서 가장 오래된 출판사이다. 1934년에 창립되었으며, 주로 카자흐스탄 민속, 전통과 고전문화, 문학작품 등을 발행하고 있다. 또한 러시아어, 위구르어, 우즈벡어, 조선어, 독일어로 된 책을 발행하였다.

고려인으로서 순수 한글로 된 마지막 출판은 김광현의 작품 '싹'(1986)이다. 그 이후 작가들은 러시아어로 작품을 쓰고 발행되고 있다. 작가 한진은 '고려인(한인)이주'(1996)를 러시아어와 한글 합철로 발행하였다.[97] 현재 한글로 씌여진 도서는 출판되지 않는다. 출판에 있어서 판로문제가 있기 때문이다. 대신 러시아어와 위구르어를 지원하고 있다.

> "나이 드신 고려인이 자주 방문한다. 책을 읽기 위해서이다. 그러나 현재는 오지 않는다. 한글도서가 발행되지 않기 때문이다. 한글도서는 국립중앙도서관, 기타 기관, 서적국에 있다."[98]

필자가 현지에서 도서관, 출판사, 관계기관, 저자와 관련된 사람들의 직접방문과 인터뷰를 통해서 수집한 한글로 된 작품은 다음 [표 3-1]과 같다.

97 한진은 민족적 색채 짙은 작품을 세상에 내놓았다.
98 2005.2.25(월) 16:25-50 사장 집무실에서 인터뷰

표 3-1 카자흐스탄출판사에서 발행된 한글로 씌여진 작품

번호	도서명(발행연도)	작품성격	저자(편저자)	출판지역	출판사
1	조선시집(1958)	시집	박일(편)	크즐오르다 알마아따	카자흐국영 문예서적출판사
2	십오만원사건(1964)	장편소설	김준	알마아따	알마아따출판사
3	시월의 해빛(1971)	종합작품집	조명희 외 24명	알마아따	알마아따 작가출판사
4	씨르다리야의 곡조(1975)	공동작품집		알마아따	자수시출판사
5	그대와 말하노라(1977)	시집	김준	알마아따	
6	연성룡 작품집(1981)	작품집	연성룡	알마아따	알마아따 오네트출판사
7	저녁풀피리(1981)(원저 스베뜰라나 꾸즈네쪼바)	시집	김준 역		
8	길에서(1981)(원저 좁띠스)	시집	강태수 역		
9	해바라기(1982)	종합작품집	강태수 외 20명	알마아따	자수시출판사
10	행복의 노래(1983)	시집	연성룡	알마아따	알마아따 오네트출판사
11	숨(1985)	시집	김준	알마아따	자수시출판사
12	싹(1986)	종합작품집	김광현	알마아따	자수시출판사
13	붉은 별들이 보이던 때(1987)	소설집	김기철	알마아따	자수시출판사
14	한진 희곡집(1988)	희곡집	한진	알마아따	자수시출판사
15	행복의 고향(1988)	단편소설	김광현, 이정희	알마아따	자수시출판사
16	꽃피는 땅(1988)	종합시집	조명희 외 19명	알마아따	자수시출판사
17	해돌이(1989)	시집	리진	알마아따	자수시출판사
18	오늘의 벗(1990)	종합작품집	한진 외 3	알마아따	자수시출판사
19	신기로운 성의 주인	동시집	박보리쓰		
20	질경이	가요집			

반면에 우즈베키스탄에서는 순수한글로 된 도서는 발행되지 않았다. 오히려 순수한글작품을 발행하기 위해서 카자흐스탄으로 건너와 발행하였다.

3) 신문사와 방송국

(1) 신문과 문학작품

① 선봉과 고려일보

카자흐스탄에서 최초의 한글신문은 1937년 원동(연해주)에서 건너온 '선봉(先鋒, 아방가르드(Авангард), Senbon)'이었다. 이 신문은 극동에서 발행한 최초의 한글신문이다. 선봉은 1937년 11월 7일 원동에서 카자흐스탄 크즐오르다에 도착하였다.[99] 1938년 5월 15일부터 '레닌의 긔치'란 이름으로 개칭되어 1개월에 15회, 6천 부의 부수로 발간되기 시작하였다(제1대 주필 서재욱).[100] 1961년에 '레닌기치'는 공화국 신문이 되었으며 고려인들이 거주하는 다른 중앙아시아 공화국들에까지 보급되었다. 발행지가 크즐오르다에서 1978년 알마아따로 옮겼다. '레닌기치'는 1980년대와 1990년대에 한인작가의 소설, 시, 단편소설과 한인 강제이주에 대한 한인학자들의 깊은 학술적인 논문들이 실렸다.

99 최호림 주필을 비롯한 전체편집진이 탄압의 대상자였으며 황동훈 신문 농업부장이 탄압을 피해 신문재발간의 기초를 닦았으나 그 후에 탄압대상자가 되었다.

100 규격이 작은데다 2면밖에 안 되는 신문이었기 때문에 고려인들의 수요를 충족시킬 수 없었다. 신문사의 요청으로 1940년 '레닌기치'는 크즐오르다주 주신문의 지위를 얻었다.

선봉

레닌기치

고려일보와 주간고려일보

고려일보(2022)

1991년에 레닌기치는 고려일보로 개칭되었다. 우리말을 아는 고려인들이 점점 줄어들자 부수를 늘리기 위해 같은 해에 러시아로 된 주간지 '고려'를 발간하기 시작했다. 이 주간지는 러시아어권 동포 작가 및 기자들이 만들었다. 우리말을 모르는 독자들은 러시아 주간지를 통해 처음으로 재소고려인 역사의 '백서'를 알게 되었다. 소련이 붕괴되면서 '고려일보'는 독자들이 많은 우즈베키스탄을 비롯한 카자흐스탄 외지역의 독자들과 연결이 끊어졌다. 그 후 재정난으로 '고려일보'는 1992년부터 발행횟수가 1주일에 5회, 2회, 1회 등으로 빈번하게 발행되다가 2000년에 운영권이 5년간 고려인협회로 위임되었다. 신문지면 구성은 고려인 소식을 전해주는 러시아어판 8면(이 중 청년페이지가 4면), 한글판 4면으로 이루어지고 있다.[101] 최근에는 인터넷판도 발행하고 있다.

- 원명(原名): 고려일보(Коре ильбо)
- 주소: 1, Amangeldy St, Almaty, Kazakhstan 2 Floor, 50 Jibek Joly str., Almaty 050002 Kazakhstan
- 설립연도: 1937년
- 커뮤니케이션: e-mail: roo_akk@mail.ru; info@koreans.kz
  Tel: +7(727) 293-96-90; +7(727) 293-96-56

101 장우권 외. 전게서, 236-240.

- 홈페이지: https://koreans.kz/koreilbo/?lang=ru;
  http://www.koreilbo.com/
- 지식정보자원:
  - 고려인 관련 정치, 경제, 사회, 문화, 역사, 예술 등 다양한 뉴스
  - 고려인의 삶의 여정을 다룬 다큐, 문학작품, 예술공연 등을 심도 있게 전달

② 레닌기치에 실린 문학작품[102]

레닌기치에 발표되었던 작품의 경향과 당시 사회 상황을 구분하여 특징을 살펴보면 다음과 같다.

표 3-2 레닌기치에 발표된 문학작품 시기와 내용

시기	내용
제1기 (1938–1953)	레닌기치 창간호부터 레닌기치가 카자흐스탄 소비에트 사회주의 공화국 신문으로 승격되기 직전인 1953년까지 - 고려인 문학의 태동기
제2기 (1954–1985)	레닌기치가 카자흐스탄 소비에트 시회주의 공화국 신문으로 지위가 승격된 1954년부터 페레스트로이카가 시작되기 직전인 1985년까지 - 고려인문학의 형성기
제3기 (1986–1990)	페레스트로이카가 시작된 1986년부터 레닌기치의 제호가 고려일보로 바뀌기 직전인 1990년까지 - 고려인 문학의 성장기
제4기 (1991–현재)	레닌기치의 제명이 고려일보로 바뀌고 소련이 해체되어 카자흐스탄 소비에트 사회주의 공화국이 카자흐스탄공화국으로 독립한 1991년부터 현재까지 - 고려인 문학 과도기

102 김필영. 1997. 레닌기치에 나타난 소비에트 한인문학 - 강제이주지 중앙아시아의 시적 심상. 비교한국학, 3, 135-141. (파리: 국제비교한국학회); 김필영. 2000. 소비에트 카자흐스탄 한인문학과 희곡작가 한진(1931-1993)의 역할. 한국학논총, 27, 209-240.; 한진. 1990. 검열과 소외 속에서 자라난 민족문학: 재소련 동포문단. 한국문학. 204.; 장우권 외. 전게서, 297-300.

표 3-3 레닌기치에 발표된 문학작품 시기와 특징

시기	내용
제1기	강제이주로 말미암아 카자흐스탄 고려인들이 민족적으로 억압을 받고 문화활동에 있어서도 심한 통제를 받아 자유로운 문필 활동을 하기 어려웠던 시기. 작품의 내용이 거의 대부분 소비에트 사회주의 제도를 찬양한 것. 이때까지만 해도 고려인들에게는 거주 이전의 완전한 자유가 없었을 뿐더러 소련당국의 정책에 의해 그들에게 공민증이 발급되지 않아 소련공민으로서의 권리조차 보장받지 못하던 역사적으로 참담한 시절이었다. 작품내용에 대한 심사가 까다로웠을 뿐만 아니라, 고향이나 조국에 대한 향수의 표현이나 소련의 제도나 정책의 비판을 위한 문학적 상상력은 허용되지 않았다. 예를 들면, 조명희(1894-1942)의 제자인 강태수 시인이 1938년 크즐오르다사범대학 벽보신문에 '밭 갈던 아씨에게'라는 시 작품의 내용이 올바르지 않게 당국에 번역 보고되어, 반동으로 체포되고 그로부터 1959년까지 21여 년간 감옥살이를 하였다. 이 시기는 강제이주로 말미암아 고려인들이 소련당국으로부터 심한 압박을 받은 민족문화의 암흑기로 카자흐스탄 한인문학의 태동기에 해당한다고 볼 수 있다.
제2기	레닌기치가 카자흐스탄 소비에트 사회주의 공화국 신문으로 위치가 승격되었을 뿐만 아니라 이주 고려인들의 지위도 승격이 된 시기. 고려인들에게 공민증이 발급되어 이들이 사회적으로나 경제적으로 안정된 생활을 영위한 시기이며 문학적으로도 가장 왕성하게 작품 활동을 한 시기이다. 제1기와 비교하여 볼 때 작품의 내용이 보다 건전해졌으며 어둡거나 우울한 면이 사라지고 이주지 카자흐스탄 소비에트 사회주의 공화국을 고려인들의 진정한 조국으로 형상화하였다. 이 시기에 소련에 정치 망명한 조선 출신 젊은 작가들과 사할린 출신 한인들이 문단에 합세하여 원동 출신 이주세대 원로들과 함께 문학활동을 하던 시기로 소비에트 카자흐스탄 한인문학의 형성시기이다.
제3기	소련의 페레스트로이카와 글라스노스트 정책의 영향으로 언론의 통제가 어느 정도 완화되기 시작한 시기. 소비에트 카자흐스탄 한인문학적 입장에서 볼 때 문화적 해빙기라 할 수 있으며 민족 감정의 문학적 표현이 어느 정도 허용되어 한인문학이 발전하는데 중요한 역할을 한 기간이다. 작품내용에 드디어 이주라든가 고향이라든가 하는 어휘의 사용이 부분적으로 가능했다. 되찾아야 할 고향과 억압받은 민족감정이 문학적으로 표출되기 시작하나 소련이 붕괴. 기대 이상으로 빨리 실현된 언론의 자유 때문에 문인들이 심리적으로 시달리게 되는 5년이라는 이 짧은 기간은 소비에트 카자흐스탄 한인문학 성장기이다.
	카자흐스탄 한인문학 과도기로 작품의 내용에 뚜렷한 특성이 없다. 1991년 레닌기치의 명칭이 고려일보로 바뀌고 소련이 해체되자 공산주의 이념을 바탕으로 조선민주주의인민공화국의 언어문화 정책을 추종하던 레닌기치와는 달리 고려일보로 제작 방침에 여러 가지 변화가 일어났다. 게다가 1950년대 소련으로 정치 망명한 조선 출신 작가들과 사할린 출신 한인들을 제외하고는 민족말로 작품을 쓸

제4기	수 있는 고려인이 거의 없다는 상황이 또한 문제로 등장(이주 제1세대에 속하는 1980-90년대 원로 문인들이 몇 명 생존해 있지만 더 이상 활동을 하지 않고 있음)하였다. '레닌기치'가 발행당시부터 제명이 바뀔 때까지 순한글로 발행된 반면 '고려일보' 지면이 타블로이드판 16면으로 줄어들었으며 그나마 지면의 절반이 러시아로 발행되었다. 이유는 물론 한글을 해독할 수 있는 고려인들이 거의 없기 때문이다. 한글판 기사에 쓰인 어휘들도 조선의 문화어에서 점차 한국에서 사용하는 표준어로 바뀌고 있다. 1990년대 초부터 진출한 한국의 선교단체나 회사들의 영향으로 레닌기치의 성격을 계승한 고려일보 자체의 특성마저 친 조선적 성향에서 친 한국적으로 변하고 있다. 1980-90년대 원로 고려인 작가들의 창작활동이 미비해서 그런지는 모르지만 한글로 발표된 대부분의 작품들은 이미 한국 사람들이 쓴 것들이거나 한국 표준어 식으로 가필한 것이다. 국립 카자흐스탄대학교를 위시한 몇몇 대학에서 한국말을 전공으로 가르치고 있지만, 외국어로서 한국말을 배우고 있는 이들 젊은 고려인들이 자신들의 민족어로 작품활동을 할 수 있기를 바라는 것은 오로지 꿈이다.

| 표 3-4 | 레닌기치에 발표된 문학작품

작품유형	작품
희곡	한진의 번역작품 할 수 없이 의원질(Lekar' ponevole, 1963), 몰리예르와의 상봉(1963), 레닌그라드의 번영(Leningradeskii prospekt, 1964), 검은 눈(Kara koz, 1970), 모성의 들에(Materinskoe pole, 1972), 한진의 각색작품 량반전(Ckazanie o yanbane, 1973), 봉이 김선달(Bon'i Kim Sendar, 1974), 한진의 첫 작품 의부어머니(Machha, 1965)와 고용병의 운명(Sud'ba soldata-naemnika), 어머니의 머리는 왜 세었나(Sendina materi, 1976), 연성용의 자식들(Synov'ya, 1974)과 강직한 여성(Jenshina sharakterom, 1979), 한진의 산부처, 토끼의 모험(Priklyucheniya zaitcha, 1981), 나무를 흔들지 마라(Derebo nel'zya rachkachatch', 1987), 한진희곡집(1988)과 1937년, 통과인 정 블라디미르(1937, Tranzitnyi Ten Vladimir), 송라브렌띠의 기억(1997) 등[103]
단편소설	한진의 서리와 별, 축포, 소나무, 녀선생,[104] 공포(레닌기치 1989.5.23), 그 곳을 뭐라고 부르는지?, 송라브렌띠의 삼각형의 면적(1990)

103 김필영. 1998. 송라브렌띠의 희곡 '기억'과 카자스탄 고려 사람들의 강제이주. 비교한국학, 4, 107-133.

104 김광현 외. 1990. 해바라기. 알마아따: 자수시출판사

(2) 고려신문

우즈베키스탄에서 고려인을 위한 신문은 '고려신문 KOPË CИHУH'이다. 고려인 재이주 60주년을 기념하여 1997년 9월 20일에 타슈켄트에서 창간되었다. 신문은 러시아어로 내용이 구성되어 있으며 전체 면은 12면이다. 신문의 발행은 재정문제로 주간, 격주간, 월간 등 부침이 심하며, 신문의 면도 8면, 12면, 16면, 32면 등으로 빈번하게 축소와 확대를 거듭하고 있다.

Корё СИНМУН 鷄 2005
고려신문
№ 2 (125) 18 февраля, пятница
АНОНС
СЕНАТОР ВЕРА БОРИСОВНА ПАК

고려신문
(2005.2.18. 제125호)

고려신문
«КОРЁ СИНМУН» (КОРЕЙСКАЯ ГАЗЕТА)
16+
1 (271) 20 января 2022 года

고려신문
(2022.1.20.)

Более 400 новых рабочих мест обеспечит новый порт в Приморье
Новая модель развития среднего профессионального образования

고려신문
(2022.1.20. 제271호) 기사

- 원명(原名): 고려신문(KOPË CИHУH)
- 주소: 1, Amangeldy St, Almaty, Kazakhstan 2 Floor, 50 Jibek Joly str., Almaty 050002 Kazakhstan
- 설립연도: 1997년
- 커뮤니케이션: e-mail: sinmoon@mail.ru / Tel: (4234) 33-37-47
- 홈페이지: https://koreans.kz/koreilbo/?lang=ru; http://www.koreilbo.com/
- 지식정보자원:
  - 고려인 관련 정치, 경제, 사회, 문화, 역사, 예술 등 다양한 뉴스
  - 고려인의 삶의 여정을 다룬 다큐, 문학작품, 예술공연 등을 심도 있게 전달

(3) 기타 신문

카자흐스탄 알마티에서 카자흐뉴스와 한인일보(고려일보 한글판), 키르키즈스탄 비쉬켁(비슈케크)에서 한인일보와 일치신문이 발행되고 있다.

① 카자흐뉴스와 한인일보

카자흐뉴스는 한국어, 카작어, 러시아로 발행되고 있다.

카자흐뉴스 메인

뉴스와 게시판

- 원명(原名): 카자흐뉴스
- 주소: st. Bagenbai batira 214-13 Almaty Kazakhstan
- 설립연도:
- 커뮤니케이션: e-mail: korusan@hanmail.net/
  Tel: +7727 399 8985, 070-8692-2563
- 홈페이지: http://homepy.korean.net/~kazakhnews/www/
- 지식정보자원:
  - ▸ 고려인과 한국인을 위한 일상생활정보를 제공
  - ▸ 뉴스와 공지, Q/A 부동산, 벼룩시장, 구인구직, 카페/동호회, 주요 연락처, 거주정보, 여행정보, 관련 사이트 등

② 한인일보(고려일보 한글판)

한일일보는 종합신문으로 고려인 관련 다양한 지식정보를 다루고 있다.

한인일보 메인뉴스

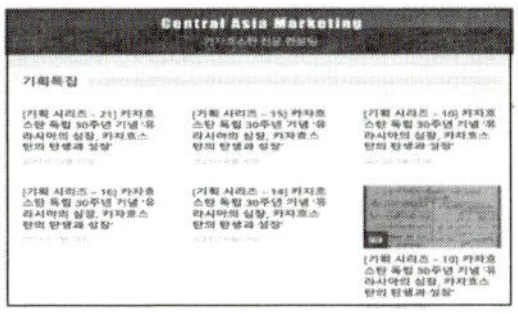

기획특집 카자흐스탄 독립 30주년

문화뉴스

- 원명(原名): 한인일보(Kazakhsatan News in Korean)
- 주소: Mukanova 96 Almaty Kazakhstan
- 설립연도: 2002년
- 커뮤니케이션: e-mail: almatykim@hotmail.com / Tel: +7 727 255 5188
- 홈페이지: https://haninnews.info/
- 지식정보자원:
  - 고려인 관련 정치, 경제, 사회, 문화, 역사, 예술 등 다양한 뉴스
  - 고려인의 삶의 여정을 다룬 다큐, 문학작품, 예술공연 등을 심도 있게 전달

③ 한인일보와 일치신문

키르키즈스탄 비쉬켁(비슈케크)에서 발행되는 한인일보(2017)는 카페 형태로, 일치신문(2004)은 중앙아시아에서 발행되는 고려인 관련 신문들을 사이트를 링크하여 뉴스 관련 지식정보를 제공하고 있다.

한인일보 제호와 뉴스
https://www.facebook.com/hanin.ilbo

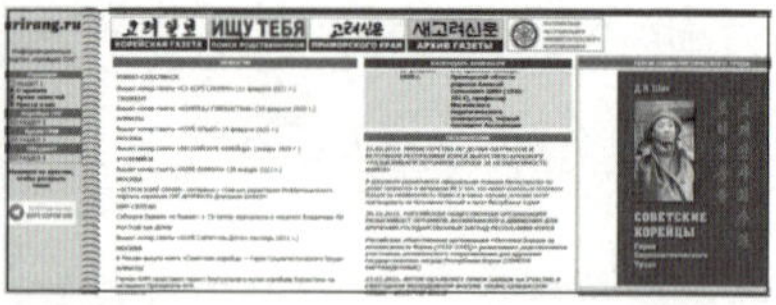

일치신문 메인 링크 신문디렉토리와 기사
https://www.arirang.ru

(4) TV와 라디오방송

카자흐스탄에는 국립방송으로 국가방송(고려인과 독일인만 해당)인 '우리민족 텔레비전방송'[105]과 '고려인(한인) 라디오방송', 우즈베키스탄에는 '우즈베키스탄 소수민족방송(친선)' 등[106]이 고려인의 벗이 되고 있다.

연번	방송명	연혁과 주요 내용
1	우리민족 텔레비전방송 (한인 텔레비전방송)	• 1991년 2월 4일 첫 방송 • 프로그램 제작단 명칭: 2002년까지 '고려인', 2003년부터는 '우리민족'으로 • 방송시간: 초기에 한 달에 한 번씩 고려인에 대한 방송. 그 후 화요일에서 금요일까지 방송시간이 증가, 최근에는 주1회 화요일 10시에 30분간 방영 • 한인사회의 주요 사건과 한반도의 정치, 경제 소식을 전해주는 뉴스, 단편주제 영화, 보고, 인터뷰, 담화, 음악회, 한인모임과 회의, 축제, 명절의식 등. 또한 아주 다양한 형식의 음악 프로그램과 주제 음악회는 학자, 음악가, 배우 등의 창작적 활동
2	고려인(한인) 라디오방송[107]	• 1984년 5월 19일 알마티에서 개국(카자흐스탄 거주 소수민족 중 독일, 위구르, 터키, 아제르바이젠, 고려, 타타르인 등의 민족만이 방송) • 개국초기에 주2회 30분간 방송. 현재는 주1회 수요일 오후 4시 40분에 20분간 방송, 또한 1달에 1번 러시아어로 일요일 오후 5시 10분부터 30분까지 방송

105 Корейцы Казахстана: Иллюстрированная история. Ассоциация корейцев Казахстана. 1997.
106 장우권 외. 전게서, 242-244.

		• 공화국 고려인생활, 이주민의 역사, 문화, 사회, 연극, 학교와 가정, 학교생활, 한반도소식, 모국어 학습 등
3	우즈베키스탄 소수민족방송 '친선'[108]	• 개국은 1990년 3월, 실제방송은 5월 • 전에 격주 토요일 낮에 20분씩 방송하였으나 현재는 격주로 일요일 오후 4시부터 20분간 방송 • 고려인협회, 대사관, 한국교육원 등의 문화행사, 고려인 저명인사 활동내용, 한국의 소식, 이미 방송된 한국 TV방송국의 음악회, 드라마 등을 더빙하여 방영. 때에 따라서는 어린이 행사와 고려인 노래자랑, 사범대학 동방대 한국학과의 문화행사 등을 방송

(5) 극장과 필름

카자흐스탄의 고려극장(Корейский ТеатрKorea Theater)[109]과 카작

107 고려말 라디오방송은 현재의 위치까지 오르기까지 극동, 크즐오르다, 알마아따에 이르는 긴 여정의 역사를 가지고 있다. 강제이주 후 고려인 라디오방송은 폐쇄되었다. 이후 여러 한인 단체에서 방송재개를 요청한 이후 처음에는 크즐오르다 한 곳으로만 전파를 송출하는 라디오방송이 시작되었다. 그러나 고려인들의 주거지역은 크즐오르다뿐만 아니라 알마아따, 잠볼, 딸띄꾸르간, 침켄트지역 등 다양한 지역에서 살고 있었기 때문에 방송망의 확대를 요청한 이후 1984년 5월 19일 이후 카자흐스탄 전 지역에서 청취할 수 있는 방송이 시작되었다. 현재 라디오방송은 한국방송공사(KBS)와 1989년부터 상호관계를 맺고 있으며 오늘날 외국방송사와는 물론 미국, 일본, 한국, 중앙아시아 각 나라들까지 방송을 전파하고 있다. 방송출연진은 다양한 계층에서 이루어지고 있다. 배우, 작가, 학자, 기업가, 학생, 한인 1세대 등이다. 특히 한인 1세대들은 강제이주 이후의 삶을 이야기하곤 한다. 출처: 장우권 외. 전게서, 242-243.

108 우즈베키스탄 제1국영방송국에서 제4채널로 소수민족방송이 운영되고 있다. 소수민족담당부서가 있다. 고려인 방송의 프로그램 명칭은 '친선'이다.

109 한민족 공동체의 공연단체라는 측면에서 중요한 의미를 지니는 고려극장은 소련시기에 고려인사회 문화의 중심으로 그 역할을 해왔고, 소련해체 이후 독립국가연합체제하에서도 활발한 활동을 통해 현지화된 민족문화를 계승 및 발전시키는 민족문화 발전의 중추기관으로 역할을 이어가고 있다.; 출처: 최영근 외, 라리테트. 2007. 고려극장의 역사. 알마티.; 최석. 2011. 고려극장의 역사. 고려문화(3), 황금두뇌.; 국사편찬위원회. 2008. 고려극장의 형성과 발전. 국사편찬위원회, 〈재외동포사 총서 8〉—러시아/중앙아시아 한인의 역사(하)—, 이혜승. 2007. 1930년대 중반-1980년대 중반 중앙아시아 고려인의 언론, 공연, 문학작품에 나타난 문화적 지향성 연구. 역사문화연구, 26, 113-142.; 이지은. 2006. 중앙아시아 고려인사회연구, 1938-1953, 레닌기치

필름, 송시네마(Song Cibema), 우즈베키스탄의 우즈벡필름과 샘물바이얼린단(1992), 청춘가무단(1984) 등이 있다. 연극, 영화, 가무단 등에는 다양한 고려인 관련 역사문화의 기록과 증언, 체험을 바탕으로 시나리오, 연출, 출연진, 장소, 소품, 무대와 영상 재현 등이 이루어진다. 이것은 고려인의 정체성을 계승하고 발전시켜온 코리언 디아스포라 지식정보자원의 보고(寶庫)의 역할을 하고 있다.

고려극장은 한국 최초의 해외극단이며, 전 세계에서 가장 오랜 역사를 이어가고 있는 한민족 공연단체이다. 다음은 주요 연혁과 내용이다.

연혁과 주요 내용
• 1932년 연해주(원동) 블라디보스토크에서 '조선극장'으로 창립[110] • 1927년 강제이주 후 카자흐스탄 크즐오르다에서 중앙아시아 전역 순회공연. 초기에는 자립적으로 '음악연극조선극장'을 조직 · 운영 • 1942년부터 1959년까지 카자흐스탄 우슈토베로 옮김. '딸띄꾸르간 주립극장'으로 명칭 변경[111] • 1959년에 다시 크즐오르다로 옮김. '크즐오르다 주립 음악연극조선극장'으로 명칭 변경 • 1962년 3월 22일 '크즐오르다 주립 음악연극조선극장'은 '조선음악연극극장'으로 명칭변경 • 1968년 다시 알마티(1991년 소련에서 카자흐스탄이 독립된 이후, 카자흐언어 표기인 알마티로 바뀜)로 옮겨져 현재에 이르고 있음. 명칭은 '카자흐공화국 국립조선음악연극극장'으로 개명

의 기사를 중심으로―. 석사학위논문, 한국외국어대학교 대학원.; 김상철. 2005. 카작스탄 고려인 관련 영상물에서 나타난 고려인 주요인사 및 민족문화 관련기관의 활동. 정신문화연구, 28(2), 57-85.; 리길수. 1990. 오늘의 빛-회상 조선극장. 알마아따: 자수시출판사; Г.Н. Ким & Д.В Мен. 1995. История и культура корейцев Казахстана. Алматы:Гылым.; Ким Иосиф. 1982. Советский корейский театр. Алма-Ата.; 한국민족문화대백과사전(고려극장(高麗劇場)) 출처: 〈http://encykorea.aks.ac.kr/Contents/Item/E0072194〉

110 극장 창립자들은 이길수, 태창춘, 김해운, 연성용, 김진, 이함덕, 최봉도, 김익수, 전후검, 최길춘, 이정희, 전 빅토르, 오철람 등이며, 조명희, 박일 등의 작가와 번역가들이 동참하였다. 이 당시에 공연된 우수한 작품들은 춘향전, 장한몽(영원한 외침), 야

- 1969년에 '음악희극극장'이 됨
- 1982년 조선극장 창립 50주년을 기념하여 처음으로 모스크바에서 공연[112]
- 1992년 9월 창립 60주년
- 1997년 '고려극장'으로 변경[113] '추억' 공연
- 1990년대 중반에는 알마티 한국교육원의 500석 규모 강당을 기반으로 하여 공연활동을 지속
- 2002년 극장 설립 70주년. 카자흐스탄 정부가 고려극장 단독건물을 배정, 전용 상설공연장을 확보
- 2006년 공식명칭이 '명예훈장 수여 카자흐스탄 국립 고려 음악 및 코미디 극장으로 변경'
- 2007년 고려극장 창립 75주년[114]
- 2012년 극장설립 80주년
- 2022년 극장설립 90주년

다음은 고려극장 전신인 조선극장의 포스터와 기념사진, 조선극장과 고려극장의 연극과 고전작품공연, 고려극장단원들, 고려극장의 기념행사와 단원들 연습을 보여주고 있다.[115]

로바야의 사랑 등이다.

111 공연작품은 태장춘의 홍범도(1942), 까타예브의 푸른손수건(1943), 시모노브의 낮과 밤(1944), 그렇게 될 거야(1945), 채영의 즐거운 생활(1949), 오스트롭스키의 뇌우(1950), 태장춘의 3·8선 남쪽에서(1950), 연성용의 불타는 조선(1952), 고골리의 검찰관(1952), 셰익스피어의 오델로(1953)가 공연

112 공연작품은 춘향전, 산 부처, 토끼의 모험, 3·8선 남쪽에서, 꼬블란듸의 극과 아리랑 가무단 공연

113 1997년 고려극장에서 기획한 '기억'은 고려인들의 특별한 관심을 끌었다. '기억'은 송 라브렌띠(현재 카자흐스탄 기록영화제작자 겸 영화감독, 연출가, 희곡작가, 소설가)의 희곡 '기억'을 연출한 것이다. 이때까지 고려극장은 5백만 명 이상의 관객을 유치했으며, 약 250여 편의 연극과 음악회를 공연하였다. 또한 카자흐스탄의 극작가들에 의해서 약 80여 편의 희곡이 씌여졌으며, 약 70여 편의 러시아, 소련, 외국작품들이 번역되었다.; G.V. Kan, G.N. Kim & D.V. Men. 1977. The Koreans of Kazakstan: An Illustrated History. The Association of the Koreans of Kazakstan, 180-190).

114 한국의 관련단체와 협력하여 〈회상열차〉 프로젝트를 통해, 1937년 강제이주 당시의 경로를 따라 러시아 주요 도시에서 순회공연을 진행, 카자흐스탄 각 주에서는 '고려인들의 행로'라는 제목으로 순회공연이 진행되었다.

115 박창현. [강제이주 80년, 아리랑로드를 가다] 5. 고려인의 자부심 '고려극장'(강원도민일보. 2017.11.1.). 단원들 연습모습, 전시관, 포스터. 출처: 〈https://www.kado.

조선극장 최초의 포스터

아리랑 공연 포스터와 기념사진

조선극장 연극[116]

고려극장 한인 고전작품 공연

고려극장 기념행사

단원들 연습

고려극장 전시관

고려극장 단원들[117]

송시네마(Song Cibema)[118]에서 생산한 영화(필름)는 고려인 사회에 영향을 끼쳤다. 그동안 키작필름에 연출된 영화 각본은 특별한 날, 선택, 사랑의 고백, 가족 사진첩, 추가 질문들, 소금, 쎄릭꿀의 시간, 싸니 산에 오르락 내리락, 달의 분화구 가장자리, 계부, 아담을 영접하라 등이다. 송시네마에서는 기록영화 작품으로 순례, 벨로봇야를 찾는 사람들, 발하시의 사가, 잃

net/news/articleView.html?idxno=880339〉; Корейцы Казахстана: Иллюстрированная история. Ассоциация корейцев Казахстана. 1997, 200.

116 1932년 고려극장 창단 초기 러시아 블라디보스토크에서 공연한 작품. 일본 군국주의를 반대하여 싸우는 한국인들의 영웅성을 드러낸 '장평동의 횃불' 등이 있다(고려극장 누리집). 출처: 〈https://www.hani.co.kr/arti/culture/music/760520.html

117 1941년 소련의 강제이주정책으로 중앙아시아로 옮겨간 고려극장의 단원들(고려극장 누리집)

118 주로 기록문헌을 토대로 한 기록영화에 많은 관심을 기울이고 발표하고 있다.; 송라브렌띠(영화감독) 인터뷰. 2005년 2월 19일 오전 10부터 12시까지 송감독 집에서 인터뷰. 고려인으로서 처음으로 소련 전연방국립영화학교에 1963년 9월에 입학하여 1967년에 졸업

어버린 책, 마지막 선에, 바둘의 땅-라분메대누, 서낭나무, 카갈름에서 도망친 사람들, 실험농장(농사짓는 고려인에 관한 것), 고려인(고려말을 유창하게 구사하는 타 민족에 관한 것), 묘지방문(크즐오르다시에 사는 고려인 시인 강태수에 관한 것) 등을 발표하였다.

우즈베키스탄에는 카자흐스탄처럼 고려인 전용 극장은 없으며 영화제작소인 우즈벡필름에서 고려인에 관한 다큐멘터리 필름이 제작되었다. 필름은 우즈베키스탄에서 성공한 콜호즈 북극성, 콜호즈 폴리타젤 등 농장과 그 리더자들의 현황을 소개하는 것이었다. 다음은 우즈벡필름에서 보관되고 있는 콜호즈 북극성과 콜호즈 폴리타젤이다.

제목	제작과 방영일	제작자	내용	성격
콜호즈 북극성	1960	우즈벡필름	김병화 농장을 중심으로 콜호즈의 모습(방영시간 30분 이내)	다큐멘터리
콜호즈 폴리타젤	1956	우즈벡필름	콜호즈 전체의 모습과 콜호즈 경제, 콜호즈 주민들의 하루일과, 문화생활 등(방영시간 30분 이내)	다큐멘터리

고려인들의 삶을 주제로 본격적으로 영상물이 제작된 것은 1991년에 구소련에서 독립한 이후 우즈벡텔레필름 산하의 영상보관소에는 주로 TV방송용 영상물이 제작되어 보관되어 있다.[119] 다음은 우즈벡텔레필름(Ўзбек телефильм) 영상보관소의 TV방송용 영상물이다.

119 한발레리 · 최소영. 2004. 우즈베키스탄 지역의 한국학 자료현황: 문헌자료 및 영상자료. 역사문화연구, 20, 85-112.

제목	제작과 방영일	내용(성격)
우즈베키스탄의 고려인들	1992.11. 제작 1993.3. 완성	연해주지역에서 우즈베키스탄으로 강제이주된 고려인들이 새로운 땅에서 다른 민족들과 관계를 맺으며 적응해나가는 과정을 다룸. 제2차 세계대전과 페레스트로이카의 역사적 변화과정을 그림. 우즈베키스탄의 고려인의 민족문화와 전통, 풍속 및 언어를 보존시켜나가는 과정(영화)
친선	1994.6.4.	김영삼 대통령 방한시 일정을 다룬 것, 등장하는 고려인(TV 다큐멘터리)
우즈베키스탄은 우리 모두의 집	1997.9.19.	우즈베키스탄 고려인들과 우즈베키스탄인들과의 상호관계를 그려 우즈베키스탄이 조국임을 다룸(다큐멘터리)
행복	1997.10.28.	강제이주 60주년을 기념, 고려인들의 생활과 가치관(TV 다큐멘터리)을 다룸

(6) 고려인 이주와 정착 관련 지식정보자원

고려인에 관련된 지식정보자원은 크게 두 가지로 나누어진다. 고려인 생활사에 관한 지식정보자원과 강제이주와 정치적인 자료이다. 전자인 고려인 생활사에 관한 자료는 다음과 같다.

첫째, 이주 후 고려인 생활문화 관련 자료는 카자흐스탄에서는 고려인협회, 고려일보, 고려극장, 고려방송 및 라디오방송, 그리고 개인들이 소장하고 있다. 우즈베키스탄에서 고려인 생활 관련 자료는 고려신문, 고려인협회, 우즈벡필름과 우즈벡텔레필름, 고려인방송 프로그램 '친선' 등에 소장되어 있다. 여기에서 주시할 것은 아직도 많은 자료가 개인들이 소장하고 있다는 것이다.[120]

120 실제로 필자가 카자흐스탄과 우즈베키스탄에서 기록문헌에 대한 지식정보자원을 조사하면서 몇몇 저명인사들은 소중한 자료들을 개인적으로 소장하고 있었다.

둘째, 강제이주와 정치적인 자료는 뒤에 오는 '기록관'에서 다루었다.

3.2 코리언 디아스포라 기록관(기록보존소)

가. 러시아

19세기 중반 이후 러시아정부는 연해주에 정착한 고려인들의 정보에 대해 체계적으로 관리되어 왔으며, 다양한 기록정보자료들이 각급단위 문서보관소에 보관되어 왔다. 현재 러시아 연방에는 약 2,200개 이상의 국가문서보관소와 기록관리센터가 있다.[121] 이중에서 고려인 관련 기록문헌을 소장하고 있는 대표적인 문서보관소는 러시아국립극동역사문서보관소,[122] 이르쿠츠크주정부국립문서보관소,[123] 하바로프스크변강국립문서보관소,[124] 사할린주 국가고문서보관소[125] 등이 있다. 이외에 많은 연방차원의 기록보존소(러시아 역사기록물 보관센터[126] 등)와 정부기관 부설문서보관소[127]에

---

121 이 중에는 14개의 연방문서보관소, 32개의 연방공화국 문서보관소, 12개의 변경지역 문서보관소, 134개의 도문서보관소, 2,060개의 시 지구 문서보관소가 포함되어 있다. 이 문서보관소들을 관리하는 행정기관만도 78개 기관

122 조선인(한인) 이주자 관련기록, 조선인 분산이주, 시베리아지역 한인이주기록, 한인집단농장기록, 한인농업활동, 극동혁명위원회 기록

123 1920-30년대 한인 이주자기록, 항일투쟁기록, 한인의병부대, 의용군활동, 한인소비에트문화활동, 코민테른관련기록, 교육소비에트당활동 등

124 한글교육실태, 토지분배, 이주기록, 한인소비에트기록, 재러한인 국적취득활동, 교육기록, 조선인학교 설립, 한글문학작품, 의료기록 등

125 사할린한인 활동자료, 1930-40년대 남사할린지역 사진자료와 각종 문서자료 등

126 19세기 조선관계 문헌기록, 한국전쟁기록, 내무성전쟁포로국 일본군포로 관련 문서 등

127 재정러시아대내외정책문서보관소, 러시아외무성대외정책문서보관소, 러시아국방부중앙문서보관소 등

는 고려인과 한국 관련 수많은 기록문헌을 소장하고 있다.

이러한 기록정보자료들이 소비에트 시대에 국가기록에 대한 비밀조항에 의해 대부분의 자료들이 러시아 곳곳에 비밀보관소에서 관리되어 왔다. 어떤 지역에 얼마나 많은 고려인 관련 기록물들이 분포되어 있는지 파악하기가 쉽지 않았다. 다행스럽게도 1980년대 말 소련정부는 비밀서고에 보관되어 왔던 문서들에 대한 비밀해지 초지를 취하고 열람을 허용했다. 그 결과 러시아혁명 이전에 정치적 탄압에 관한 비밀기록물(철)들이 공개되었다. 1993년 엘친정부의 '국가기밀에 대한 법률'을 제정해 러시아연방 산하 문서보관소에 보관된 자료들에 대한 정보공개를 확대하였다.[128] 이 같은 조치에 따라 한국정부와 관련 공공기관, 전문학자들에 의해 고려인과 한국 관련 기록물에 대한 조사에 의해 수많은 자료가 해제되고 기록물 목록을 데이터베이스로 구축할 수 있게 되었다.

다음은 고려인과 한국 관련 기록문서들이 보관되어 있는 러시아연방 산하 국립문서보관소와 관청보관소[129]들의 한국근현대사 자료 현황이다.[130]

128 다양한 문서보관소의 고려인과 한국 관련 기록물들이 비밀리 보존 관리 상태에서 보다 공개적인 형태로 일반에게 개장되었으며, 소련정부의 핵심이라 할 수 있는 코민테른 관련문서, 공산당조직 관련문서, 소련 공산당 중앙위원회 정치국 및 중앙위원회 기록, 조선에서의 공산주의 운동과 노동운동, 코민테른 집행위원회 소속 조선 공산당 대표부 및 사절단 자료 등의 활동자료도 공개되었다.

129 연방문서관: 러시아연방국립문서보관소(Государственный архив Российской федерации, ГАРФ), 러시아국립역사문서보관소(Российский государственный исторический архив, РГИА), 러시아군사(軍史)문서보관소(Российский государственный военно-исторический архив, РГВИА), 러시아국립해군함대문서보관소(Российский государственный архив военно-морского Флота, РГАВМФ), 러시아국립경제문서보관소(Российский государственный архив экономики, РГАЭ), 러시아국립군사(軍事)문서보관소(Российский государственный военный архив, РГВА), 러시아국립극동역사문서보관소(Российский государственный архив Дальнего Востока, РГ

1) 연방과 연방 산하 문서보관소

고려인과 한국 관련 기록정보자원을 소장하고 있는 연방과 연방 산하 문서보관소들의 지식정보는 다음과 같다.

① 러시아연방국립문서보관소(Государственный архив Российско й федерации, ГАРФ)

- 설립연도: 1918년 / Tel: (495) 245-12-87
- 주소: 119817 모스크바, 복사야 피로고브스까야 17
- 제정러시아사, 소연방사, (소연방 내의) 러시아공화국사 자료
  - ▸ 쁠란손 폰드, 드미 뜨리예프스키 폰드, 소련인민위원회의(소련각료회의) 폰드, 전연방대외문화교류협회 폰드, 타스통신 폰드, 이지베

АДВ), 러시아국립음성기록보관소(Российский государственный архив фонодокументов, РГАФД), 러시아국립영화사진기록보관소(Российский государственный архив кинофотодокументов, РГАКФД), 러시아국립사회정치사문서보관소(Российский государственный архив социально-политической истории, РГАСПИ), 러시아현대문서보관센터(Центр хранения современной документации, ЦХСД), 역사기록물보관센터(Центр хранения историко-документальных коллекций, ЦХИДК), 관청문서관: 제정러시아대외정책문서보관소(모스크바), 러시아연방대외정책문서보관소(모스크바, 러시아국방성중앙문서보관소(빠돌스크 소재), 러시아해군함대문서보관소 2(가치나 소재) (전현수, 2000, 재구성)

130 한국근현대사 관련 러시아 자료의 공개현황에 대한 최근 연구는 또로뽀브 아아. 2000. 러시아극동역사문서보관소 소장 러시아 극동지역의 조선인 이주자 관련문서에 대하여(Торопов А.А. Документы государственных архивов региона о корейских мигрантах на Российском Дальнем Востоке); 빠블로바 떼에프. 2000. 러시아 소재 한국근현대사 관련 자료의 공개에 대하여(Павлова Т.Ф. О расекречивании архивных документов по истории Кореи архивными учреждениями Российской Федерации). 한러기록보존국제학술회의발표논문집(행정자치부정부기록보존소, 한국국가기록연구원, 러시아연방기록관리청, 러시아인문대학교 기록관리학연구소)

스찌야 폰드, 소련각료회의 대외문화교류위원회 소련정보국 폰드

- 19세기 조선-러시아 관련 기록, 한국독립운동사, 재소(在蘇) 한인사, 북한사, 조소관계사, 조소문화교류사, 한국전쟁사 자료
  - 1922-1963년 북한-소련교류기록
  - 1924-1926년 재소조선인연맹집행위원회문서
  - 1918-1938년 조선인국적부여, 한인노동자기록, 한-러 관계
  - 1950년 고르낀 서신, 한국전쟁, 북조선의학도서원조, 연해주고려인 활동, 러시이공사관 기록, 극동정세전문

② **러시아연방 의회도서관 문서보관소**(Библиотека Государстветнной Думы РФ)

- 설립연도: 1906년 / Tel: (495) 692-68-75
- 주소: 109266, 모스크바 오홋늬 랴드
- 1907-1937년 소비에트의회, 코민테른 결정서, 고려인 강제이주, 생활문화 관련 기록정보자료들이 다수
- 1945년 이후 중국-소련 관련자료

③ **러시아국립역사문서보관소**(Российский государственный исто рическ ий архив, РГИА)

- 설립연도: 1918년 / Tel: (495)
- 주소: 190000 페테르부르크 인글리스카야 4
- 18세기 말부터 20세기 초까지의 해외에서 생성된 폰드(1,300개 폰드에 약 650만 건)

- 1917년 이후 러시아연방 국립문서보관소는 국립중앙문서보관소와 통합, 1940년대 이후 독립
- 중동철도 폰드. 재무상 관방 폰드 등에 한러관계사, 한국독립운동사, 한러경제 관계사 자료, 극동지역 조선인 이주기록

④ 러시아국립해군함대문서보관소(Российский государственный ар хив военно–морского Флота, РГАВМФ)

- 1550-1940년까지 러시아해군함대 각 부대 각 기관에서 생산된 일체의 문서
- 제정러시아 시기 러시아 해군함대의 한국근해 탐사 보고서, 한반도를 위주한 동아시아의 군사정치정세에 관한 자료, 한 · 러 관계자료
- 독립운동 관계자료

⑤ 러시아국립경제문서보관소(Российский государственный архи в экономики, РГАЭ)

- 설립연도: 1961년 / Tel: (495) 245-26-64
- 주소: 119992 모스크바, 비로고브스카야 17
- 1917년 혁명 이후 러시아의 경제관계성들에서 생산된 소연방의 경제사 사회사 자료
  - ▸ 재무성 폰드, 국가계획위원회 폰드, 대외경제성 폰드, 대외무역은행 폰드, 소련각료회의 사회주의국가들과의 과학기술협력사업국 폰드 등에 조소경제 관계자료, 조소과학기술협력위원회 자료, 소련의 대북한 경제원조 관계자료, 북한의 경제상황에 대한 자료

- ▸ 1945-1980년 북러관계 경제교류
- ▸ 1946-1963년 소련과 북한 간의 과학기술 및 경제협력에 관한 자료
- ▸ 1991년 이후 한국경제 관련자료, 소비에트 공화국 내 고려인 콜호즈 기록자료

⑥ 러시아국립군사(軍事)문서보관소(Российский государственный в оенный архив, РГВА

- ■ 설립연도: 1819년 / Tel: (495) 261-2070
- ■ 주소: 107005 모스크바, 바우만스카야 3
- ■ 19세기 한러관계, 한일관계, 각종 군사보고서, 협상기록
  - ▸ 1917년 혁명 이후 1942년까지 소련군 각 부대 각 기관에서 생산된 일체 문서
  - ▸ 연해주지역의 조선독립운동에 관한 관계자료: 소련 극동지역에서의 한인독립운동, 각종 무장독립운동단체에 대한 자료, 극동 내전에의 재소한인의 참여에 관한 자료
  - ▸ 조선주재 제정러시아 무관보고서, 조선의 군사정치정세, 한러군사협력

⑦ 러시아국립음성기록보관소(Российский государственный архи в фонодокументов, РГАФД)

- ■ 설립연도: 1967년 / Tel: (495) 261-13-00
- ■ 주소: 107005 모스크바, 바우스만스카야 3
- ■ 소연방의 국가 · 사회정치 · 문화 · 경제생활을 전하고 있는 음성기록

(라디오 텔레비전 방송)

▸ 1941년부터 1945년까지 진행된 전쟁 관련 기록자료

▸ 사진영상자료

■ 1945년 이후 1960년대까지 조선어 라디오방송 기록

⑧ **러시아국립영화(사진)기록보관소**(Российский государственный а рхив кинофотодокументов, РГАКФД)

■ 설립연도: 1926년 / Tel: (495) 562-14-64

■ 주소: 143400 모수크바주 크라스노고르스크 레츠나야 1

■ 19세기 중엽 이래 현재까지 제정러시아와 소연방의 사회 · 정치 · 문화 · 경제생활을 담고 있는 기록영화, 시사속보, 예술영화, 사진 소장. 일제시기 조선의 무성영화

■ 1945년 이후 북한의 기록영화, 1945년 이후 북한의 정치 · 경제 · 사회 · 문화를 담은 사진자료

■ 1990년대 이후 한국영화자료

⑨ **러시아국립사회정치사문서보관소**(Российский государстве нный архив социально–политической истор ии, РГАСПИ)

■ 설립연도: 1920년 / Tel: (495) 200-51-12

■ 주소: 107005 모스크바 볼사야 드미트로브카 15

■ 18-19세기 유럽사회주의운동사 자료, 국제노동운동사 자료(코민테른 문서), 러시아정치사 자료(1952년).

▸ 코민테른 폰드(코민테른 집행위원회, 대회, 확대집행위원회, 동양

비서부, 간부과, 꾸시넨 비서부, 조선위원회), 조선공산당 폰드, 극동인민대회 폰드, 국제공산청년동맹 폰드, 국제적색노동조합 폰드, 국제적색농민조합 폰드, 동방노력자공산대학 폰드, 국제레닌대학 폰드, 국제혁명운동자구원회 폰드 등 일제시기 한국 민족운동, 공산주의운동사 자료(1919-1943)

- 1920년 연해주 한인기록
  - 3 · 1운동, 임시정부, 한인사회당, 고려공산당, 조선공산당, 고려공산청년회, 노동 · 농민 · 학생 · 여성운동 관계자료
  - 일제시기 좌파독립운동가들의 개인문서철. 해방 직후 북한의 각도인민위원회, 각도당위원회, 각정당사회단체의 기관지들(신문, 잡지)이 수록
  - 러시아공산당(볼)-전연방공산당(볼)-소련공산당 폰드(중앙위원회 각국, 각과, 각위원회), 러시아공산당(볼) 극동국 폰드, 코민포름 폰드 등에 일제 시기 한국공산주의운동사 자료
- 고련인 이주사 관련 기록자료
- 해방 직후 북한사자료
  - 해방 직후 북한 인민위원회 실태기록: 북한의 정치경제 상황, 조선공산당 북조선분국, 북조선로동당, 조선로동당의 형성과 발전에 관한 자료
  - 한국전쟁 파견 기록자료

⑩ 러시아현대문서보관센터(Центр хранения современной докум ентации, ЦХСД)

- 설립연도: 1991년 / Tel: (495) 206-29-36
- 주소: 10132 모스크바, 일린카 12
- 1952-1991년 시기 문서
  - 1991년 소련공산당 중앙위원회 총무과 문서보관소에 기초해 조직, 소련공산당 중앙 기관들 - 중앙위원회 각과 각국 각위원회 문서
  - 소련공산당 중앙위원회 각국 및 각과 폰드들에 북한사 자료: 조선로동당 3 · 4 · 5차 대회, 중앙위 전원회의 관계자료, 한국전쟁 관계자료
- 1991년 이후 한러 관계기록

⑪ 역사기록물보관센터(Центр хранения историко-документал ьных коллекций, ЦХИДК)

- 설립연도: Tel: (495) 159-78-83
- 주소: 125 모스크바, 브보르크스카야 3
- 1937년부터 시작된 극동지역에서의 아시아계와 유태계의 이주(移駐) 문서
- 제2차 세계대전 시기 유럽 각국에서의 소련군 노획문서, 소련내무성 전쟁포로 사무총국문서
  - 일본군 전쟁포로(조선인 출신을 포함하여) 관계문서
  - 1937년부터 시작된 극동지역에서의 아시아계와 유태계의 이주문서
- 한국전쟁기록

(2) 관청문서보관소

① 제정러시아대외정책문서보관소(모스크바 소재)

- 1917년 혁명 이전 제정러시아 외무성 기구들에서 생산된 일체의 문서
- 중국과 폰드(1644-1917년), 일본과 폰드(1824-1926년), 서울 주재 러시아공사관 폰드(1881-1917년), 마산포 주재 러시아부영사관 폰드(1899-1908년), 서울 주재 러시아총영사관 폰드(1896-1931년), 부산 주재 러시아부영사관 폰드(1899-1923년), 진남포 주재 러시아부영사관 폰드(1888-1906년), 제물포 주재 러시아부영사관 폰드(1897-1915년), 청진 주재 러시아부영사관 폰드(1907-1924년) 등에 한러관계사, 한국독립운동사 자료

② 러시아외무성대외정책문서보관소(모스크바 소재)

- 1917년 혁명 이후 현재까지 소련외무성 기구들에서 생산된 일체의 문서
- 제1극동과 폰드, 제2극동과 폰드, 한국문제에 대한 보고부 폰드, 주서울소련총 영사관 폰드, 주북한소련민정청 폰드, 주북한소련대사관 폰드, 소련외무성 외무상/부상 비서부 폰드, 미소공동위원회 폰드 등에 한러관계사, 북러관계사, 한국문제에 대한 미소교섭사, 주북한소련군정사, 한국전쟁사, 북한사, 남한사 관계자료

③ 러시아국방부중앙문서보관소(빠돌스크 소재)

- 1917-1942년 극동지역 한인독립운동, 각종 무장독립운동단체에 대한 자료, 극동 내전에서의 재소(在蘇)한인의 참여에 관한 자료
- 1943년 이후 현재까지 소련군 각 부대, 각 기관에서 생산된 일체의 문서

- 소련 적군 총사령부 총정치국 폰드, 극동군 폰드, 연해주군관구 사령관 비서부 폰드, 동 군사평의회 폰드, 동 조선위원회 폰드, 동 각부 폰드
  - ▸ 소련제25군 사령관 비서부 폰드, 동 군사평의회 폰드, 동 각부 폰드들, 주북 한소련민정청 폰드, 동 각부 폰드들, 동 각도경무사령부 폰드 등에 88특별여단, 주북한소련군정, 한국전쟁, 조소군사협력에 관한 자료

④ 러시아해군함대문서보관소

- 1943년 이후 소련태평양함대 각 부대 각 기관에서 생산된 일체의 문서
- 소련태평양함대의 대일전 관계 자료, 북한 주둔 소련태평양함대의 군정통치에 관한 자료, 조소군사협력 관계자료

⑤ 러시아해군성문서보관소

- 러시아해군함대의 한국 근해 탐사보고서
- 동북아군사 정세자료
- 한러 관계자료
- 독립운동 관계자료

(3) 지방 소재 문서보관소

① 러시아국립극동역사문서보관소(ТОМСКАЯ ОБ ЛАСТЬ)

- 설립연도: 1917년 / Tel: 51-20-17
- 주소: 634050 톰스크시 카를라 마르크사, 26
- 19세기 중엽에서 1940년까지 러시아 극동의 하바로프스크주, 연해

주, 아무르주, 캄차카주, 사할린주의 역사에 관한 자료

- 연해주정부 폰드, 연해주군총독 관방 폰드, 연흑룡주총독 관방 폰드, 남우 수리 변경 국경판무관 폰드, 블라디보스토크 동양대학 폰드 등에 한인노령이주사, 한러관계사, 재러한인사, 극동지역에서의 한인 독립운동에 관한 자료
- 극동지역의 여러 한인단체들에서 발행된 신문, 잡지, 극동 내전에 참여한 조선인무장부대들의 활동에 대한 자료
- 이동휘, 홍범도, 이범윤 등 독립운동가들의 개인문서철(個人文書綴)

② 러시아국립극동연해주역사문서보관소(Российский государственн ый архив Дальнего Востока, РГАДВ)

- 설립연도: Tel: (423) 226-92-20
- 주소: 블라디보스트크시 알레웃스카야 10a
- 1920-1930년대 자료
  - ▸ 코민테른 결정문, 고려인교과서기록, 문학 관련 365,537종 사진자료
  - ▸ 1722-1953년 연해주 정치행정, 연해주자사기록, 항일운동, 조선인 이주기록, 토지문제, 분산이주, 소련국적자와 일본국적자, 한러관계, 북러관계 기록

③ 이르쿠츠크주정부국립문서보관소

- 설립연도: 1921년 / Tel: (3952) 22-06-42; (3953) 24-06-42
- 주소: 664047 이르쿠츠크시 바이칼스카야 79
- 1920-1930년대 한인 이주자, 항일투쟁기록, 한인의병부대, 한국빨치

산 의용군활동, 한인소비에트 문화활동, 교육소비에트당활동, 코민테른 관련

④ 하바로프스크 변강 국립문서보관소

- 설립연도: 1923년 / Tel: (4212) 30-5115
- 주소: 68000 하바로프스크시 니기쉬키니 4 "a"
- 한글교육실태, 토지분배, 이주기록, 한인소비에트기록, 재러 한인 국적취득활동, 교육기록, 토지개관 기금 유통, 조선인학교 설립, 한글문학작품, 의료기록

⑤ 사할린주 국가고문서보관소

- 설립연도: 1938년 / Tel: (4242) 424116
- 주소: 693007 유즈노 사할린스크 대르진스카야 72
- 사할린 한인 사회활동자료, 1930-1940년 남사활린지역 사진자료, 20개 항목의 고려인활동 관련 기록된 각종 문서자료

나. 중국

1) 당안관의 정의와 연혁

중국에서 기록물을 당안(檔案)이라 부른다. 중국국가기록물법인 당안법 제2조(檔案法 第2條)에서는 당안을 "과거와 현재의 국가기구 · 사회조직 및 개인이 정치 · 군사 · 경제 · 과학 · 기술 · 문화 · 종교 등의 활동에 종사하며 보존할 가치가 있는 문자, 도표, 음성, 영상 등 여러 형식의 가치가 있

는 역사적 기록물을 말한다"라고 정의하고 있다.

중국공산당은 1938년 연안(延安)에서 중공중앙 비서처 재료과를 설치하고 국공내전과 항일전쟁의 어려운 여건 속에서도 "당안(檔案)이 곧 생명(生命)이다"라는 구호를 내걸고 역사당안관과 현행당안을 수집 · 보존하기 시작하였다.

1954년 11월에는 국무원(國務院) 직속으로 국가당안국(國家檔案局)을 신설하였으며 이후 각 성과 시 · 현 인민정부에도 당안국(檔案局)과 당안관(檔案館)(당안을 직접 보존 관리하는 곳)을 설치하여 체계적이고 종합적인 당안관리 체제를 구축하였다. 즉 통일적으로 보관할 당안관이 우선적으로 필요하였고, 나아가 '혁명승리의 주역'으로서 중국공산당의 '혁명사당안'을 위한 당안관이 필요하였다. 이에 1959년 10월 중앙당안관이 정식으로 개관하였다. 중앙당안관은 당중앙 · 국무원 직속의 기구로서, 당 성립 이래 혁명역사당안관과 영구히 보존할 필요가 있는 중앙국가기관의 당안을 보관하는 당안관이다. 이에 당안관리에 대한 법적 근거를 마련하기 위하여 1987년에는 '中華人民共和國檔案法'(이하 "당안법"이라고 약칭)을 제정 · 공포하였다.

현재 국가당안국을 비롯하여 정부기관, 성 · 시 · 현 등의 지방, 사업단위, 국영중심의 기업, 대학 등의 당안관이 4,234개(2019년 기준) 설치되어 있다. 그 중 국가종합당안관이 3,337개로 78.81%를 차지하고 있다. 다음으로 사업단위당안관(문화, 기술 등)이 320개(7.56%), 국가전문당안관이 256개(6.05%), 기업당안관과 부문당안관이 각각 181개(4.27%), 140개(3.31%) 설치되어 있다.[131]

131 주요 당안관. 출처: 〈https://archivecenter.net/kcarchive/archive/Webpage.do?page_

중국의 당안관은 조선족 관련 기록뿐만 아니라 우리의 독립운동사에 귀중한 문서, 보고서, 서신, 이력서, 사진 등의 중요한 기록물이 각급 당안관에 보존되어 있다. 그러나 중국정부의 방침에 의해 완전한 공개가 이루어지지 않고 있다. 이러한 가운데 독립운동 관련 사료가 보존되고 있는 당안관[132]은 북경지역당안관(중앙, 제1역사, 북경시, 중국인민해방군, 중앙군사위원회), 요녕성지역(요녕성, 신빈만족자치현), 길림성지역(길림성, 연변자치주, 통화현, 집안현, 장백현), 흑룡강성지역(흑룡강성, 목릉현/목단강), 상해지역(상해시, 서가화구), 남경지역(제2역사, 강소성, 남경시), 중경지역(중경시), 서안지역(협서성), 장사 · 계동 · 산춘지역, 기타지역 당안관 등이다.

이와 같이 당안관에는 조선족 · 독립운동 · 한국관련 기록정보자원이 많이 소장되어 있다. 다음은 코리언 디아스포라 기록정보자원들이 보관되어 있는 당안관들이다.

2) 당안관과 코리언 디아스포라 기록정보자원[133]

(1) 북경지역(北京地域)

북경지역에는 중앙당안관, 제1역사당안관, 북경시 당안관, 중국인민해

id=180〉

132 이명규, 임채완 외. 전게서, 178-195.

133 필자가 현장에서 보고 경험한 사실과 중국현지의 조선족 역사가들이 들려준 당안관 내의 역사적 사실 여부와 성균관대학교 동아시아학술원에서 제공한 자료 당안관 자료 및 당안관 안내(2003), 중국 국가당안국과 각급 당안관에서 발행한 책자와 인터넷 홈페이지 자료, 楊昭全, 李輔溫의 〈鮮義勇軍抗日戰史〉(1995). 이승휘의 중국당안제도와 당안관, 김기석의 한국학의 세계화를 위한 해외소재 한국학관련사료수집 및 정보화방안연구(1996), 송권면의 중국지역한국독립운동사료조사(2001)와 송권면의 중국지역 한국독립운동사료 수집전략(2003), 유병호의 중국 당안관에 소장된 한민족독립운동사자료(2001)를 종합 분석하여 정리하였다.

방군 당안관, 중앙군사위원회 당안관이 있다.

① 중앙당안관(中央檔案館)[134]

중앙당안관(국가당안국)

제1역사당안관

제2역사당안관

- 원명(원명): 중화인민공화국국가당안국(中华人民共和國国家档案局)
- 주소: 100031 北京市東城區故宫博物院西华门内
- 설립연도: 1959년 10월
- 기록정보:
  - 독립운동 관련 자료로는 공산주의 계열 한인 항일단체인 조선독립동맹과 조선의용군, 그리고 항일연군에 대한 자료(소장)
  - 韓偉健, 金山, 武亭 등 한인공산주의자의 개인 당안(추정)

134 중앙당안관과 국가당안국은 하나의 기관으로 두 개의 기관명으로 사용하고 있다. 당안을 보관 · 활용하고 전국의 당안사업 행정관리를 수행하는 역할을 하고 있다. 공산당 중앙 직속기관의 산하기관 서열로 국가당안국 국장은 차관급에 해당한다. 소속기관으로 제1역사당안관, 제2역사당안관, 중국당안신문사, 중국당안잡지사 등이 있다. 중국의 당안관 중 가장 중요한 세 곳은 중앙당안관, 제1역사당안관, 제2역사당안관이라고 할 수 있다. 중앙당안관은 중앙공산당이 건립한 이래의 혁명당안과 중화인민공화국 건국 이래 영구히 보존할 가치가 있는 당과 정부의 당안을 보관. 제1역사당안관은 명 · 청 두 시대에서 전해져 오는 역사당안을 보관. 제2역사당안관은 남경에 설립되었으며, 민국 시기 각 정권 중앙 일급의 중요한 당안을 보관; 출처: 주요 당안관과 국가당안국(중앙당안관). 〈https://archivecenter.net/kcarchive/archive/Webpage.do?page _id=180〉; 중앙당안관 〈https://www.saac.gov.cn/〉

▸ 외국인에게는 비공개가 원칙이고 열람할 경우에도 원본이 아닌 마이크로 필름이나 복사본만 이용이 가능

② 제1역사당안관

제1역사당안관 메인화면[135]

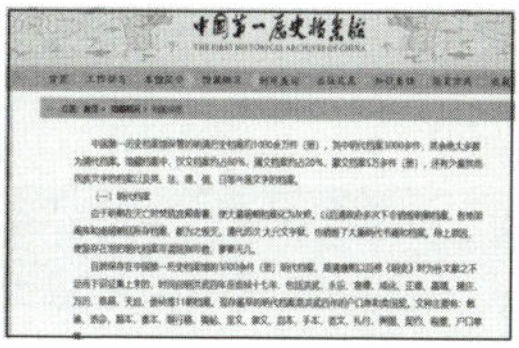
당안관 소장 현황소개

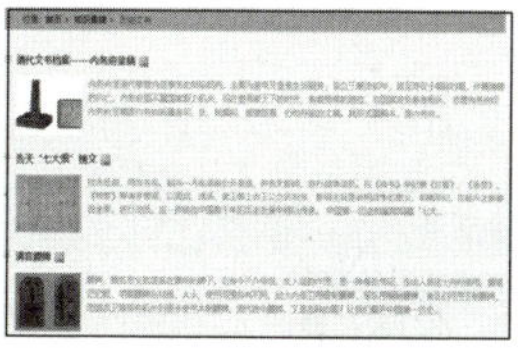
역사문서 소개

- 원명(원명): 중국제일역사당안관(中国第一历史档案馆)
- 주소: 100031 北京市東城區故宮博物院西华门内
- 커뮤니케이션: lsda2011@sina.com(출판자료) / Tel: 86-10-63099011
- 홈페이지: http://www.lsdag.com/nets/lsdag/page/index.shtml?iv=
- 설립연도: 1925년 / 자금성안 고궁박물원에 위치해 있고, 구 고궁박물원당안관(故宮博物院檔案館)의 후신
- 기록정보:
  ▸ 중국 제1역사기록관에 보관된 명 · 청 역사기록물은 약 1,000만여 점(책)으로, 이 중 명대기록물은 3,000여 점이고 나머지는 대부분 청대기록물이다. 소장문서 중 한문문서의 약 80%, 만문문서의 약 20%, 몽문문서의 5만여 점(책), 그리고 소량의 다른 민족문자의 문서와 영 · 불 · 독 · 러 · 일 등의 외국문자의 문서가 있다.

135 출처: 중국제일역사당안관 웹페이지 〈http://www.lsdag.com/nets/lsdag/page/index.shtml?iv=〉

▸ 이곳에 소장된 禮部당안, 理藩部당안, 外務部당안에는 청조의 국경 및 조차지 설정에 관한 사료가 포함되어 있어 韓末과 淸末 조선과 청국 간 외교문서가 많음(추정)

③ 북경시당안관

북경시당안관[136]

당안백년과 교육안내

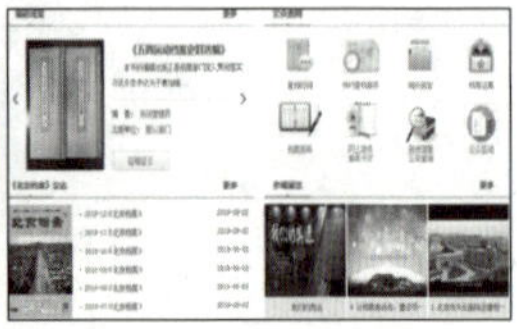
편찬성과와 열람안내

■ 설립연도: 1958년 / 北京市豊台區蒲黃榆路 42號 /北京市朝阳区南磨房路31号

■ 커뮤니케이션: Tel: 87-092323

■ 홈페이지: http://www.bjma.gov.cn/

■ 기록정보:

▸ 일제 강점시기 북경특별시 公署 · 사회국 · 경찰국 · 지방법원 · 檢察處 · 地方維持會特種犯罪臨時處理審判法庭, 河北高等法院檢察處, 河北北平第二監獄 당안에 부분적으로 산재(소장추정)

▸ 미공개가 원칙이나 외국인은 사전 중앙당안국의 紹介信을 가져오면 열람이 가능. 공개 가능한 안내책자는 북경시당안관 소개책자와 팜플렛, 북경당안사료 목록색인 5종, 당안관지남 1권 등이며 이것도 일반인들에게 판매

136 출처: 북경시 당안관, 안내, 소개 등 〈http://www.bjma.gov.cn/〉

④ 중국인민해방군 당안관

- 기록정보:
  - 공농홍군(工農紅軍)의 장정(長征) 관련 당안, 항일전쟁에 관련 당안, 이른바 '抗美援朝戰爭'이라고 불리우는 한국전쟁에 참가한 '中國人民解放軍'에 관한 당안이 보존되어 있어 나름대로 공산주의 계열에서 독립운동을 전개한 한인들의 행적연구에 도움이 되는 당안이 다수(추정)

⑤ 중앙군사위원회당안관

- 기록정보:
  - 중국인민해방군에 관련된 당안이 보존
  - 팔로군 · 신사군과 관련된 조선의용군 자료와 해방전쟁시기 제4야전군(동북군)의 주력이었던 조선족부대에 관련된 사료(소장)

(2) 요녕성지역(遼寧省地域)

요녕성지역에는 요녕성당안관, 신빈만족자치현당안관(新賓滿族自治縣檔案館)이 있다.

① 요녕성당안관(遼寧省檔案館)[137]

- 설립연도: 1937년 5월

137 1937년 5월 僞滿洲國 은 '각 관서 등에서 보존된 옛날 서류들의 수집 · 정리에 관한' 훈령을 반포하여 동북지구 淸代 및 만주시기 縣級 이상 각 관서 당안을 집중수집하여 沈陽에 있는 '國立奉天圖書館'에 보존시켰다. 이에 기초하여 1954년 8월 중공 동북국은 '東北區 臨時檔案保管處'를 설립하였고 1960년 7월에는 東北檔案館으로 발전시켰다. 1969년 11월 동북당안관이 폐지되고 소장 당안의 절반 110萬卷(冊)을 吉林 · 黑龍江省 檔案館에 갈라주고 나머지 절반은 遼寧省檔案館에 남겨두었다.

- 주소: 遼寧省沈陽市皇姑區北陵大街 45-11號
- 커뮤니케이션: Tel: 0086-24-8689-2548
- 홈페이지: http://www.lndangan.gov.cn/
- 기록정보:
  - 독립운동 관련 자료로는 동북(만주)지역에서 활동한 한인 독립운동 단체 및 독립운동가에 관련한 당안이 많이 소장
  - 1937년 5월 僞滿洲國은 '각 관서 등에서 보존된 옛날 서류들의 수집 · 정리에 관한' 훈령을 반포하여 동북지구 淸代 및 만주시기 縣級 이상 각 관서 당안을 집중 수집하여 沈陽에 있는 '國立奉天圖書館'에 보존시켰다. 이에 기초하여 1954년 8월 중공 동북국은 '東北區 臨時檔案保管處'를 설립하였고 1960년 7월에는 東北檔案館으로 발전시켰다. 1969년 11월 동북당안관이 폐지되고 소장 당안의 절반 110萬卷(册)을 吉林 · 黑龍江省 檔案館에 갈라주고 나머지 절반은 遼寧省檔案館에 남겨두었다. 동북 각지 관헌들이 張作霖정부에 보고한 독립운동단체에 관한 정보와 平安北道 高等警察署가 동북정권에 통보한 독립운동 단체 활동 등에 관련한 정보(抄件)와 재만 한인의 토지 · 교육 · 종교 · 국적 등의 사료가 소장되어 있으며, 동북정권이 독립운동단체와 재만한인을 取締하기 위해 내린 각종 法令 · 辨法 · 訓令 등도 소장되어 있다고 한다. 일제는 패망 직후 만주사변 이후의 사료 대부분을 소각하여 현 소장사료는 1931년 만주사변 이전 사료가 대부분
  - 소장사료를 적극적으로 공개하지 못하는 이유는 인력과 예산 등의 문제로 아직까지 상당수의 소장사료를 제대로 분류하지 못하였기

때문이다. 공개된 당안도 외국정부에서 열람을 하려면 사전에 외교 경로를 거쳐 열람자의 신분과 열람목적, 열람범위 등을 기록한 열람 신청서를 제출받아 열람승인을 받은 후에야 열람이 가능하다고 한다. 외국정부에는 원칙적으로 열람만 허용하고 사료복사는 해주지 않는데 다만 협정을 맺고 대가를 지불하면 영인본으로 제작하여 제공해 줄 수 있다고 함

② 신빈만족자치현당안관(新賓滿族自治縣檔案館)

- 무순시 신빈만족자치현[138]
- 기록정보:
  - 독립운동 관련자료로는 동북(만주)지역에서 활동한 한인 독립운동 단체
  - 한인 독립운동기지 건설, 正義府 · 國民府 · 朝鮮革命軍 관련 무장 항일투쟁단체 활동 당안들이 많음

(3) 길림성지역(吉林省 地域)

길림성지역에는 길림성당안관, 연변자치주당안관, 통화현당안관, 집안현당안관, 장백현당안관이 있다.

138 심양에서 70여㎞ 떨어져 있는 무순시 신빈만족자치현은 청태조 누루하치가 발흥한 곳으로 과거이름은 興京이다. 이곳 신빈과 인근 왕청, 통화, 유하현 일대에는 초기 독립운동기지 건설과 항일무장단체들이 활동하던 지역이다.

① 길림성당안관(吉林省檔案館)[139]

길림당안관 전경

기록역사

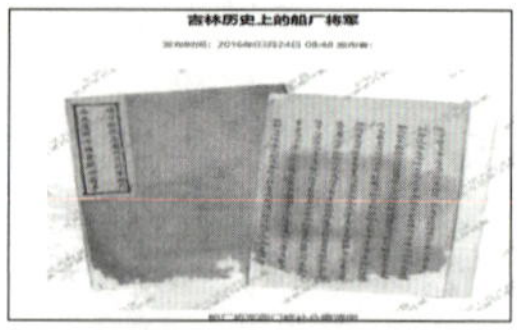

길림역사적 선창장군

- 설립연도: 1959년 11월
- 주소: 130041 吉林省长春市南关区民安路63号 / 吉林省長春市新發路 577號
- 커뮤니케이션: Tel: 0431-88497856
- 홈페이지: http://www.jlsda.cn/index.jsp; http://www.jilinda.gov.cn/Login.html/
- 기록정보:
  - ▸ 한인들의 이민과 망명, 독립군활동, 한인 빨치산 활동 관련 자료들이 많음

② 연변자치주당안관(延邊朝鮮族自治州檔案館)

- 설립연도: 1960년
- 기록정보:
  - ▸ 1949년 이전의 연변 각지의 당안이 집중됨
  - ▸ 간민회를 비롯하여 한인민족교육기관과 종교단체에 관련된 자료는 물론 북로군정서와 대한국민회의 다수의 자료
  - ▸ 특히 북간도지역 한인의 토지 · 국적 등에 대한 상세한 자료들이 많음

139 출처: 길림성당안관 〈http://www.jlsda.cn/index.jsp〉

③ 통화현당안관(通化縣檔案館)

■ 기록정보:

▸ 이 지역이 1920 · 30년대에 통화에 일본영사관이 설치되어 있었고 남만주지역의 중심 도시였던 관계로 張作霖정부가 남긴 독립운동 단체에 대한 일제 측의 정보기록(抄件)이 많음

④ 집안현당안관(集安市檔案館)

■ 기록정보:

▸ 이 지역이 참의부의 주요한 활동지역인 동시에 남만주지역의 항일 무장단체들이 국내 진격전을 진행한 전초기지였던 관계로 중국관헌들이 참의부 · 서로군정서 등 독립운동단체에서 몰수한 문서(편지 포함) 및 군자금징수영수증 등이 보관되어 있음. 이외에 압록강 대안의 일제 평안북도 고등경찰서에서 보내온 독립군정보(抄件), 독립운동단체의 유물 등이 많이 보존

⑤ 장백현당안관(長白縣檔案館)

■ 기록정보:

▸ 현지에서 활동하였던 대한군비단 관련자료, 이 지역에서의 3 · 1운동 관련 자료들이 다수 보존

(4) 흑룡강성지역(黑龍江省地域)

흑룡강성지역에는 흑룡강성당안관(黑龍江省檔案館), 목릉현당안관/목단강시당안관(穆陵縣檔案館檔/牧丹江市檔案館)이 있다.

① 흑룡강성당안관(黑龍江省檔案館)[140]

흑룡강성당안관 메인

역사기록 영상 전시

- 설립연도: 1964년
- 주소: 哈尔滨市南岗区文昌街48号
- 커뮤니케이션: Tel: 0451-87701820
- 홈페이지: http://www.hljdaj.gov.cn/;
  http://www.hljdaj.gov.cn/web/index.php
- 기록정보:
  - ▸ 북만지방에서 활동한 신민부를 비롯한 독립단체에 관련된 일부 자료와 동북항일연군 자료의 대부분을 소장하고 있으며 북만지방 한인의 토지 · 국적 등 관련자료도 상당수 보존되어 있음
  - ▸ 외국인의 당안 열람은 사전에 열람목적 · 열람범위 · 열람자 인적사항 · 열람결과 자료 활용계획 등을 명기한 열람신청 공문을 흑룡강성 외사판공실에 제출하여 비준문서가 당안관에 오면 가능

② 목릉현당안관/목단강시당안관(穆陵縣檔案館檔/牧丹江市檔案館)

- 기록정보[141]:

140 흑룡강성당안관 소개 〈http://www.hljdaj.gov.cn/〉
141 송권면. 2003. 中國地域 韓國獨立運動史料 蒐集戰略. 한국민족운동사연구, 37, 427.; 염인호. 2010. 또 하나의 한국전쟁-만주조선인의 조국과 전쟁. 역사비평사.; 金有權,

- 북만지역의 독립운동단체 활동에 관련된 많은 자료가 소장되어 있는 것으로 알려져 있음
- 북만주지역 조선인사회와 한반도의 관계, 목단당지구의 민족갈등과 조선인 부대, 독립동맹 북만특위의 활동과 조선의용군의 조국통일 전략, 조선인부대 제164사단의 만주에서의 활동과 한국전쟁 참정 등
- 흑룡강 첫 조선족촌 촌사: 목단강시 흥륭진 동승조선족촌 등

(5) 상해지역(上海地域)

상해지역에는 상해시당안관(上海市檔案館), 서가회구당안관(徐家匯區檔案館)이 있다.

① 상해시당안관(上海市檔案館)[142]

상해당안관 소개

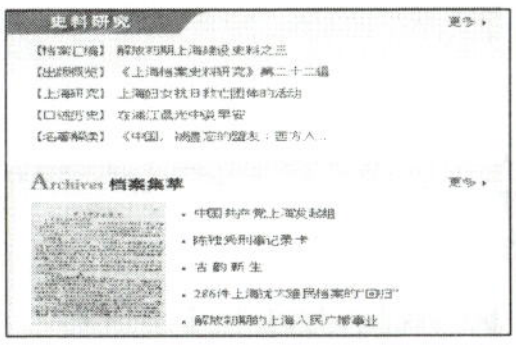

사료연구와 아카이브

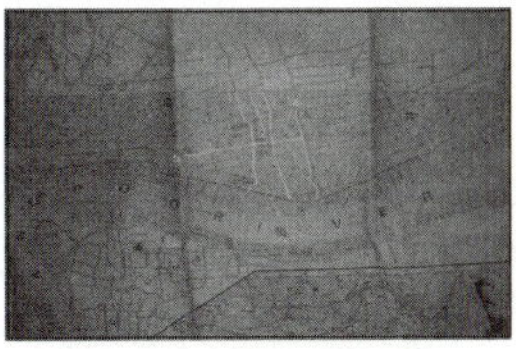

1932년 상해지도[143]

- 설립연도: 1959년
- 주소: 200336 上海市长宁区仙霞路326号 / 上海市黃浦區中山二路9號
- 커뮤니케이션: Tel: 021-62751700; 6333-6633-1505/1515

李寶根 主編. 2009. 東勝村史活. 牧丹江市東安区兴隆鎮東勝村黨支部.

142 상해시당안관 소개와 아카이브 〈https://www.archives.sh.cn/〉

143 1932년 오사카 가즈라쿠야(和樂路屋)출판사에서 발간한 '최신 상해 시가지도 첨부 중화민국 상세도'

- 홈페이지: https://www.archives.sh.cn/; https://www.archives.sh.cn/shouye_502/
- 기록정보:
  - ▸ 1919년부터 1931년까지의 상해임시정부 등 한인 독립운동 사료 중에서 중국 중앙정부와 관련된 사료는 제2역사당안관에 소장되어 있고 이곳에는 상해시지방정부와 관련된 사료만 보존되어 있음. 특히 이곳에는 상해에서 간행된 각종 간행물에 실린 독립운동단체의 활동에 관련 사료들이 보존되어 있는 것으로 알려지고 있음

② 서가회구당안관(徐家匯區檔案館)

- 기록정보:
  - ▸ 서가회구당안관에 상당수의 독립운동 관련 사료가 보존되어 있음

(6) 남경지역(南京地域)

남경지역에는 제2역사당안관(第二歷史檔案館), 강소성당안관(江蘇省檔案館), 남경시당안관(南京市檔案館)이 있다.

① 제2역사당안관(第二歷史檔案館)

- 설립연도: 1949년 4월
- 주소: 210016 南京市中山東路 309號
- 커뮤니케이션: Tel: 0086-25-8480-0747
- 홈페이지: https://www.shac.net.cn/
- 기록정보:
  - ▸ 대한민국임시정부와 한국광복군 관련 당안, 그리고 조선혁명당 ·

조선의용대 관련 당안 등

- 이외에 만주지역 한인단체들에서 남경정부와 교섭한 토지 · 국적 · 종교 등에 관한 자료와 駐韓中華民國 대사관 · 영사관의 보고자료도 보관[144]
- 제2역사당안관 소장 한국 독립운동에 대한 자료집으로는 楊昭全(1987)의 關內地區朝鮮人反日獨立運動資料匯編(1919-1945) 上 · 下, 石源華 · 李輔溫(1995)의 中國南京國民政府外交部公報(1928.5.-1949.6.) 拔萃 大韓民國關聯史料 上 · 下 등이 출판
- 전종(全宗) 번호가 700으로 시작하는 국민당 관계당안과 인물당안은 원칙적으로 열람이 불가(윤은자, 2000), 열람시간은 월요일부터 금요일까지 8:00-11:30, 14:00-16:30까지이고 수요일 오후는 폐관. 외국인이 당안을 열람 · 수집 하는 데는 많은 제약이 따르고 특히 개인이 열람신청을 할 경우 전공분야와 일치하지 않으면 목록 열람조차도 불가능

② 강소성당안관(江蘇省檔案館)

- 설립연도: 1958년
- 홈페이지: https://www.dajas.gov.cn/index.html/
- 기록정보:
  - 민국시기당안과 혁명역사당안 중 우리의 독립운동 관련사료가 다소 포함되어 있을 것으로 추정할 뿐임. 그 이유는 혁명역사당안의

144 남경대학 역사과 교수 胡成의 말에 의하면 제2역사당안관 내 한국 관련 자료가 꽤 많으나 미공개 상태

열람과 복사가 엄격하게 통제되고 있어 접근이 어려움

③ 남경시당안관(南京市檔案館)

- 주소: 江蘇省南京市龍심里9號
- 커뮤니케이션: 665-0075
- 기록정보:
  - ▸ 434종 58만여 권의 당안을 보존하고 있으며 민국시기의 남경시 정부당안, 일본군의 남경대학살(南京大屠殺)사건, 남경지역의 공산당 지하운동 관련 당안이 다수 포함되어 있어 우리의 독립운동 자료도 소장되어 있을 것으로 추정
  - ▸ 일본군 '위안부' 관련 자료들이 다수 보관되어 있음[145]

(7) 중경지역(重慶地域)

중경지역에는 중경시당안관(重慶市檔案館)이 있다.

① 중경시당안관(重慶市檔案館)

- 설립연도: 1960년
- 커뮤니케이션: 0086-23-6531-3442; 0086-23-8626-0621
- 홈페이지: https://www.jda.cq.gov.cn/templet/default/
- 기록정보:
  - ▸ 重慶市居留韓僑調查表(1943년경), 韓國光復軍總司令官兵消費合作社 관련문서(1942-1943년) 등 광복군과 중경시 거주 한교자료 등 소장
  - ▸ 당안관의 허락하에 이용가능하며, 열람시간은 월요일부터 금요일

145 출처: 동북아역사넷 〈http://contents.nahf.or.kr/item/item.do?levelId=iswc.d_003〉

까지 오전 열람시간은 8:30~12:00, 오후 열람시간은 14:30~17:00

(8) 서안지역(西安地域)

서안지역에는 협서성당안관(陝西省檔案館)이 있다.

① 협서성당안관(陝西省檔案館)[146]

협서성당안관 소개

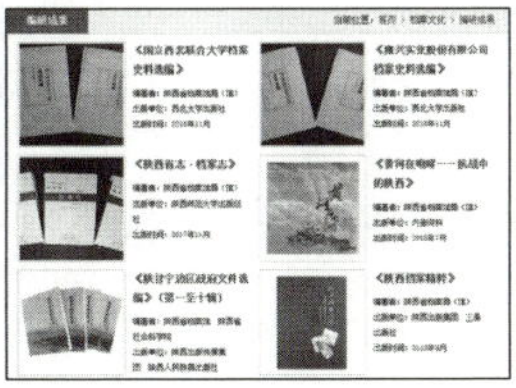

편찬성과

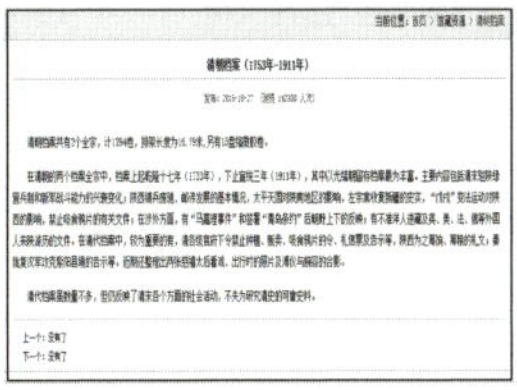

청말 당안(1753-1911)

- 설립연도: 1958년
- 기록정보:
  - 서안은 광복군 제2지대가 소재하였던 지역으로 광복군 관련자료가 섬서성당안관에 약간 소장되어 있었다. 이곳에서의 독립운동사료 중에는 1942년 4월 23일 中國國民黨政府陝西省會警察局에서 작성한 西安市居留韓僑調査表가 매우 중요한 것으로 사료된다. 여기에는 서안지역 광복군대원 119명(실제명단을 세어보니 118명임)의 성명 · 성별 · 연령 · 중국에 온 시기 · 현주소지 등이 기록된 자료인데, 아직까지 학계에 보고되지 않은 것이다. 앞으로 광복군연구에 큰 도움이 될 자료라고 사료됨
  - 성급도서관으로는 규모가 작은 편임. 이곳도 다른 대부분의 도서관

146 협서성당안관, 편찬성과, 청말 당안 등 소개. 〈http://daj.shaanxi.gov.cn/index.aspx〉

이나 당안관들처럼 열람시간은 오전: 9:00~12:00, 오후: 3:00~6:00까지였다. 열람신청은 관련단위(직장)의 소개신이 있어야 함

(9) 장사 · 계동 · 선춘지역(長沙·桂東·宜春地域)

① 장사 · 계동 · 선춘지역(長沙 · 桂東 · 宜春地域)

- 설립연도: 1958년
- 기록정보:
  - ▸ 2001년 7월 일본군을 탈출하여 중국군 9전구 사령부에 투항한 후 중국군과 함께 대일항전에 참가한 한인학병들의 기록이 소장되어 있으며, 계동지역당안관에서는 1944년 4월 11일 韓籍兵士의 投誠事實 보고자료와 1945년 7월 4일 계동민보(桂東民報)에 보도된 大感戰爭失望 韓籍敵軍紛紛投誠 등 사료가 소장

(10) 기타

이상에 열거한 당안관 이외에도 조선족과 한국 관련 기록자료가 보관된 당안관이 있다. 즉 山西省과 河北省지역에 소재한 省 · 市 · 縣級 檔案館, 廣州市檔案館, 南昌市檔案館이 있다.

① 山西省과 河北省지역에 소재한 省 · 市 · 縣級 檔案館

- 기록정보:
  - ▸ 조선독립동맹, 조선의용군 등의 한인공산주의 단체와 楊林, 武亭, 金科奉, 鄭律成 등 한인공산주의자들의 항일투쟁 활동 등(소장)

② 廣州市檔案館(광주시당안관)

- 기록정보:
  - ▸광주(廣州) 봉기사건에 참가한 한인 공산주의자 등의 활동기록이 다수 보존

③ 江西省檔案館(강서성당안관)

강서성당안관 전경

온라인 전시

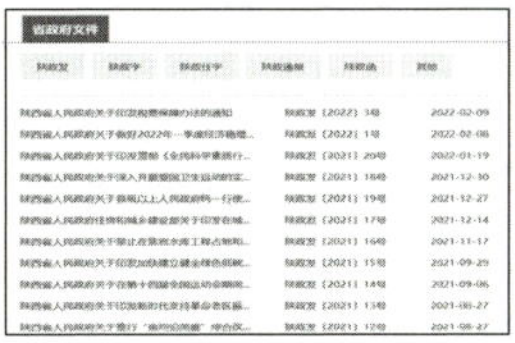

성정부 문건 현황

- 설립연도: 1959년
- 주소: 710100 陕西省西安市长安区子午大道与学府大街十字东北角
- 커뮤니케이션: e-mail: dagigiw@163.com / Tel: 029-63909213
- 홈페이지: http://daj.shaanxi.gov.cn/index.aspx
- 기록정보:
  - ▸일본군을 탈출하여 중국 9전구 사령부에 투항한 한인학도병 출신들에 대한 사료가 소장되어 있을 것으로 판단(추정)

이상에서 열거하지 않은 중국 각지 당안관에도 우리의 독립운동 사료들이 무수하게 소장되어 있을 것으로 추정된다. 당안관 이외에도 우리나라 경찰서와 같은 기능을 수행하는 각지의 공안국 당안실에는 중국 건국 이후 '역사반혁명(歷史反革命)'이란 죄목으로 검거된 민족주의 계열의 독립운동

가와 일제의 밀정 혹은 일제에 투항한 사람들에 대한 개인 이력서와 활동상황 · 조직체계에 대한 진술서 등이 보존되어 있는 것으로 추정된다.

3) 당안관 소장 자료 이용법[147]

각종 문헌이나 신문 · 잡지 등을 보존하고 있는 각 지역도서관과 대학도서관 등에도 우리의 독립운동 관련사료가 무수하게 소장되어 있는 것을 필자가 현지조사에서 직접 확인할 수 있었다.

'中華人民共和國檔案法實施辦法 제23조'에는 외국인 혹은 외국조직이 중국에서 이미 개방한 당안을 이용하고자 할 때는 중국의 유관기관을 경유하여 해당 당안을 보존하고 있는 당안관의 동의를 얻은 후에야 이용이 가능하도록 규정하고 있다.

'당안법 제25조'에는 "당안을 휴대 혹은 복제하여 出境(출국과 동의어)하는 자는 海關(우리나라 세관과 같은 기능을 하는 기관)에서 이를 몰수하고 벌금에 처하며 몰수한 당안 혹은 복제품은 당안 행정관리부문에 넘겨 처리하고, 범죄가 구성되는 자는 형사책임을 추궁한다"라고 규정하여 외국인이나 내국인이 당안을 임의로 국외에 반출하는 것을 엄격하게 통제하고 있다.

비공개문건의 이용방법은 각급 국가당안관의 당안개방 규정(1991, 국가당안국)에 의하여 사용제한의 범위 내에 있는 역사당안은 원칙상 제공하지 않는다. 다만, 특수정황에 따라 공작상 필요한 경우 반드시 유관당안관의 심사, 검토, 동의를 거쳐 동급의 당위원회와 관련 전문주관부문의 심사비준

147 총무처정부기록보존소. 외국의 기록보존제도(http://www.archives.go.kr/datafile/외국제도(책자).hwp); 이승휘. 1997. 중국당안제도와 당안관. 역사비평 36, 142-149. 재구성

을 얻어야 한다. 중앙당안관이 보관하는 사용제한의 당안, 자료를 이용할 경우에는 중앙당안관이 별도의 구체적 방법을 설정하고 나서 중앙에 보고하여 비준을 얻어 집행한다. 이와 같은 절차를 거쳐서 그동안 중국 당안관 소장자료를 이용하면 좋을 것이다.

싫든 좋든 로마에 가면 로마법을 따른다는 것처럼 미래의 밝은 빛이 보이지 않을지라도 내일의 조국광복을 위하여 아낌없이 청춘과 명예를 바친 이름 없는 독립운동가의 정신으로 코리언 디아스포라의 지식정보자원을 지속해서 발굴해 가는 것이 필자의 소명이라고 생각한다.

다. 중앙아시아

중앙아시아에서 한글 지식정보자원의 생산은 고려인의 이주역사와 궤(軌)를 함께한다. 기록문헌에 의하면 고련인의 강제이주 이전에 블라디보스토크를 중심으로 하는 극동에서는 한인학교, 사범대학, 신문, 방송, 잡지, 극장 등 많은 분야에서 지식정보자원을 생산하고 활용하고 있었다.

그러나 1937년 스탈린에 의해 연해주(원동, 극동)에서 중앙아시아 카자흐스탄, 우즈베키스탄으로의 강제이주는 지식정보자원의 생산과 유통 측면에서 많은 변화를 가져왔다. 갑자기 이루어진 생활터전의 변화는 고려인의 미래가 험난하다는 것을 예고하고 있었다. 과거의 향수를 잊기에는 너무나 큰 상처와 새로운 정치체제와 주거생활의 변화에서 나타나는 정신적 공허함은 이루 말할 수 없었을 것이다. 이러한 복잡한 정치, 경제, 사회, 문화적 환경에도 불구하고 고려인들은 불굴의 한민족 정신으로 새로운 환경에 적응해 나갔다.

그 결과 타민족의 이주와 비교될 수 없는 번영으로 카자흐스탄과 우즈베키스탄에서 부지런하고 지혜로운 고려인으로 인정받고 있다. 여기에까지 오는 성상의 세월에 겹겹의 희노애락(喜怒哀樂)이 점철되었을 것이다. 이 과정에서 생산된 수많은 기록정보들은 지식정보자원의 결정체(結晶體)로 고려인의 정체성과 역사문화유산을 계승 · 발전시키는 원천이 되고 있다.

1) 카자흐스탄

고려인 초기 이주에서부터 정착관련 문서, 고려인 활동에서 정치 · 경제 · 사회 · 문화적으로 관련된 주요 기록문서들이 카자흐스탄에서는 카자흐스탄 국립중앙기록보존소, 지역기록보존소는 알마티기록보존소, 잠볼기록보존소, 카라간기록보존소 등이 있으며, 사진필름기록보존소 등에는 많은 텍스트, 보고서, 영상, 사진 등의 기록문헌들이 소장되어 있다.

(1) 카자흐스탄 국립중앙기록보존소

- 설립연도: 1921년
- 기록정보:
  - 현재까지 확인된 기록으로는 1733년에 생산한 기록문서로부터 카자흐스탄의 최초의 한인에 관련된 기록문서, 강제이주 명령서, 강제이주와 관련된 기록문서, 고려인 생활사에 관련된 기록문서 등 약 2,000여 개가 넘는 문서 폰트(f)와 백만 이상의 파일
  - 특히 고려인과 관련된 구체적인 기록정보를 해당 부서의 폰트별로 구분하면 f(1208)는 이주 관련부서, f(1890)은 문화부서, f(1692)는 종교부서, f(2046)은 국립한인극장, 노동자 소비에트 대표위원회, 농업지

도부, 산업부, 통계부, 문화부, 교육부에 고려인 관련된 기록문서[148]

다음에서 소개되는 기록정보는 필자가 현지조사에서 기록보존소 방문과 현지 고려인 관련 단체, 기관, 개인 등을 방문하여 인터뷰한 결과, 그리고 현지에서 문헌조사에서 나타난 기록정보문서들을 수집 · 정리한 내용들이다.

뿌질락유치원 단체사진[149]

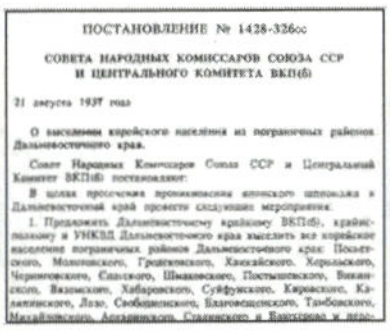

ПОСТАНОВЛЕНИЕ № 1428-326сс
СОВЕТА НАРОДНЫХ КОМИССАРОВ СОЮЗА ССР И ЦЕНТРАЛЬНОГО КОМИТЕТА ВКП(б)
21 августа 1937 года

강제이주 문서(명령서)[150]

이주한인 주거지[151]

수확현장[152]

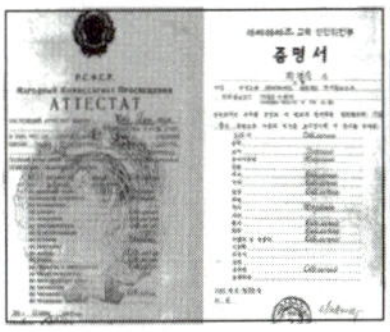

중학교 모국어 성적증명서㉮[153]

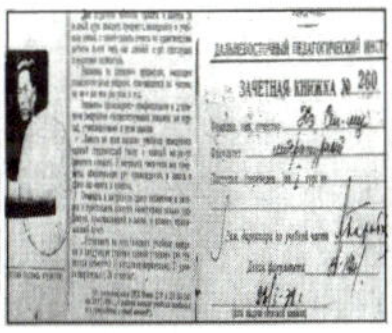

고려사범대학 학습과정과 성적증명서㉯

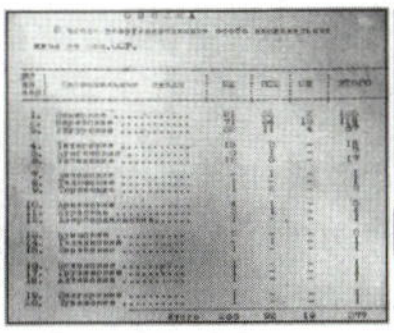

폐교된 민족학교 목록㉰

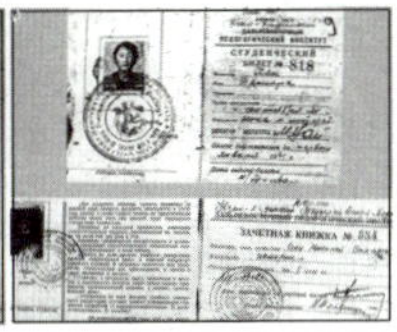

고려사범대학과 사범대학교 폐교문건㉱

148 유의정. 2004. 카자흐스탄의 한국학 및 고려인 기록보존에 관한 연구, 역사문화연구. 20, 6.

149 강제이주 전 뿌질락 촌락의 유치원 단체사진(Накануне депортации. Детский сад в селе Пуцыловка.); 출처: Корей цы Казахстана: Иллюстрирован ная история. Ассоциация корейцев Казахстана. 1997, 56.

150 1937년 8월 21일 소비에트 사회주의 연방공화국 인민위원회와 전소연방 공산당 중앙위원회의 '극동지방 국경부근 구역에서 한인 거주민을 이주시키는 문제에 관하여'라는 명령서(No. 1428-326cc)의 일부; (Документы о депортации. 1)Постано вление СХК СССР и ЦК ВКП(б) от 21 августа 1937г. о выселении корей цев из Дальневосточного края. (фрагмент документа).

151 Корейцы Казахстана: Иллюстрированная история. Ассоциация кор ейцев Казахстана. 1997: 71, 77, 81.

152 카자흐스탄에서 1938년 한인콜호즈의 ha당 수확현장(План весеннего сева в ко рейских колхозах в 1938г. в гектарах.)

(2) 지역기록보존소

- 설립연도: 1921년
- 기록정보:
  - 각 지역의 기록보존소는 고려인(한인)에 관련된 문서들이 소장. 이들 지역은 알마티, 잠볼, 카라간, 우슈토베, 크즐오르다 등
  - 다음은 알마티, 잠볼, 카라간지역 국립기록보존소에 소장된 고려인 관련 문서의 폰트번호와 주 부서를 나타내고 있음(장우권 외 2006, 272).

폰트 번호	알마티	폰트 번호	잠볼	폰트 번호	카라간
F.499	알마티지역 인민교육부	F.339	잠볼지역관리국	F.18	카라간주 행정국
F.658	알마티주 집행위원회	F.382	잠볼지역산업 및 기업관리국	F.27	카라간 지역관리국 이주민 담당부
F.1798	알마티지역 문화관리국	F.461	잠볼지역 인민교육 위원회	F.341	카라간지역 통합위원회
F.1871	알마티 지역관리국	F.851	잠볼 농산업관리국	F.468	카라간주 농산업관리국

153 ㉮ 중학교 모국어 학습에서 나타난 성적증명서(우수)(Отличная учёба в щколе на родном языке.), ㉯ 고려사범대학에서의 학습과정과 성적증명서(Ив корейском педагогическом институте), ㉰ 한인학교가 포함된 18개의 폐교된 민족학교 목록(일부)(Закрытие корейских национальных щкол. Список закрытых национальных щкол, в том числе 118 корейских. 1938г. (Фрагмент документа). С 1 сентября 1938г. были закрыты все корейские щколы.), ㉱ 고려사범대학과 고려사범학교 폐교 문건(Также были закрыты корейский педагогический институт и педагогическое училище.); Корейцы Казахстана: Иллюстрированная история. Ассоциация корейцев Казахстана. 1997, 82-85.

F.2172	알마티지역 문화개발기관			F.469	카라간 인민관리국
F.2217	알마티지역과 알마티시의 기업과 관리국의 노동자 개인기록 모음			F.596	카라간 지역관리국

(3) 사진필름기록보존소(Центральный Государственный архив кино-, гот-, фонодикументов Республики Казахстан)

- 기록정보:
  - 카자흐스탄 국립영상, 사진 및 영상 기록보존소에는 전체 영상자료가 27,000점, 사진자료는 150,000점 정도 소장
  - 이 중 고려인과 관련된 영상자료는 80여 점. 이들 영상자료들을 시대별로 나타내면 다음과 같다.[154]

연대	내용	방영	연번
1939	'알마티주 중등학교 우수교원 이E'의 강의장면	다수	1
1940년대	크즐오르다와 아방가르드 집단농장 소개	다수	2
1942-1959	크즐오르다와 아방가르드 집단농장장, 벼농사전문가, 사회주의 노동영웅. 김만삼(1942년, 1946년, 1948년(2회), 1950년, 1959년)	6회	3
1949	크즐오르다지역의 벼도정공장		4
1952	쿠스타나이의 밀농사 농장장 고려인(최 모)과 공동농장		5
1954	알마티를 방문한 북한작가들		6

154 카자흐스탄공화국 영화, 사진, 필름문서보관소(Центральный Государственный архив кино-, гот-, фонодикументов Республики Казахстан); 김상철, 2003.

1955	알마티 아바이명칭 오페라극장에서 열린 북한음악가들의 연주회		7
1955	알마티에서 열린 북한 및 소련 문화 및 예술계 종사자들의 만남		8
1957	크즐오르다주: 제3인터내셔널 집단농장 최단학		9
1957	'쿠스타나이' 집단농장 농장장 박알렉산드르 안드레비치		10
1958	프룬제(비쉬켁)에서 만난 카자흐스탄과 북한 농구선수들		11
1958	딸띄꾸르간 강 모(농업전문가)		12
1958	알마티 국제빙상경기 소개. 카자흐스탄 대표 고경희(우승)		13
1959	알마티에서 열린 평양 및 알마티 축구팀의 만남		14
1959	딸띄꾸르간- 이운호- 카라탈 강의 선장		15
1959	카라간다에서 열린 카자흐스탄 전국 복싱대회에 참가한 김 N.		16
1960	우슈토베 카라탈구역 '달리보스톡' 콜호즈의 도정공장과 콜호즈 농장장 신형문(벼농사 노력영웅 칭호)		17
1960	크즐오르다 기간트 콜호즈 농장장 김 모		18
1960	크즐오르다 기간트 콜호즈 김 에카테리나(1960)		19
1960	크즐오르다지역의 제3인터내셔널 집단농장 소개(3회 제작)	3회	20
1960	딸띄꾸르간주 카라탈구역의 탈곡준비, 도정공장장 사회주의 노동영웅 신행문		21
1960년 이후	북한과의 교류	다수	22
1961	아랄해 화물선장 '이도하' 소개(크즐오르다주-아랄해 항해, 우즈베키스탄-카자흐스탄 화물선 선장 이도하 편)		23
1961-1974	알마티: 카자흐공화국 최고소비에트 회의, 재무부장관 김 일리야 L.(1961, 1963(2), 1965, 1966, 1967, 1968, 1969, 1970, 1973, 1974년)	11회	24
1962	남카자흐스탄-이 니콜라이: '공산주의의 새벽' 콜호즈 기계화 작업단 기술 책임자		25
1962	크즐오르다-사회주의 노동영웅, '카자흐스탄 설립 18년명칭' 집단농장장 박대한		26
1963	크즐오르다 '제3인터내셔널' 콜호즈 농장장 김승학		27
1963	크즐오르다 '제3인터내셔널' 콜호즈 지도원 김 알렉세이		28

1964	최야곱 P.(전문인력 고려인, 엔지니어) 소개		29
1964	카자흐스탄 공화국 인민배우 김진의 '데뷔 30주년 축하'		30
1964	카자흐스탄 공화국 인민배우 김 단		31
1965	켄타우 수영대회 우승자 최 M. 소개(수영선수)		32
1965	공업 엔지니어 최유리 알렉세이비치		33
1967	체르다라 건설사업소 책임자 태 게르만(1967)		34
1970	딸띄꾸르간 '10월혁명 40주년' 콜호즈 농사전문가 전 모		35
1970	1970-땅과 과학-농업과학자 황 A. I.		36
1970	고려인 앙상블 '아리랑' 및 고려극장 손 게오르기의 알마티 연주회		37
1973	고려(韓人)극장 연주회 및 '아리랑-1973'공연 1		38
1975	침켄트-체조선수 넬리 김의 훈련-2회	2회	39
1970년대 초	북한 문화계 및 체육계의 카자흐스탄 교류		40
1976	김 넬리(몬트리올 올림픽 체조 소련대표) 2회 제작	2회	41
1977	김브라지미르 청년시절 독창회 영상물(고려극장 성악가 김블라지미르 독창회)		42
1978	한인음악 연주회-카작국영TV 방영		44
1981	우슈토베 및 딸띄꾸르간 지역의 쌀 생산자 회의		44
1984	소련 복싱국가대표 공훈 트레이너 최유리		45
1985	콕체타우지역 공동농장 농장장 김 A. A.		46
1990	최 E P.의 회상기(카라간다주 '돌린카의 운명'). 강제이주 직후의 1938-1948년 사이에 중부 탄광도시 카라간다의 돌린카 마을에서 정착한 고려인들의 비참한 초기 정착생활의 회상	4회	47
1990	최필무의 가족		48
1992	태권도-카작국영TV 방영		49

2) 우즈베키스탄

우즈베키스탄에서 고려인에 관련된 주요한 기록정보자료는 기록보존소에 보관되어 있는데 대표적으로는 국립중앙기록보존소, 내무부기록보존소, 대통령직속기록보존소, 국정원기록보존소[155] 등이 있다. 여기에서 기록보존소 자료를 열람할 수 있는 공개자료와 특별허가를 받아야 하는 비공개자료로 구성된다. 전자는 국립중앙기록보존소가 해당되며 후자는 내무부기록보존소, 대통령직속기록보존소, 국정원기록보존소이다. 특히 주요 기록문서는 국정원기록보존소에 있는 것이다. 이곳에서는 구소련 시절에 기밀로 취급되었던 문서들이 주로 보관되어 있다. 이외에도 외무부 산하 기록보존소, 도서관 산하 기록보존소, 과학기술기록보존소, 이외에 기타단체의 기록보존소가 있다.

[표 3-5]는 우즈베키스탄에서 고려인에 관련된 기록문헌을 찾아볼 수 있는 각 기록보존소와 주소, 전화번호 등이다.[156]

▌표 3-5 ▌우즈베키스탄 기록보존소 디렉토리(명칭, 주소, 전화번호)

Наименование архивного учреждения	Адрес	Телефоны
Архивное управление при Кабинете Министров Каракалпакстана	Республика Каракалпакстан, 742000, г.Нукус, ул.Дослык, 121	(361-22) 2-26-32,2-25-87
Андижанский областной архив	710002, г.Андижан, проспект Бобура, 41	(374-22)35-46-27, 35-40-27

155 구소련 시절에 기밀로 취급되었던 문서들이 주로 보관되어 있다. 주요 기록문서는 고려인

156 한발레리 · 최소영. 2004. 우즈베키스탄 지역의 한국학 자료현황: 문헌자료 및 영상자료. 역사문화연구, 20, 12.

Бухарский областной архив	705011, г.Бухара, ул.Мурадова, 8/1	(365-22)4-86-24,4-8 2-56
Джизакский областной архив	708000, г.Джизак, ул.Нариманова, 78	(372-22)6-36-24,6-3 6-32
Кащкадарьинский областной архив	730000, г.Карщи, 6-й микрорайон, ул.Үзбекистанская	(375-22)23-52-27
Навоийский областной архив	706808, г.Навои, ул.Толстого 14а	(436-22)5-05-91
Намнаганский областной архив	716007, г.Наманган, 4-й проезд Лангар, 163	(369-22)9-45-77
Самаркандский областной архив	703057, г.Самарканд, пл.Кук-Сарай, 7.	(366-2)33-56-50, 33-56-81
Сурхандарьинский областной архив	732000, г.Термез, ул.Амир Тимур, 49.	(376-22)2-35-44,2-4 0-21
Сырдарьинский областной архив	707000, г.Гулистан, ул.Сай хун 1.	(367-22)25-10-71
Ферганский областной архив	712008, г.Фергана, ул.Навои, 17а.	(373-2)24-46-90, 24-07-97
Хорезмский областной архив	740000, г.Үргенч, ул.Баходирхон, 207	(362-22)6-67-78,6-5 6-82
Тащкентский областной архив	700073, г.Тащкент, ул.Ак-Дарьинская 122/12	(371-2)199-57-82, 93-03-26
Тащкентский городской архив	700207, г.Тащкент, Хамзинский район, массив 〈〈40 лет Победы〉〉, квартал 2, д.29.	(371-2)94-48-97, 94-45-14

(1) 국립중앙기록보존소

■ 기록정보:

▸ 보조된 기록문헌은 고대부터 현대까지 망라되어 있다. 각 12개 지

역마다 각각 1개소씩 분관이 있으며, 카라칼팍 자치공화국과 타슈켄트 도시 기록보존소가 있다. 고려인과 관련된 기록문서를 찾기 위한 많은 시도가 있었으나 인터뷰와 문헌조사에 의하면 그 중에서도 김블라지미르, 김표르트, 라흐만쿨로바 아돌랏, 한발레리 등이 본격적으로 조사하였거나 지금도 조사 중임

① 김블라지미르와 '50년 후의 진실'

- 저자(발굴): 김블라지미르[157] / '50년 후의 진실(Правда - полвека спустя)'
- 기록정보:
  - 김블라지미르가 펴낸 '50년 후의 진실(Правда - полвека сп уст я)'(1930-40년대 러시아 극동에서 우즈베키스탄으로의 강제이주(Deporation of the Korean Population from the Far-Eastern Territory to Uzbekistan in the 30s-40s))은 기록보존소의 자료를 통해 이루어진 것. 또한 내무부기록보존소를 통해서 고려인에 관련된 기록문헌들을 발굴

김블라지미르

고려인 이주생활사 박물관

157 김블라지미르는 변호사이며 현재 아쿠르간 고려문화협회 회장을 역임하고 있다.

② 김표르트와 기록문서

- 저자(발굴): 김표르트[158]
- 기록정보:
  - 김표르트가 발굴하고 수집한 강제이주사 관련 기록문서([표 3-6])

표 3-6 김표르트가 발굴하고 수집한 강제이주와 고려인 삶에 대한 기록문서

연번	기록보존소 문헌	내용
1	Ф.100, оп.1의 д.2와 д.4	강제이주자들의 편지와 콜호즈의 설비 등 환경조건에 대한 자료
2	д.1	고려인 거주권 통지서의 사본과 1938년 6월 고려인들의 상황전개, 고려인들의 의료조사에 대한 자료
3	Ф.58(оп.1.д.15; оп.13, д.1557; оп.14, д.312), Ф.652(оп.1.д.50), Ф.996(оп.4.д.4),	강제이주사(책으로 출판)
4	Ф.1619(оп.10, д.588),	제2차 세계대전 당시 고려인 콜호즈의 작업과 고려인들의 공헌에 대한 문서

③ 라흐만쿨로바 아돌랏 · 한발레리의 기록문서

- 저자(발굴): 라흐만쿨로바 아돌랏 · 한발레리[159]
- 기록정보:
  - 고려인 강제이주와 관련한 자료를 국립중앙기록보존소에서 많이 발굴하여 소개[160]

158 역사학자이자 문서연구가, 우즈베키스탄 고려문화협회장(1991-2000)을 역임하였다. 그는 우즈백공산당 역사연구소의 기록보존소에서 강제이주와 관련된 문서수집과 관련자료 발굴에 심혈을 기울였다.

159 라흐만쿨로바 아돌랏(테르메즈국립대학교); 한발레리(우즈베키스탄 학술원 역사연구소 부학장)

| 표 3-7 | 라흐만쿨로바 아돌랏과 한발레리가 발굴한 기록문서

기록보존소 문헌	내용
Ф.837(оп.32, д.589; д.590; д.592; д593; д.1223; д.1224; д.1225; д.1226; д.1228; д.1230), Ф.314(оп.1, д.2), Ф.90(оп.8, д.4469; д.4471; д.4472; д4466; д.5138)	1930년대 우즈베키스탄지역으로의 강제이주 역사에 대한 국립중앙기록보존소 자료들(고려인을 대상으로)(라흐만쿨로바 아돌랏)
Ф.314, оп.7, д.1	연해주지역에서 중앙아시아지역으로의 강제이주될 당시 각 기차에 탑승한 사람들의 이름과 나이, 직업, 가족관계 그리고 이동 당시 사망 여부(자세히 기록) (한발레리)

② 타슈켄트지역기록보존소

- 저자(발굴): 한발레리와 최소영
- 기록정보:
  - 타슈켄트지역 기록보존에는 타슈켄트주(州)에는 여러 고려인 콜호즈의 형성과정과 기반시설, 콜호즈 집행위원회의 활동 및 집행위원들의 개인신상에 대한 정보 등 유명 고려인 콜호즈에 대한 다양한 문서들이 보관[161]

| 표 3-8 | 타슈켄트지역 기록보존소의 고려인 기록문서

기록보존소 문헌	내용
Ф.530	우즈베키스탄 소비에트연구소 및 학교
Ф.530 (оп.1, д.69а)	중(中) 치르칙지역 고려인 학교의 1941-42년도 학기자료(한발레리)

160 한발레리 · 최소영. 전게논문, 4.

161 역사학자인 한발레리에 의해 처음으로 500여 장의 고려인 관련 문서들이 공개되었다. 그와 공동으로 연구에 참여한 최소영의 인터뷰와 문헌(한발레리, 최소영. 전게논문, 5); 필자도 또한 현지에서도 확인

Ф.652	타슈켄트주 노동자대표 소비에트집행위원회 자료 *1930년대 말과 1940년대 초의 고려인 콜호즈 '스베르들톱(колхоз им. Свердлова)'의 형성과 이동과정에 대한 문서, 1940년대 상 · 중 · 하 치르칙지역의 지역 집행위원회의 회의록, 1940년대 콜호즈 보건 · 교육 · 예술활동의 현황(한발레리)
Ф.658	타슈켄트주 집행위원회 강제이주지역 분과와 관련된 자료 *1940년대 고려인 콜호즈 아방가르드(Авангард), 압두라흐마노프(колхоз им.Абд урахманова), 키로프(Киров), 여명(рассвет), 레닌의 길(путь Ленина), 미코얀(колхоз им.Микояна), 원동(дальний восток), 별(звезда), 카가노비치(колхоз им.Кагановича), 제3차 인터내셔널(III-й Интернационал), 리센코(Лысенко), 승리(победа), 말렌코프(колхоз им.Маленкова) 등이 형성되는 과정과 콜호즈 경제, 집행위원회 회의록 등
Ф.680	소련정부 산하 타슈켄트주 콜호즈 담당 소비에트 의장 *1950년대의 콜호즈 '스베르들톱'과 '북극성' 등의 구성원들에 대한 평가서 등
Ф.947	사회보장 관련 타슈켄트 지역분과 *1960년대 고려인들의 연금에 대한 자료들이 개개인별로 상세 수집기록

③ 카라칼팍스탄 자치공화국[162] 기록보존소

- 저자(발굴): 주마세프(Джумашев), 황류드밀라
- 기록정보:
  - ▸ 연해주지역의 고려인 이주와 지역인민위원회 정책

| 표 3-9 | 카라칼팍스탄지역 기록보존소의 고려인 기록문서

기록보존소 문헌	내용
Ф.322 оп.1의 д.263; д.381; д.384; д.475	연해주지역 고려인들의 카라칼팍스탄으로의 강제이주 과정(주마세프(Джумашев))
Ф.322	1937-38년도에 고려인들의 정착을 돕기 위한 지역인민위원회의 여러 가지 정책(황류드밀라)

162 한때는 고려인 인구가 2만 명에서 현재 약 9천 명이 거주

4장

코리언 디아스포라 지식정보자원

4.1 연구
4.2 교육과 연구기관
4.3 학회와 언론
4.4 관련 법률

4장

코리언 디아스포라 지식정보자원

4.1 연구

가. 한국

1) 지식정보자원 루트

(1) 한국교육학술정보원(KERIS)[1]

한국교육학술정보원은 1996년 '한국교육개발원 부설 멀티미디어교육연구센터'로 설립되었다. 현재 유치원부터 초 · 중 · 고 · 대학에 이르기까지 교육과 학술연구 분야의 정보화 사업을 수행하는 교육부 산하기관으로 교육 · 학술관련 지식정보서비스를 수행하고 있다.

KERIS 메인 창

KERIS 주요 서비스

검색창과 공지사항 등

1 출처: 〈https://www.keris.or.kr/main/main.do〉

- 원명(源名): 한국교육학술정보원(KERIS)
  Korea Education and Research Information Service(KERIS)
- 설립연도: 1996년(한국교육개발원 부설 멀티미디어교육연구센터)
  1999년(한국교육학술정보원)
- 주소: 41061 대구광역시 동구 동내로 64
- 커뮤니케이션: Tel: 053-714-0114
- 홈페이지: https://www.keris.or.kr/main/main.do
- 지식정보:
  ▸ 초중등 교육 · 학습지원서비스, 고등교육 · 학술연구 정보공유서비스, 교육정보 제공서비스, 교육복지 · 민원지원서비스, 교원 능력개발지원서비스

(2) 학술연구정보서비스(RISS)[2]

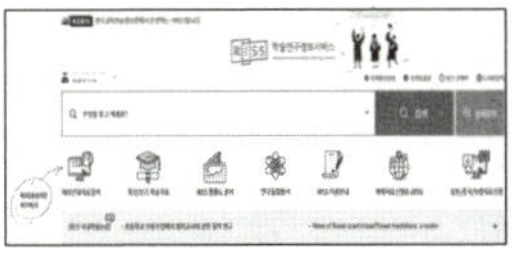

검색창

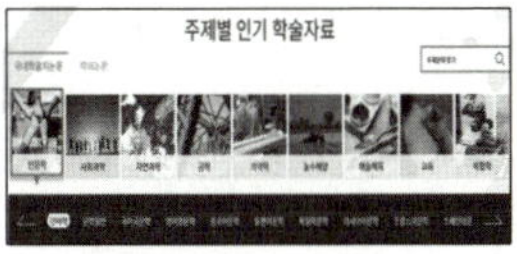

주제별 인기 학습자료

자주 찾는 질문

- 원명(原名): 학술연구정보서비스(Research Information Sharing Service: RISS)
- 설립연도: 2015년[3]
- 주소: 41061 대구광역시 동구 동내로 64 KERIS 빌딩

2 출처: 〈http://www.riss.kr/index.do#search〉
3 학술정보 이용통계 빅데이터 기반 분석서비스(RISS Analytics) 실시

- 커뮤니케이션: Tel: 1599-3122; 053-714-0114 / Fax: 053-714-0192
- 홈페이지: http://www.riss.kr/index.do#thesis
- 지식정보[4]:
  - ▸ 학술연구물, 해외전자자료, 최신/인기 학술자료, RISS 활용도분석, 연구동향분석, 해외자료 신청(E-DDS), 일본/중국/유럽자료 신청 등

2) 지식정보자원 활용

(1) 활용법

'코리언 디아스포라 라키비움 지식정보자원' 조사는 학술연구정보서비스(RISS; Research Information Sharing Service)를 활용하여 이루어졌다. 지식정보자원은 웹 탐색(http://www.riss.kr/index.do)으로 이루어졌으며, 다음과 같이 기본검색, 상세검색으로 구성되었다([그림 4-1]).

검색에 활용된 키워드는 '코리언 디아스포라', '재외한인', '재외동포' 등이다. 이에 대한 결과는 다음의 지식정보자원으로 제공한다.

4 코리언 디아스포라에 대한 학술연구 결과물인 지식정보자원은 한국교육학술정보원(Korea Education and Research Information Service: KERIS) 학술연구정보서비스(Research Information Sharing Service: RISS)를 이용(검색)하여 이루어짐(2022.2.1. 기준); 출처: 〈http://www.riss.kr/index.do〉

▌그림 4-1 ▌RISS의 기본검색과 상세검색

2) 지식정보자원

RISS를 활용하여 코리언 디아스포라의 지식정보자원 검색의 결과이다. 2022년 2월 1일 기준으로 단행본 1,805권(코리언 디아스포라(143), 재외한인(429), 재외동포(1,233)), 학위논문 589권(코리언 디아스포라(41), 재외한인(109), 재외동포(439)), 학술논문 1,814편(코리언 디아스포라(231), 재외한인(761), 재외동포(822)), 연구보고서는 554권(코리언 디아스포라(45), 재외한인(207), 재외동포(302))으로 나타났다([표 4-1]).

표 4-1 코리언 디아스포라 지식정보자원

서명 유형 / 자식정보자원	코리언 디아스포라	재외한인	재외동포	계
단행본	143	429	1,233	1,805
학위논문	41	109	439	589
학술논문	231	761	822	1,814
연구보고서	45	207	302	554
계	460	1,506	2,796	4,762

다음은 지식정보자원 유형별 서지사항이다. 대표적으로 5권만 기술하였으며 나머지는 학술연구정보서비스(Research Information Sharing Service: RISS) 웹사이트(http://www.riss.kr/index.do)를 검색하면 맞춤형 지식정보자원을 얻을 수 있다.

(1) 단행본

다음은 '코리언 디아스포라', '재외한인', '재외동포' 관련 서지사항의 예이다.

① 코리언 디아스포라(코리안 디아스포라)

저자	서명	발행지	발행사	발행 연도	기타
건국대학교 통일인문학 연구단	코리언 디아스포라 연구목록	서울	선인	2013	총서
윤은정, 김숙임, 김현미	허스토리즈: 다시 만난 코리언 디아스포라 여성들의 삶이야기	성남	북코리아	2021	
윤인진	코리언 디아스포라: 재외한인의 이주, 적응 정체성	서울	고려대학교출판부	2004	

임채완	재일코리안 디아스포라 문화콘텐츠	성남	북코리아	2012	총서
허성태	글로벌 디아스포라와 세계 한민족	성남	북코리아	2014	

② 재외한인

저자	서명	발행지	발행사	발행 연도	기타
김경근, 임채완, 고형일, 황기우	재외한인 민족교육의 실태	파주	집문당	2005	총서
김종회	한민족 문학사	서울	역락	2015	
임영상	독립국가연합 지역의 신흥 고려인 사회 네트워크	서울	재외동포 재단	2003	총서
임채완	재외한인 문헌정보자원과 실제: 중국과 러시아	파주	집문당	2005	총서
한국청소년 정책연구원	한민족청소년 인적자원 활용을 위한 글로벌 네트워크 구축방안 연구. 1-2	서울	한국청소년 정책연구원	2007	총서

③ 재외동포

저자	서명	발행지	발행사	발행 연도	기타
김경령	재외동포 아동용 한국어 교육 자료 개발 연구: 신나요! 한국어	서울	국립국어원	2017	총서
윤인진	재외동포 사회의 현황과 정책과제	성남	북코리아	2018	
장금자	재외동포 문학의 창	서울	재외동포재단	2002	총서
재외동포재단	OCED 회원국을 중심으로 한 각국 헌법의 재외동포 관련 조항 연구: 재외동포재단 조사연구용역 보고서. 2018	제주	재외동포재단	2019	
최진욱	남북한 재외동포정책과 통일과정에서 재외동포의 역할	서울	통일연구원	2007	총서

(2) 학위논문

① 코리언 디아스포라(코리안 디아스포라)

저자	서명	유형	대학원	발행
김명지	재일코리안 디아스포라 미술의 의의와 정체성 연구	박사	전남대학교	2013
박소연	재외동포 한국어 교육 정책 연구: 중앙아시아 3개국을 중심으로	박사	가톨릭대학교	2014
배기애	중앙아시아 고려인의 연해주지역 재이주 연구: 우즈베키스탄과 카자흐스탄 고려인을 중심으로	석사	조선대학교	2012
유진범	북한사회 변화를 위한 코리안 디아스포라의 역할에 관한 연구	석사	숭실대학교	2020
전선하	중앙아시아의 고려인 예술가 연구	박사	홍익대학교	2020

② 재외한인

저자	서명	유형	대학원	발행 연도
김형호	재외동포의 국민건강보험 적용확대에 대한 입법정책적 과제: 대한민국 체류 시 지역가입자 적용을 중심으로	박사	연세대학교	2018
남혜경	파독 간호사 출신 한인 여성의 이주생애사 연구	박사	인하대학교	2020
심지원	2000년대 재외한인 작품에 나타난 탈식민적 의식 연구: 가네시로 가즈키, 린다 수 박, 융 에낭의 작품을 중심으로	박사	단국대학교	2018
이상걸	재일한인 차세대의 정체성과 통일 의식 연구: 민족학교 학생을 중심으로	박사	전남대학교	2015
이토 히로코 伊藤浩子	한국인의 국민정체성과 지역별 재외한인에 대한 수용성 - 대구 · 경북지역 대학생을 중심으로	석사	경북대학교	2015

③ 재외동포

저자	서명	유형	대학원	발행 연도
문정실	PMPB 전략을 활용한 한국어 교재 개발 연구: 재외동포 아동을 중심으로	석사	한국외국어대학교	2019
박지양	재외동포 한국어 학습자를 위한 문화교육 범주 설정 내용 연구	석사	배재대학교	2018
안정현	재외동포 교육용 한국어 교재 개발 · 공급 현황 및 개선방안 연구	석사	고려대학교	2003
채소린	중국 이주청소년의 초국적으로 확장되는 프레카리아트 경험: 성인기 이행과정에서의 미래기획을 중심으로	박사	연세대학교	2021
최영	한국과 중국의 재외동포정책 비교연구	박사	전남대학교	2011

(3) 학술논문

학술논문은 학술지에 실린 글만 해당되고, 학술대회와 세미나 등은 제외하였다.

① 코리언 디아스포라(코리안 디아스포라)

저자	서명	학술지	권(호)	발행 연도	수록 페이지
김환기	남미의 코리안 디아스포라와 고향/조국의 기억: 한국전쟁기 반공포로와 근대화/산업화를 중심으로	翰林日本學	35	2019	161-187
박민철	국내 이주 코리언 디아스포라의 정체성 변용과 가치지향 = 한국(인)과의 가치충돌 양상을 중심으로	디아스포라연구	8(2)	2014	41-75
선봉규, 배준환	코리안 디아스포라의 정체성에 관한 비교 연구: 중국조선족, 재일한인, 카자흐스탄 고려인 사례	인문사회21	9(1)	2018	455-468

이상봉	'해방의 언설'로서의 디아스포라와 재일코리안의 실천 = 재일코리안청년연합(KEY)의 사례를 중심으로	디아스포라연구	12(1)	2018	7-46
장우권	코리안 디아스포라 정보자원관리에 관한 연구	한국도서관 · 정보학회지	43(4)	2012	403-425

② 재외한인

저자	서명	학술지	권(호)	발행연도	수록페이지
박경용	코리안 디아스포라 생활사 연구의 구술사 활용방법 - 인류학적 관점을 중심으로 -	민족문화논총	50	2012	255-295
박신규, 이채문	귀환이주자로서 고려인의 지역사회 생활실태 분석 및 지원방안: 경주시 성건동 거주 고려인을 중심으로	디아스포라연구	15(2)	2021	47-88
이재석	한민족네트워크 공동체 구축운동의 성격 = Korean Network Community Building Movement	한국동양정치사상사연구	10(1)	2011	127-146
윤인진	재외한인연구의 동향과 과제	在外韓人硏究	(21)	2010	326-356
홍면기	재외한인 네트워크의 새로운 방향과 과제 - 미래를 위한 '재외한인 비전 하우스'를 세우자	在外韓人硏究	(34)	2014	429-457

③ 재외동포

저자	서명	학술지	권(호)	발행연도	수록페이지
김범수	"국민"의 경계와 재외동포	국제지역연구	24(2)	2015	129-170
김영철	중남미 재외동포현황과 과제	중남미연구	49(4)	2021	1-34
윤연, 이옥철	재외동포의 미충족 의료 현황 분석	디아스포라연구	10(2)	2016	47-77

이철우	재외동포정책과 초국가적 민족의 헌법적 정초	유럽연구	37(4)	2019	29-78
조수진	재외동포 학습자를 위한 '정체성' 교육 방안 연구 - 윤동주의 시를 중심으로	문학교육학	57	2017	87-115

(4) 연구보고서

연구보고서는 한국연구재단지원(NRF) 사업, 학회, 연구소 등의 지원 결과이다.

① 코리언 디아스포라(코리안 디아스포라)

저자	서명(연구과제명)	발행처	발행연도
김성민	국내이주 코리언 디아스포라의 정체성 변용과 가치지향(소통, 치유, 통합의 통일인문학 - 통일의 인문적 비전과 한국인문학의 세계화)	NRF	2014
김성민 외 24	통일인문학 아카이브 202 코리언 디아스포라 연구목록(소통, 치유, 통합의 통일인문학 - 통일의 인문적 비전과 한국인문학의 세계화)	NRF	2013
윤인진	세계 한민족의 이민과 정착의 역사와 민족정체성 비교연구: 중국, 일본, 독립국가연합, 캐나다, 미국의 한인	NRF	2000
이동훈	위진남북조시기 중국의 코리안 디아스포라 - 고조선 · 고구려 · 부여계 이주민 집단 연구(서명과 동일)	NRF	2018
주혜정	다큐멘터리 속 재일코리안의 제작 주체별 이미지 재현	NRF	2017

② 재외한인

저자	서명(연구과제명)	발행처	발행 연도
고형일 외	재외한인의 민족교육관(세계 한상(韓商) 네트워크와 한민족문화공동체 조사연구)	NRF	2006
구본규	귀환재외한인의 보건, 질병 및 의료경험과 초국적 의사학	NRF	2016
김재기 외	재외한인여성의 생활실태 및 의식	NRF	2005
장우권 외	정보자원 - 재중앙아시아 조선문 정보자원 수집정리	NRF	2007
최우길	재이동포정책의 문제점(재중동포정책과 관련하여)	NRF	2013

③ 재외동포

저자	서명(연구과제명)	발행처	발행 연도
김경학	고려인 '초국적 가족의 의례'에 관한 연구 : 광주광역시 우즈베키스탄 고려인의 '일생의례'를 중심으로	NRF	2017
김영순	글로벌 시대 에스노그래피를 활용한 다문화가정 구성원의 디지털 아카이브 구축 및 지속가능한 다문화사회를 위한 사회통합에 관한 연구	NRF	2017
노대명	재외동포 생활 실태에 대한 기초연구 - 연변지역을 중심으로	NKIS	2019
류재택	재외동포용 한국어 교재 개선을 위한 교육과정 개발 연구	NKIS	2002
방민호 외	재외동포문학의 이산적 상상력과 민족 정체성: 재일 문학과 중국조선족 문학을 중심으로(재외동포문학의 이산적 상상력과 민족 정체성: 재일 문학과 중국조선족 문학을 중심으로)	NRF	2007

* 국가정책연구포털(NKIS)

나. 러시아, 중국, 중앙아시아

1) 러시아

러시아에서 고려인 관련 지식정보자원을 담은 목록(디렉토리)은 여러 분야에서 발행되었다.

(1) 문헌목록과 사료집

① 韓人關聯 資料解題集

이 책은 러시아 국립극동역사문서보관소(國立極東歷史文書保管所)에 소장된 한인 관련 자료들을 해제하여 편찬한 것이다. 주요 해제문서는 연해주지역 통치자료((Ф.1: Приморское областное правление) 829편의 공문, 아무르주 군무지자료(Ф.704: Военный губернатор Амурской области) 3편(공문, 증명서, 명령서), 기타자료 4편(조사자료, 발췌본 등)이다.

- 高麗學術文化財團 편. 2004. 韓人關聯 資料解題集(Каталог материалов Российского государственного исторического архива Дальнего Востока по теме Корееueв в России). 서울: 高麗學術文化財團.

② 러시아의 한국연구: 한국인식의 역사적 발전과 현재적 구조

이 책은 러시아 내 한국학의 태동과 형성, 발전단계를 소개한 연구서로 학자 양성기관 및 학술기관, 연구의 기본방향과 그 주요 결과, 현대 한국학을 창설하고 큰 공헌을 세운 소련의 저명한 학술가를 다루었다.[5] 이 책은 러시아 한국학의 탄생, 현대 러시아의 한국학: 방향, 문제, 연구자들로 구성되었다.

㉮ 러시아 한국학의 탄생: 한러 문화/학문관계의 기원, 1884년 이후 러시아 사회과학 사상에서의 한국, 러시아 한국학의 태동 - 1990년에서 1917년까지, 소비에트 러시아의 한국학 - 1920-30년대

㉯ 현대 러시아의 한국학: 방향, 문제, 연구자들: 현대 러시아의 한국학의 탄생과 발전,[6] 한국사 연구,[7] 북한 정치문제 · 경제 연구,[8] 러시아의 한국학에 비친 한국의 정치 · 사회적 발전,[9] 러시아 학자들의 한국경제 관련 저술[10]

(3) 학술지

학술지에 수록된 러시아 고려인에 관련된 목록형 학술연구 결과이다.

---

5 출처: 〈http://www.riss.kr/search/detail/DetailView.do?p_mat_type=d7345961987b50bf&control_no=0a0d8b82908d16e1&keyword〉

6 한국학 발전에의 필요성 증대, 한국학자들의 양성, 한국학의 중심기관들, 한국 관련 문헌 소재 도서관과 문서보관소, 현대 러시아 한국학의 발전단계, 러시아의 주요 한국학 학자들, 러시아의 한국학과 두 한국

7 고대와 중세, 근대 한국, 식민지 한국 현대사, 한국의 해방, 한국전쟁, 한국의 통일 문제, 외국 학자들의 저작 연구, 한국사 개설서

8 북한의 정치문제연구(북한사, 북한의 국가 · 사회제도, 북한의 국제관계), 북한경제연구(해방 후 북한경제 연구의 첫 단계, 사회주의 건설 단계에서의 북한 경제 연구, 현 북한경제 연구)

9 한국문제의 국제적 측면, 한국의 정치 · 사회적 발전 문제, 아시아 신흥공업국가로서의 한국, 국제관계의 주체로서의 한국

10 한국경제 연구의 첫 단계, 한국경제에 있어서 외국자본의 역할, 산업생산력의 형성과 발전 문제, 농업 생산과 농업 관계, 세계자본주의 경제체제 속의 한국, 사회 · 계급적 발전 문제, 노동조건, 물질적 복리 수준, 한러 간의 경제협력, 학술실무 회의 자료

① 러시아 상트페테르부르크 국립대학교와 동방학연구소에 소장된 조선전적(朝鮮典籍)에 대한 연구[11]

이 연구는 허경진 · 유춘동의 러시아 상트페테르부르크 국립대학교(St. Petersburg State University)와 동방학연구소(St. Petersburg Branch of the Institute of Oriental Studies)에 있는 조선전적에 대한 연구로, 전적들의 수집 과정, 총량, 연구할 가치가 높은 자료 등을 조사하여 제시하였다(초록 참조).

러시아에 있는 조선전적은 모스크바 국립대학교, 상트페테르부르크 국립대학교, 동방학연구소, 역사문화보관소, 카자흐스탄 국립도서관 등에 분산되어 있다. 이 중에서 가장 많은 자료를 소장하고 있는 곳이 상트페테르부르크 국립대학교와 동방학연구소. 상트페테르부르크 국립대학교는 제정(帝政) 러시아 때의 황제대학(皇帝大學)으로, 조선으로 파견할 외교관 양성을 목적으로 19세기 말부터 조선어(朝鮮語)를 가르쳤음. 이때, 교육에 필요한 자료를 이미 조선에 파견된 외교관들이 수시로 구매하여 이곳으로 보냈음. 그리고 동방학연구소는 러시아 학술아카데미의 주요 연구기관으로서, 조선어와 조선 문학의 특성을 연구할 목적으로 조선전적(朝鮮典籍)을 구매하여 소장. 그 결과 현재 두 기관에는 대략 1,000책에 가까운 조선전적이 남아있음. 상트페테르부르크 국립대학교에는 총 84종, 855책의 조선전적이 소장되어 있는데, 자료적 가치가 높은 것들은 대략 40여 종. 원래 한글로 작성된 것을 러시아어로 번역했던 개국오백사년팔월사변보고서, 조선어를 가르치기 위해 교재로 사용했던 천자문, 전운옥편, 유합, 고소설 토생전, 삼국지(권3) 등이 중요한 것임. 동방학연구소에는 총 264종이 확인, 조선과 일본의 관계를 다룬 책이 많았고 애스톤(Aston)과 묄렌도르프(Möllendorff)가 소장하고 있었거나 수집했던 고소설을 소장하고 있다는 점이 특징. 이 자료들 중에는 그들 조선어교사의 협조로 당시 세책점(貰册店)에서 대여해주었던 세책본(貰册本)을 구매한 것들이 많음. 현재 세계 여러 곳에 조선전적이 소장되어 있지만 가장 특색 있는 곳이 바로 러시아 상트페테르부르크 국립대학교와 동방학연구소. 차후 러시아 측과의 협의를 통해 목록의 보완 작업, 중요 자료 내지 유일본의 현대역 및 영인, 디지털 작업 등이 이루어질 수 있기를 기대함

11 러시아 상트페테르부르크 국립대학교와 동방학연구소에 소장된 조선전적(朝鮮典籍)에 대한 연구(2012)의 초록과 목차. 출처: 〈http://www.riss.kr/search/detail/DetailView.do?p_mat_type=1a0202e37d52c72d&control_no=a9ab3c5cba7e825cffe0bdc3ef48d419&keyword=동방학연구소〉

이 글은 국립대학교와 동방학연구소, 조선전적의 수집과정, 국립대학교와 동방학연구소, 조선전적의 수집과정으로 구성되었다.

- 허경진, 유춘동. 2012. 러시아 상트페테르부르크 국립대학교와 동방학연구소에 소장된 조선전적(朝鮮典籍)에 대한 연구. 열상고전연구, 36, 9-32.

② 구한말 러시아의 한국 고서 수집 양상 – 러시아 상트페테르부르크 국립대학교와 동방학연구소 소장본을 중심으로

이 연구는 저자가 러시아 상트페테르부르크 국립대학교 도서관과 동방학연구소에 소장된 한국 고서의 서지조사를 통하여 그 현황과 특징을 확인하고 당시 한국 고서의 수집 양상을 파악한 것이다(초록 참조).[12]

조사 결과 한국 고서는 상트페테르부르크 국립대학교에 84종 847책, 동방학연구소에 200종 958책이 소장된 것으로 확인. 상트페테르부르크 국립대학교에 소장된 한국 고서를 주제별로 분석하면 사부(史部)는 55종 637책 65.4%로 가장 많았고 경부(經部)는 6종 16 책으로 7.1%, 자부(子部)는 16종 107책으로 19%, 집부(集部)는 7종 87책으 로 8.3%를 차지. 특히 사부의 정법류(政法類) 자료들은 모두 18종 163책으로 사부 분류상에서도 가장 큰 비중을 차지하고 있어 이를 통하여 상트페테르부르크 국립대학교이 조선에 파견할 외교관의 양성이라는 기능을 충족하기 위하여 한국 자료를 수집하였던 상황을 파악. 반면, 동방학연구소에 소장된 자료의 성격을 보면 경부(經部)의 책은 27종 100책으로 13.5%, 사부(史部)는 64종 405책 32.0%, 자부(子部)는 23종 78책으로 11.5%, 집부(集部)는 86종 375책으로 43.0%. 특히 집부의 소설류(小說類)는 59종 157책으로 가장 큰 비중을 가지고 있는데 이는 당시 조선어와 조선문학의 연구

12 구한말 러시아의 한국 고서 수집 양상 - 러시아 상트페테르부르크 국립대학교와 동방학연구소 소장본을 중심으로(2015). 출처: 〈http://www.riss.kr/search/detail/DetailView.do?p_mat_type=1a0202e37d52c72d&control_no=f5167d62427f64edd18150b21a227875&keyword=동방학연구소

를 목적으로 한 자료 수집의 의도가 반영된 것으로 분석. 구한말 외국인들의 한국 고서 수집이 대부분 한국문화에 대한 개인적인 관심에서 시작된 것이었는데 반해 상트페테르부르크 국립대학교와 동방학연구소의 한국 고서들은 조선에 대한 정보 수집이라는 외교적인 목적을 가진 정책적인 자료의 수집 양상이었음을 확인

이 연구는 상트페테르부르크 국립대학교와 동방학연구소의 역사적 배경, 한국 고서의 보존현황, 서지분석을 통한 자료 수집의 양상으로 구성되었다.

- 이혜은. 2015. 구한말 러시아의 한국 고서 수집 양상 - 러시아 상트페테르부르크 국립대학교와 동방학연구소 소장본을 중심으로. 열상고전연구, 46, 61-83.

③ 러시아 상트페테르부르크 국립대학교 및 동방학연구소 소장 희귀본 자료

이 연구는 저자가 러시아 상트페테르부르크 국립대학교 및 동방학연구소에 소장된 한국학 자료들 가운데 기왕의 연구에서 소홀히 넘어갔던 몇몇 자료들을 소개하고 설명한 것이다(초록 참조).[13]

국립대학교와 동방학연구소에 소장된 자료들은 필사본 · 방각본 고소설, 몇몇 공문서 및 조사보고서 등을 제외하면 대부분 국내본의 테두리 안에 있음. 그러나 현지에서 자료들을 직접 열람하며 목록에서 누락된 자료들을 확인하기도 하고, 목록의 誤記로 인해 사전 조사에서 소홀히 여겼던 자료들이 눈에 다시 들어오기도 함. 이러한 과정 속에서 나름 가치를 부여할 만한 자료를 거론하자면, 국립대학교 소장 '籌撮'과 '己卯錄補

13 러시아 상트페테르부르크 국립대학교 및 동방학연구소 소장 희귀본 자료에 대하여(2015) 초록과 목차. 출처: 〈http://www.riss.kr/search/detail/DetailView.do?p_mat_type=1a0202e37d52c72d&control_no=0500252089c37a5f7ecd42904f0c5d65&keyword=동방학연구소〉

遺', 동방학연구소 소장 '國朝征討錄'과 '耳溪遺 集鈔'등 4종이다. 결론부터 말하자면, 서지적으로는 유일본인 '籌撮'을 제외한 나머지 3종은 희귀본에 속하고, 내용적으로는 정치, 사회경제, 역사, 전쟁사, 문학자료로서 유의미한 자료. '籌撮'은 正祖 시대의 사회경제, 문물제도 등을 주제별로 일목요연하게 살펴볼 수 있는 자료인데, 규장각에 소장되어 있는 유일본 자료 '籌謨錄'과 그 성격이 유사하다. 다만 분류 체계와 분량 면에서 '籌撮'의 서지적 · 내용적 가치가 더 우수. '己卯錄補遺'는 희귀본으로서 己卯士禍와 관련된 인물들의 사적을 모아 기록한 책. '大東野乘'에 편입되지 않고 단독으로 엮어진 '己卯錄補遺'는 국사편찬위원회와 국립중앙도서관, 단 두 곳에만 소장되어 있으므로 이 자료는 또 하나의 異本으로서 그 서지적 가치가 인정. '國朝征討錄'은 희귀본으로 2007년에 보물 제1511호로 지정된 장서각 소장 '國朝征討錄'의 異本. 국립대학 소장본은 장서각 소장본을 국내에서 轉寫한 자료로서 그 서지적 가치가 인정. '耳溪遺集鈔'는 희귀본으로 耳溪 洪良浩의 문집을 초록하여 엮은 책. '耳溪集'을 초록하여 엮은 책은 '耳溪集鈔'와 '耳溪集鈔略'이 국내에 현전하고 있는데, 이 자료는 抄集 형태로는 분량이 대폭 증가한 5권 4책으로 이루어져 있고, 淨書 상태도 매우 양호

이 연구는 상트페테르부르크 국립대학교 소장 희귀본 자료, 동방학연구소 소장본 '國朝征討錄'과 '耳溪遺集鈔'으로 양상으로 구성되었다.

- 권진옥. 2015. 러시아 상트페테르부르크 국립대학교 및 동방학연구소 소장 희귀본 자료에 대하여. 열상고전연구, 46, 113-131.

④ 러시아 동방학연구소 소장 묄렌도르프 방각본소설의 자료적 가치와 의의

이 연구는 저자가 묄렌도르프가 수집한 방각본소설을 분석하여 자료적 가치를 부여한 것이다(초록 참조).[14]

14 러시아 동방학연구소 소장 묄렌도르프 방각본소설의 자료적 가치와 의의(2015) 초록과 목차. 출처: 〈http://www.riss.kr/search/detail/DetailView.do?p_mat_type=1a0202e37d52c72d&control_no=0ac8efcd13006a2747de9c1710b0298d&keyword=동방학연구소〉

묄렌도르프는 청나라 해관에서 일하며 경험을 쌓았고, 당대 실권자였던 이홍장의 추천으로 조선에 오게 된 외교고문 겸 학자. 그는 19세기 말 조선의 역사적 순간을 함께 하며 숱한 기록과 수집품을 남김. 그의 장서와 수집품들은 현재 중국, 러시아, 독일 등 여러 곳에 분산되어 있으나 그 중 러시아 동방학연구소는 현재 유일하게 묄렌도르프가 수집한 방각본소설을 소장하고 있는 곳. 또한 19세기 말 조선에서 수집된 방각본소설이 수십여 종이나 소장되어 있어서 해외 최대 컬렉션으로 평가됨. 특히 초기 방각본의 형태를 확인할 수 있는 애스톤(Aston) 장서 외에도 새롭게 알려진 묄렌도르프(Mollendorff) 장서가 연구자들의 주목을 끎. 필자는 연세대학교 허경진 교수의 도움으로 2014년 6월 러시아 동방학연구소를 찾을 기회가 있어 이번 조사를 진행하였으며 기존 연구를 확인하는 동시에 앞으로의 과제를 발견하는 성과를 거둠. 묄렌도르프 장서 방각본소설은 초기 방각본의 형태를 띠고 있는 애스톤 장서 방각본소설과 한국에 많이 남아있는 20세기 초반의 방각본소설의 중간에 위치한 단계로, 이러한 방각본소설이 드물다는 점에서 러시아 동방학연구소 소장 묄렌도르프 방각본소설은 상당한 가치를 지님. 국내외 판본과의 면밀한 비교를 통해 그 가치가 더욱 명확하게 드러날 수 있으며, 더 나아가 러시아뿐만 아니라 세계 곳곳에 수장되어 있는 것으로 알려진 묄렌도르프 소장품 및 장서의 흐름을 파악하고 이를 따라 조사한다면 새로운 국면을 맞이할 수도 있음

이 연구는 묄렌도르프와 동아시아 국가들과의 관계, 묄렌도르프 장서의 유통과 그의 방각본소설, 러시아 동방학연구소의 묄렌도르프 방각본소설 개관, 묄렌도르프 방각본소설이 지니는 가치와 의미로 구성되었다.

- 성아사. 2015. 러시아 동방학연구소 소장 묄렌도르프 방각본소설의 자료적 가치와 의의. 연민학지, 23, 95-119.

⑤ 자료 소련에서의 한국사 연구 총점검① – 소련과학원 동방학연구소 편, '한국학 서지'(1917–70) 역사부문 총목차

이 목록은 소련과학원 동방학연구소에서 1981년에 출판한 '한국학 서지'(Bibliogeafia Korei, 1917-70)에 수록된 2,369종의 문건 중 1945년까지의 한국사에 대한 문건(341-690번까지)을 소개한 것이다.

■ 권희영. 1990. 자료 소련에서의 한국사 연구 총점검① - 소련과학원 동방학연구소 편, '한국학 서지'(1917-70) 역사부문 총목차. 역사비평, 8, 404-405.

⑥ '구한말~일제강점기', 외국인의 조선전적(朝鮮典籍) 수집의 현황과 의미 = 러시아 상트페테르부르크 국립대학교와 동방학연구소, 일본 고마자와대학 소장본을 중심으로

이 연구는 연구자들이 지속적으로 추진해 왔던 해외에 소장되어 있는 조선전적에 대한 연구 결과를 학회의 요청에 따라서 재정리한 것이다(초록 참조).[15]

> '구한말~일제강점기'에 해외로 유출된 전적은 고전문학의 연구 자료로서도 중요하지만 당시 우리나라의 출판문화(出版文化)의 실상을 밝히고, 외국인들이 편찬한 우리나라 문학에 대한 출판물(번역물)의 의미를 밝히기 위해서도 반드시 정리해야 할 과제라는 인식. 이 글에서는 이러한 문제의식을 바탕으로 해외 주요 기관에 소장된 전적들이 수집된 경위, 규모와 가치 등을 다루고, 차후 상론(詳論)해야 할 과제들을 시론적으로 다룸. 이 글에서 차후 과제로 제시했던 것은 먼저, 외국인들이 자료를 수집하는 과정에서, 소장처를 안내하거나 통역하는 역할을 담당했던 조선인 교사나 통역관들에 대한 연구가 요청됨. 다음으로, 외국인들이 조선전적을 수집했던 창구가 세책점이었고 그들이 구매했던 책의 대부분이 세책본이라는 점에 주목해야 할 것임. 마지막으로 외국인에 의하여 자국어로 번역된 우리 고전을 어떻게 인식하고 연구할 것인가 하는 점. 앞으로 이 문제에 대한 지속적인 연구를 통하여 실상을 구체화하는 것이 두 연구자의 차후 과제임

■ 허경진, 유춘동. 2013. 구한말~일제강점기', 외국인의 조선전적(朝鮮

15 구한말~일제강점기', 외국인의 조선전적(朝鮮典籍) 수집의 현황과 의미 = 러시아 상트페테르부르크 국립대학교와 동방학연구소(2013)의 초록과 목차.
출처: 〈http://www.riss.kr/search/detail/DetailView.do?p_mat_type=1a0202e37d52c72d&control_no=f253410dc5603e67ffe0bdc3ef48d419&keyword=동방학연구소〉

典籍) 수집의 현황과 의미 = 러시아 상트페테르부르크 국립대학교와 동방학연구소, 일본 고마자와대학 소장본을 중심으로. 고전번역연구, 4, 35-62.

⑦ 러시아 모스크바지역의 한국학 연구

이 연구는 러시아 모스크바지역의 한국학 연구에 관한 현황을 다루고 있다(초록 참조).[16]

인문사회과학 학술정보연구소(INION), 동방학연구소에서의 한국학 연구와 관련된 성과들을 소개. 아울러 삼일문화원, 전러시아 고려인협회, 고려인 민족문화자치회의 연구 현황도 조사. 이를 위해, 5개 기관의 9명의 인터뷰를 통한 실증적 연구 조사를 실시. 3장에서는 한국학 연구의 각 영역에 관한 연구. 여기서는 모스크바대학교 산하, 한국학 센터의 '러시아의 한국학'을 소개함. 특히 정치, 경제, 한국전쟁, 역사, 문화, 언어, 문학 등의 분야별 현황을 소개. 그리고 극동연구소의 현황도 소개, 극동연구소가 한국학과 관련된 인문, 사회 등 분야의 연구에 있어서 경향을 보여주고 있기 때문. 4장에서는 구소련지역에서의 고려인에 관한 연구의 성격과 특징. 고려인 연구는 다양한 영역에서 많은 연구가 행해지고 있는데, 특히 고려인 관련 전기류의 활발한 출판이 이루어지고 있음을 소개. 그러나 결론적으로 추가하면, 비록 한국학 연구가 다방면에서 이루어지고 있지만, 모스크바의 한국학 연구 장려를 위해서는 한국정부나 민간 학술기관, 도서관 등의 지원, 협력이 필요함

이 책은 한국학 자료 조사 기관, 한국학 연구의 성격과 특징, 고려인 연구의 성격과 특징으로 구성되었다.

- 임영상, 조영관. 2004. 러시아 모스크바지역의 한국학 연구. 역사문화연구, 20, 3-29.

16 러시아 모스크바지역의 한국학 연구(2004)의 초록과 목차. 출처: 〈http://www.riss.kr/search/detail/DetailView.do?p_mat_type=1a0202e37d52c72d&control_no=6d65b158c06779906aae8a972f9116fb&keyword=동방학연구소〉

⑧ 애스톤문고 소장 'Corean Tales'에 대한 고찰

이 연구는 러시아 동방학연구소 상트페테르부르크부 애스톤문고에 소장되어 있는 'Corean Tales'이라는 책을 소개하는 것이다(초록 참조).

> 애스톤의 관심분야를 이해하는 것에 도움을 주기 위해 한국학회에서 본격적으로 소개되지 않은 그의 생애와 학문활동, 러시아 동방학연구소 소장 한국고서 분류를 살펴봄. 이를 통해 애스톤은 문학, 역사, 언어학에 관심이 있다는 것을 알 수 있었음. Corean Tales의 형태적 특징을 살펴보고 그 속에 들어가 있는 10편의 이야기에 대해 간략하게 내용을 소개. 이어 Corean Tales의 편찬자 및 편찬 동기를 살펴보았다. 애스톤의 필사기를 통해 이 책의 편찬자는 애스톤의 한국어 선생님 김재국이 1885년에 서울 정동에 있었던 영국공관에서 지었다는 것을 알 수 있었음. 그리고 Corean Tales의 서술 형태를 분석한 결과 김재국은 이 책을 애스톤에게 한국어 공부에 도움을 주기 위해 편찬했음

이 글의 내용은 애스톤과 애스톤문고 소개(애스톤의 생애 · 애스톤의 학문활동과 애스톤문고), 'Corean Ttales'의 서지적 특징(형태적 특징 · 작품개관), 'Corean Tales'의 편찬자와 편찬 동기로 구성되었다.

- Kobyakova Uliana. 2008. 애스톤문고 소장 'Corean Tales'에 대한 고찰. 서지학보, 32, 77-99.

⑨ 지령 150호 특집: 동방학지와 국학, 동방학 연구: 동방학지를 통해 본 한국학 종합학술지의 궤적

이 글은 연세대학교 부설 한국학연구소인 국학연구원의 학술적 실천을 대표하는 동방학지의 경험을 복원하고 평가하기 위해 기획된 것이다(초록 참조).[17]

17 지령 150호 특집: 동방학지와 국학, 동방학 연구: 동방학지를 통해 본 한국학 종합학술

이 연구에서는 동방학지의 발자취를 크게 '동방학연구소' 시절(1953-77년)과 '국학연구원' 시절(1977-현재)로 나누고, 이 2시기를 재정 지원을 비롯한 내외적 조건에 따라 다시 2시기로 나누어 살펴보았음. 4시기 각각에 대해서 동방학지 발간에 개입한 다양한 차원의 물질적 · 인적 조건들을 검토하는 한편, 그러한 조건들과 교섭하면서 국학연구원이 동방학지를 통해 추구하고 축적해온 경험과 문화를 살펴보았음. 아울러 동방학지를 통한 국학연구원의 학술적 실천을 한국학의 구성이라는 시각에서 분석하고자 함. 동방학지를 구성하고 있는 지식들과 그 생산자들의 배치의 특징과 변화 양상을 추적. 대학의 한국학연구소들은 대학 본부의 지원 정책, 학과와 전공 교수의 구성, 연구소 운영 주체들의 학술이념과 성향, 그리고 그 밖의 다양한 교내외의 조건들에 영향을 받으면서 서로 다른 경험과 문화를 축적. 따라서 국학연구원과 동방학지의 경험에는 일반화하거나 보편화할 수 없는 지점도 많음. 하지만 나는 이 글이 국학연구원과 동방학지의 특성을 드러내는 데 머물지 않고 더 넓게 한국학 아카데미아의 성장 및 그 특징을 성찰하는 데 기여하도록 하기 위해 노력함

이 글의 내용은 한국학연구소의 실천에 대한 학술사적 검토의 방향과 설정, 동방학지의 분석의 목표와 틀, 제1기 창간호(1954.3.)에서 5집(1961.6.)까지: 동방학의 하위 범주로부터 (한)국학의 독립, 제2기 6집(1963.6.)에서 17집(1976.12.)까지: (한)국학의 정체성 구성과 역사학의 부상, 제3기 18집(1978.6.)에서 94집(1995.9.)까지: 역사학 중심의 한국학과 분과적 지식의 축적, 제4기 95집(1997.3.)에서 현재까지 한국학의 재구성 과정, 국학연구원과 동방학자의 미래 그리고 한국학의 갱신으로 구성되었다.

- 김현주. 2010. 지령 150호 특집: 동방학지와 국학, 동방학 연구: 동방학지를 통해 본 한국학 종합학술지의 궤적. 동방학지, 151, 49-108.

지의 궤적(2010)의 초록과 목차. 출처: 〈https://www.kci.go.kr/kciportal/ci/sereArticleSearch/ciSereArtiView.kci?sereArticleSearchn.artiId=ART001486667〉

⑩ 러시아 상트페테르부르크 동방학연구소 소장 한국 고서의 몇몇 특징

이 연구는 러시아 상트페테르부르크 동방학연구소 소장 한국 고서의 몇몇 특징들을 조사 · 분석한 것이다(초록 참조).[18]

> 이 자료는 지금까지 외국인의 한국어 학습, 방각본소설 등에 초점이 맞추어져 주로 연구(자료의 성격 때문). 필자 역시 비슷한 관심을 가지고 보았으나 몇몇 부분에 있어서는 새롭게 밝힌 부분임. 동방학연구소의 한국 고서 상당 부분은 1880년대에 조선에 와서 영국 영사를 지냈던 애스톤이 소장한 것들임. 그는 한국과의 외교를 위해 먼저 한국어를 배워야 했는데, 그 학습에 이용한 책들이 많이 남아있음. 그의 한국어 학습은 기본적으로 일본인의 방식과 교재를 답습한 것. 그렇지만 애스톤은 자기 나름대로 조선의 현실과 당대 언어를 이해하기 위해 새로 책을 기획 편집함. 이 과정에 종전에 일본에서 만들어져 사용되었던 '표민대화'와 같은 책은 그 내용 중에 조선에 대한 정보가 현실에 맞게 수정되었고, 그가 지시하여 편집한 'Corean Tales'의 경우에는 표민대화와 비슷한 형식의 '문답체' 서사를 등장시켰음. 표민대화에서 수정한 물가 정보나 Corean Tales의 문답체는 경제사나 소설사 연구에 있어서 주목이 필요한 부분으로 여겨짐. 동방학연구소의 한국 고서들은 서적의 상업적 유통과 관련하여 특히 중요한 자료. 이 가운데 1793년 사자관 안사현에 의해 간행된 '동몽선습'은 본고를 통해 처음 보고되는 것이며, 40장본 '설인귀전'이 1803년에 간행되었을 가능성이 높다는 사실 역시 종전에는 알려지지 않았던 부분. 이들 자료를 통해 서울지역의 상업출판이 예상보다 이른 시기부터 활발히 이루어졌음을 확인할 수 있음

- 정병설. 2013. 러시아 상트페테르부르크 동방학연구소 소장 한국 고서의 몇몇 특징. 규장각, 43, 145-166.

⑪ 러시아 동방학연구소 애스톤문고의 한글 자료 = 한국어 학습 과정과 관련하여

이 연구는 저자가 2007년 9월 4일부터 9월 13일까지 수행한 현지 조사 결

18 러시아 상트페테르부르크 동방학연구소 소장 한국 고서의 몇몇 특징(2013)의 초록과 목차. 출처: 〈http://www.riss.kr/search/detail/DetailView.do?p_mat_type=1a0202e37d52c72d&control_no=2878c981da98287ed18150b21a227875&keyword=동방학연구소〉

과를 토대로 동방학연구소 애스톤문고의 한글 자료를 소개하고 이들 장서가 그의 한국어 학습에 어떤 역할을 했는지를 밝혔다. 내용은 자료현황, 한국어학습(내한 이전 · 이후, 한국어 관찰)으로 구성되었다.

- 박진완. 2010. 러시아 동방학연구소 애스톤문고의 한글 자료 = 한국어 학습 과정과 관련하여. 한국어학, 46, 199-228.

⑫ 페트로바의 '한국 기록문화 유산의 해제'(Описание письменных памятников корейской культуры) 제작과정 연구 – 상권을 중심으로 –

이 연구는 러시아 한국학자 올가 페트로바가 저술한 상트페테르부르크 동방학연구소 소장 한국 문헌 해제인 '한국 기록문화 유산의 해제' 상권(1956)의 제작 과정과 해제 작성에 활용된 참고문헌을 분야별로 심도 있게 분석하였다(초록 참조).[19]

> 본문에서는 먼저 페트로바가 해제 제작 이전인 1954년에 발표한 한국 고서에 대한 논문을 살펴봄. 이를 통해 페트로바가 한국 고서를 여섯 분야로 분류하여 제목, 판종과 창작연도, 권책수를 중심으로 정리하였음을 확인. 그녀가 논문의 발표 시기에 이미 대다수 고서의 내용과 성격을 파악하였으며, 상 · 하권 해제의 분류체계의 틀을 작성했음을 알 수 있음. 상권에 해제의 작성에는 서양어와 일본어로 작성된 해제 6종, 목록 6종과 한글 자료 두 권을 참고문헌으로 활용. 이 가운데 가장 많이 참고된 자료는 쿠랑의 '한국서지'로 상권 105종 서적 중 43종, 9분야 중 일본 서적 위주인 2분야를 제외한 전 분야의 해제에서 활용되었음이 확인. 두 번째 주요 참고자료는 '朝鮮圖書解題'(1932)로 4분야에 25종 서적의 해제에서 사용됨. 목록 자료 중에는 '東洋文庫朝鮮本分類目錄'과 '朝鮮書籍目錄'이 가장 많이 참고되었음을 확인. 또한 45종 서적에는 참고문헌

19 페트로바의 '한국 기록문화 유산의 해제'(Описание письменных памятников корейской культуры) 제작과정 연구 - 상권을 중심으로(2021)의 초록과 목차. 출처: 〈http://www.riss.kr/search/detail/DetailView.do?p_mat_type=1a0202e37d52c72d&control_no=c89fac54723457d2b36097776a77e665&keyword=동방학연구소〉

이 제시되지 않았는데 그 중 앞 책의 이본과 일본 간행본에 해당하는 자료는 9종. 페트로바는 참고문헌에서 확인되지 않은 나머지 서적의 내용을 직접 분석하여 해제를 작성한 것으로 판단

- 코뱌코바 울리아나. 2021. 페트로바의 '한국 기록문화 유산의 해제'(Описание письменных памятников корейской культуры) 제작과정 연구 - 상권을 중심으로 -. 서지학연구, 88, 139-165.

⑬ 러시아에서 고려인이 생산한 한글정보자원에 관한 연구: 1900–1937

이 연구는 필자가 러시아 모스크바, 페테르부르크, 하바로프스크, 우수리스크, 블라디보스토크, 유즈노 사할린 등의 도서관과 문서관 등을 방문하여 1900년부터 강제이주 전인 1937년까지의 러시아 현지 출판사 등에서 발행된 한글로 씌여진 한글지식정보자원을 조사하여 이를 엮고 해제한 것이다.

해외 한민족의 정보자원의 생성과 변화는 민족공동체의 존립방식이나 사회변동에 많은 영향을 받고 있음. 이 연구의 목적은 러시아의 곳곳에 산재해 있는 고려인이 생산한 한글정보자원 현황(1900–1937)을 조사하고 분석하는 것. 러시아에서 고려인의 정보자원은 고려인의 이주역사와 함께하고 있다. 이 연구에서는 고려인사회와 정보자원, 그리고 고려인 디아스포라의 형성과 발전과정, 고려인 한글정보자원을 출판형태와 주제, 소장기관별로 나누어 실태조사를 함

- 김정현, 장우권, 김홍길. 2006. 러시아에서 고려인이 생산한 한글정보자원에 관한 연구: 1900-1937. 한국도서관·정보학회지, 37(3), 1-23.

2) 중국

중국에서 조선족 관련 지식정보자원을 담은 목록(디렉토리)은 여러 분야에서 발행되었다.

(1) 관보 5(官報 五)[20]

'官報 五'는 북경대학도서관 소장본으로 내각기록국(內閣記錄局) 관보과(官報課)에서 간행한 것이다. 이 관보는 개국(開國) 504년(五百四年, 1895년) 윤오월(閏五月) 2일부터 18일까지, 제53호부터 76호까지의 '관보'를 모아 제본한 것이다. 이 책의 표지에 '官報 五', 오른쪽에 '開國五百四年閏五月自二日起至二十八日'이라고 날짜가 기록되었다.

다음은 관보의 정의와 연혁(沿革)과 체제와 한글사용 여부 등을 기술하였다.

관보	정부가 공무원과 일반 국민에게 법령과 정부 시책을 널리 알리기 위해 간행한 매일간행(일간)한 국가 공고기관지(公告機關紙)
관보연혁 체제	• 발행은 고종 31년(1894년)에 시작하여 일제강점기 직전까지 계속 발행 • 처음에는 호수(號數)가 없었음 • 1895년 4월 1일부터 號數를 붙여 제4768호까지 발행 • 창간 초기에는 반엽에 10행 22자로 배열하고 1단으로 편집하여 정리자(整理字)로 인쇄, 1895년 7월 20일부터 신식연활자(新式鉛活字)를 사용하여 인쇄, 1면을 2단으로 조판
문자	관보에 사용된 문자는 처음에는 순한문이었으나 1894년 12월 11일자부터 국한문을 혼용

20 출처: 王丹. 中國 北京大學圖書館 古籍分館 所藏 한글 文獻에 對한 考察. 산청어문, 97.

(2) 문헌목록과 사료집

① 中國朝鮮學-韓國學研究 文獻目錄:1949-1990

중국조선학-한국학연구 문헌목록(1995)은 1949년부터 1990년까지의 중국에서 발행한 조선학과 한국학 관련 문헌들에 대한 서지사항(목록)을 기술한 것이다.

- 崔蓮, 金順子, 黃有福. 1995. (中國朝鮮學-韓國學研究)文獻目錄: 1949-1990. 北京: 中央民族大學出版社

② 중국의 한국학(조선학) 문헌자료목록:1991-2000

중국의 한국학(조선학) 문헌자료목록(2002)은 중국조선학-한국학연구 문헌목록(1995)의 후속편으로 1991년부터 2000년까지의 중국에서 발행한 한국학(조선학) 관련 문헌들에 대한 서지사항(목록)을 기술한 것이다. 중문(中文) 도서, 조선어로 발행된 책, 석 · 박사학위논문 등 7,531종을 집대성한 문헌목록이다.

- 최련 · 이영학, 최갑순. 2002. 중국의 한국학(조선학) 문헌자료목록. 서울: 한국외국어대학교 출판부

③ 중국조선족역사연구 문헌목록

중국조선족역사연구 문헌목록(2013)은 저서, 연구서, 논문집(석 · 박사학위논문과 학술지), 인물전 · 회고록 · 문집 · 수필집, 자료집 · 목록집 · 색인집 · 연보 등을 17-19세기(조선 · 청조시기)에서 20세기 전반(항일투쟁 · 해방전쟁시기), 20세기 후반(1949년 이후)까지 정치 · 경제 · 사회 · 인물 등

을 소개한 문헌목록이다.

- 김태국, 우경섭 편저. 2013. 중국조선족역사연구 문헌목록. 서울: 문예원

④ 근현대 중국조선족 문헌집

근현대 중국조선족 문헌집(2012)은 1950-1960년대, 1970년대, 1980년대의 주요 조선족 문헌들을 소개한 것이다.

- 임채완 외. 2012. 근현대 중국조선족문헌집. 성남: 북코리아

⑤ 재중한인 관련 문헌자료집

재중한인 관련 문헌자료집(2013)은 중국의 한인 관련 문헌자료들에 대한 서지사항을 엮은 것이다.

- 김윤태, 우병국, 문형진 편. 2013. 재중한인 관련 문헌자료집. 서울: 동덕여대 한중미래연구소

⑥ 20세기 중국조선족 문학사료전집

20세기 중국조선족 문학사료전집(2013)은 연변대학 조선문학연구소에서 편찬하였다. 이 문학사료전집은 총 20집[21]으로 이루어졌으며, 시, 소설,

21 제1집-현대시(신채호, 유영 외). 제2집-현대시(김조규, 윤동주 리욱). 제3집-항일가요(기타). 제4집-한시(류린석, 장지연 외). 제5집-한시(김택영). 제6집-소설(신채호, 주요섭 외). 제7집-소설(강경애). 제8집-소설(현경준). 제9집-소설(안수길). 제10집-소설(김창걸, 최명익 외). 제11집-소설(박영준). 제12집-소설(김광주, 김학철 외). 제13집-산문(신채호). 제14집-산문종합편(상). 제15집-산문종합편(하). 제16집-희곡. 제17집-

신문종합편, 희곡, 구전민요, 이주초기 문헌설화, 향토전설 등을 수록하고 있다.

- 연변대학 조선문학연구소 편. 2013. 20세기 중국조선족 문학사료전집. 서울: 박이정출판사; 연길: 연변인민출판사

⑦ 중국조선족 100년 문학예술대사기(2001)

중국조선족 100년 문학예술대사기(2001)[22]는 조선족이 발표하거나 발행한 잡지와 잡지 속에서 나타난 문화예술분야의 콘텐츠 목록을 연대별로 색인하여 나타낸 것이다. 이 목록색인은 이주부터 1999년까지 발생한 문화예술분야의 조선문 정보자원의 결정체이다. 목록색인은 크게 3시기로 구분하였다. 제1시기는 이주 후부터 1920년까지이고(9편), 제2시기는 1921년부터 1949년 중화인민공화국 건국이전까지이다(50편). 제3시기는 건국 이후부터 1999년까지이다(580편).

다음은 '중국조선족 100년 문화예술대사기' 지식정보자원 목록색인의 예이다.

구전민요. 제18집-이주초기 문헌설화. 제19-향토전설. 제20집-지명전설

22 강연숙 편. 중국조선족 100년 문학예술대사기. 장춘: 길림인민출판사, 2001.

표 4-2 중국조선족 100년 문화예술대사기 목록[23]

연도	문화예술분야 작품명					잡지명/기타
	제목	저자	언어	내용/출판형식	발행지	
제1시기 1899	조선민담집	가린 미하일롭쓰끼	러시아	단행본		• 최초의 조선민담집 • 1988. 창작과 비평사에서 '백두산민담' 번역출판
1910	한나라생각, 너의 것	신채호	한글	자유시	연해주	• 중국에서 자유시창작효시
1916	꿈하늘	신채호	한글	소설		• 중국조선족 소설의 효시
제2시기 1921	신유시사(辛酉詩社)	한문시동인	한문	한문시	용정	
1926	윤극영 100곡집	윤극영		동요곡	용정	• 윤극영 많은 동요곡 작곡 • 윤극영 100곡집은 등사본
1934	초한대, 삶과 죽음	윤동주	한글	서정시	용정	• 윤동주의 첫 서정시 '초한대'
제3시기 건국 1950	소년아동	최형동	한글	잡지		• 연변청년 · 소년 편집위원회행

⑧ 中國朝鮮文雜誌目錄索引(1954-1990)

中國朝鮮文雜誌目錄索引(1954-1990)은 연변대학교 리옥금, 김덕목 교수의 편찬으로 2002년 7월에 흑룡강출판사에서 발행하였다. 이 색인에서 언급된 잡지는 1,433종(류별로, 강별로 중복된 잡지 포함)이며, 잡지에 수록된 색인은 30,264개로 방대한 내용(콘텐츠)을 나타내고 있다.[24]

23 전체 색인 내용은 "장우권, 임채완, 이명규, 사공복희. 2006. 재외한인의 문헌정보자원 정책과 관리. 성남: 북코리아, 162-185."에 수록되었다.

24 전체 색인 내용은 "이명규, 임채완, 사공복희, 장우권, 김태운. 2005. 재외한인의 문헌

⑨ 흑룡강조선어방송 자작가요목록(1963–1992)

흑룡강조선어방송 자작가요목록은 30년 동안 흑룡강조선방송국에서 자체제작하고 방송한 100여 수의 가요목록[25]이다. [표 4-3]은 자작가요목록의 구성요소와 여기에 실린 '내고향 민들레'(1962)의 악보이다.

❙ 표 4-3 ❙ 흑룡강조선어방송 자작가요목록 구성요소와 자작곡 '민들레'

연번	가요제목	가요형식	작사자	작곡자	출연단위	녹음시간
1	명절의 기쁨	피리독주		지문영	하얼빈시조선족 문화관업여문공단	
2	내고향 흑룡강	가야금병창	서재수	지문영	상동	
3	손녀에게서 온 편지	대창			하얼빈시조선족 문화관해림공제대해	1977.5.25
	자작곡 '민들레' 악보					

정보자원 정책과 관리. 파주: 집문당, 115-146."에 수록되었다.

25 전체 자작가요 목록과 악보는 "장우권, 임채완, 이명규, 사공복희. 2006. 재외한인의 문헌정보자원 정책과 관리. 성남: 북코리아, 106-109."에 수록되었다.

⑩ 중국조선족 교육자료 해제

이 책은 조선족 개개인이나 사회의 발전에 영향을 준 지식, 기술, 태도 혹은 이를 통틀어 칭하는 인적자원을 개발하는데 사용했던 교육자료들을 정리했다. 1945년부터 1990년까지 조선족 교육자료를 어학, 기술과학, 사회과학, 순수과학, 예술, 문학, 역사/지리, 총류, 철학으로 구분하여 기술하였으며, 부록으로 '교육자료목록'을 수록하였다.

- 임채완, 이성란, 이장섭. 2012. 중국조선족 교육자료 해제. 성남: 북코리아

⑪ 중국소재 한국사 자료 조사보고. 1, 中國 地域 韓國史 關聯資料 現況

이 조사보고는 중국 상해지역 및 주변지역의 한국 관련자료 현황으로 도서관과 서고, 당안관에 소장된 기록물이다. 이 책의 구성은 中國 上海地域 및 周邊地域의 韓國 關聯資料 現況(李奎泰), 中國 延邊檔案館 韓國 關聯資料 簡介 및 解題(金春善), 中國 長白縣 · 穆陵市 · 密山市 檔案館 所藏資料에 대한 調査 및 解題(金泰國), 滿洲國 時期 中國 東北 3省(奉天 · 新京 · 哈爾濱 · 大連市)의 韓人 都市共同體 關聯資料의 現況과 槪觀(김경일, 윤휘탁), 中國 遼寧省 大連市檔案館 및 社會科學文獻圖書館 所藏 韓國史 關聯史料(劉秉虎), 中國 廣東 · 海南島 地域 所藏 韓國歷史 資料目錄 및 槪況(金勝一), 中華民國 國史館 · 國民黨黨史館의 韓國 關聯資料(金泳信), 其他 資料 등으로 이루어졌다.

㉮ 中國 上海地域 및 周邊地域의 韓國 關聯資料 現況(李奎泰): 上海圖書館 및 其他 書庫의 韓國 關聯資料 現況, 上海圖書館 所藏 書籍 中 一部

資料 解題, 上海圖書館 資料 目錄

㉯ 中國 延邊檔案館 韓國 關聯資料 簡介 및 解題(金春善): 延邊檔案館 韓國 關聯資料 現況, 延邊(朝鮮族自治州)檔案館

㉰ 中國 長白縣·穆陵市·密山市 檔案館 所藏資料에 대한 調査 및 解題(金泰國): 中國 吉林省 長白朝鮮族自治縣 당案館 所藏 韓國史 關聯 檔案資料 調査, 中國 黑龍江省 密山市檔案館 所藏 韓國史 關聯 檔案資料 調査, 中國 黑龍江省 穆陵 市檔案館 所藏 韓國史 關聯 檔案資料 調査

㉱ 滿洲國 時期 中國 東北 3省(奉天·新京·哈爾濱·大連市)의 韓人 都市共同體 關聯資料의 現況과 概觀(김경일, 윤휘탁): 中國 東北 3省의 韓國 關聯資料의 所藏現況, 中國 東北 3省 所在 韓國學 關聯資料의 概觀과 解題, 中國 東北 3省 所在 韓國學 關聯資料 目錄

㉲ 中國 遼寧省 大連市檔案館 및 社會科學文獻圖書館 所藏 韓國史 關聯史料(劉秉虎): 大連市圖書館 魯迅路分館 日本文獻閱覽室 所藏 韓國 關聯 資料 目錄 및 解題, 遼寧省 大連市檔案館 所藏 韓國 關聯資料 目錄 및 解題

㉳ 中國 廣東·海南島 地域 所藏 韓國歷史 資料目錄 및 概況(金勝一): 조사 결과에 대한 의견, 조사된 목록

㉴ 中華民國 國史館·國民黨黨史館의 韓國 關聯資料(金泳信): 國史館資料, 國民黨黨史館資料

㉵ 其他 資料: 其他 韓國史 關聯資料 現況 및 目錄

■ 국사편찬위원회. 2004. 중국소재 한국사 자료 조사보고. 1, 中國 地域 韓國史 關聯資料 現況. 과천: 국사편찬위원회

(3) 학술지

① 中國 北京大學圖書館 古籍分館 所藏 한글 文獻에 對한 考察[26]

이 연구는 북경대학교도서관 고적분관 소장 한글 문헌의 현황에서 북경대학교도서관의 역사와 고문헌 소장 실태, 북경대학교도서관 소장 한국 고문헌의 실태, 북경대학교도서관 고적분관 소장 한글 문헌의 실태를 다루고 있다.

북경대학교도서관 고적분관 소장 한글 문헌의 특징 및 가치에서는 華東正音通釋韻考(2권),[27] 御定奎章全韻(2권),[28] 柳氏諺文志,[29] 啓蒙篇諺解,[30] 官報 五: 開國五百四年閏五月 自二日起至二十八日, 東國史略(4권),[31] 沈陽狀啓,[32] 海東諸國紀,[33] 各郡訓令處辨: 開國五百四年閏十一月,[34] 三綱行實

26 출처: 王丹. 2021. 中國 北京大學圖書館 古籍分館 所藏 한글 文獻에 對한 考察. 산청어문, 49, 83-109.

27 근대 국어시기에 간행된 한국의 대표적 韻書. 1747년 朴性源이 처음으로 저술한 책. 북경대 소장본은 1787년 정조의 御製序를 덧붙여 다시 간행. 편찬목적은 잘못된 한자음을 교정. 구성은 '正音通釋序', '凡例', 본문, '諺文初中終三聲辨'으로 이루어짐

28 1792-1796년에 규장각 諸臣이 正祖의 명을 받아 편찬한 운서. 2권 1책으로 목판본. 북경대 소장본은 高宗6년(1869)에 규장각에서 간행한 판본과 일지

29 순조24년(1824년)에 조선 후기 유학자 柳僖가 저술한 책. 북경대 소장본은 金九經 씨가 1934년에 중국 沈陽에서 今西龍 박사 소장본과 李熙昇 박사 전사한 것을 다시 교정하고 활자화하여 간행한 신식활자본

30 조선시대 초학 아동을 위한 성리학 교육입문서로 편찬된 '啟蒙篇'을 언해한 책. 편자와 편년 미상의 목판본. 이 책에 기재된 한글의 형태로 미루어 19세기 말엽에 간행한 것으로 추정. 출처: 한국민족문화대백과사전 2권, 266.

31 현채기 편찬. 1906년 6월에 조선 한성 普成館에서 초판이 발간된 활자본 역사서, 표기문자는 국한문 혼용체

32 조선 인조 때의 昭顯世子와 鳳林大君이 從臣과 함께 1637-1644년 淸의 瀋陽에 볼모로 있을 때 從行한 侍講院 宰臣, 講官 등을 통해 다시 騰寫, 整理한 副本이 각각 10권. 1935년 京城帝國大學法文學部에서 張鴻植, 張之兌가 吏讀 해제를 붙여 규장각총서의 하나로 간행. 북경대학 소장본은 바로 이 1935년의 영인본

33 海東諸國은 조선의 동쪽에 있던 日本, 對馬島, 一岐島, 琉球를 지칭. '海東諸國記'는 조선의 학자이자 문신인 申叔舟가 세종25년(1443년)에 書狀官으로 日本에 다녀온 뒤 成

圖(3권),[35] 二倫行實圖,[36] 童蒙先習,[37] 儒胥必知,[38] 新式儒胥必知,[39] 物名攷1(5권)[40]를 소개하였다.

■ 王丹. 中國 北京大學圖書館 古籍分館 所藏 한글 文獻에 對한 考察. 산청어문, 49, 83-109.

② 재중 조선족 정보자원 생산과 콘텐츠에 관한 연구

이 연구는 중국조선족과 관련된 정보자원 생산과 콘텐츠가 어떻게 이루어지고 있는지 그 진행과정을 살펴보고, 보다 효율적인 정보자원 생산과 콘

宗2년(1471년)에 王命을 받아 저술한 책. 北京大學圖書館 古籍分館에는 한국에서도 발견되지 않은 필사본 한 권과 1933년 朝鮮史編修會에서 宗伯爵家藏本을 저본으로 간행한 1册의 影印本 세 권을 소장

34 북경대학 소장본 '各郡訓令處辨:開國五百四年閏十一月'은 한국 어느 도서관에서도 발견되지 못한 原寫本. 당시 平壤府 觀察使 鄭敬源이 편찬. 1895년 11월 1일부터 15일까지 각 군의 군수에게 전달한 訓令과 案件 등을 엮은 것

35 세종 때 集賢殿 副提學 偰循 등이 세종의 명을 받아 편찬. 1434년에 인쇄하여 반포한 것. 한국과 중국의 충신, 효자, 열녀 각각 11여 명을 뽑아 그들의 행실을 그림과 한문 설명, 그리고 詩, 讚을 붙여 3권 3책으로 간행

36 유교의 기본 윤리인 오륜 중에 二倫인 長幼有序와 朋友有信을 민간에 널리 가르치기 위해 二倫의 행적이 특출한 중국인 48명을 뽑아 그 행적을 설명한 책. 중종13년(1518년) 금산(경북 김천)에서 간행

37 영조 때 문신 · 유학자인 朴世茂가 서당에 처음 입학한 초학 아동을 위해 저술한 성리학 입문 교과서. 출간연도 불명확, 中宗36년(1541년) 이전에 간행된 것으로 추정. 북경대학 소장본은 목판본이며 해서체 판본

38 조선시대 公文書 서식 등을 간략하게 정리해 놓은 행정 사무용 지침서. 북경대학 소장본은 편자와 연도에 대해 불명확. '大典會通'이 간행된 正祖9년(1785년) 이후에 나온 것으로 추정

39 조선후기의 儒醫이자 儒學者인 黃泌秀(호 愼村)가 光武5년(1901년)에 '儒胥必知'를 근간으로 하여 갑오개혁 후 변화한 문자 체제를 따르고 신식 서식 등을 증보하는 방식으로 재편집한 책자

40 柳僖가 1820년대 여러 가지의 物名을 모아 한글 또는 한문으로 풀이하여 만든 일종의 어휘사전. 북경대 소장본은 1960-1961년 일본 '朝鮮學報'(16-20輯)에서 게재된 영인본을 찍어서 만든 사진자료 170장 1函

텐츠 창조프로세스 모형을 제시한다(초록 참조).

> 연구의 대상과 범위는 중국의 동북3성, 북경, 내몽고 등지에서 거주하는 조선족이며, 조선족이 중국현지에서 생산된 조선문으로 된 정보자원과 그 콘텐츠. 정보자원 콘텐츠의 생산과 관리의 주체는 신문사, 방송사, 잡지사, 출판사, 학교도서관, 대학도서관, 공공도서관, 당안관 등. 이 연구의 핵심은 첫째, 중국 내 조선족이 어떻게 형성되어서 오늘날 중국 내 소수민족의 으뜸으로 자리잡게 되었는지를 그 진행과정을 살펴보는 것. 둘째, 조선족이 생산한 정보자원 콘텐츠가 어떤 생성과정을 통해 참조되었는지를 살펴보는 것. 셋째, 중국 현지에서 이루어진 실태조사를 통해 정보자원 생산 주체로서 신문사, 잡지사, 방송사, 출판사 등이 출판한 콘텐츠 현황을 신문, 잡지, 방송, 출판물 측면에서 살펴보고, 생산과 관리가 동시에 이루어지는 도서관과 당안관에 대해서도 조사하였음

- 사공복희, 장우권. 2004. 재중 조선족 정보자원 생산과 콘텐츠에 관한 연구. 한국동북아논총, 30, 173-201.

③ 중국조선족 한글정보자원 생산과 출판물에 대한 연구

이 연구는 조선족의 지적 정보자원의 전달과 이용, 새로운 정보자원의 창조과정 속에서 우리의 민족정보자원을 발굴하고 이를 정리 보존하는 것은 한민족의 문화적 동질성과 정체성을 계승 발전시키는 일, 민족적 당위성의 표출의 과정으로 이루어졌다(초록 참조).

> 중국 내에 산재한 한민족 정보자원으로서 한글정보자원 생산과 출판현황을 살펴보고 분석하는 것. 이를 위해 조선족 형성과정과 한글, 그리고 민족출판의 생성과 그 현황을 시대별 변천사와 더불어 그 특징을 조사함

이 연구는 조선족 형성과정과 한글(조선족 이주에서 정착까지 · 조선족의 정체성과 한글), 한글정보자원 생산과 출판물(민족정보자원의 생성과

구성현황 · 출판사의 시대별 변천사와 그 특징)로 구성되었다.

- 이명규, 장우권. 2004. 중국조선족 한글정보자원 생산과 출판물에 대한 연구. 한국도서관 · 정보학회지, 35(4), 401-422.

④ 초국가 시대 해외조선족 네트워크에 관한 연구

이 연구는 조선족의 대규모 분산이동이 민족사회의 해체가 아니라 결국 탈지역적 민족사회에서 탈지역적이고 네트워크화된, 다원화된 민족사회로 가고 있다는 측면에서 네트워크 구축을 다루었다(초록 참조).

> 해외조선족 네트워크의 확장은 해외조선족 사회단체 네트워크를 통한 '한민족공동체' 구축에 대한 기대로까지 이어지고 있음. 조선족의 국제적 네트워크가 결성된다면 한국의 대외교류나 중국의 대외교류에서나 조선족이 중요한 역할을 할 수 있음. 이 연구는 주로 한국, 일본, 미국, 영국 등 지역에 거주하고 있는 조선족들을 중심으로 네트워크가 어떻게 이루어지고 있는지를 분석. 특히 온라인과 오프라인 네트워크를 중심으로 살펴봄으로써 해외조선족들의 네트워크 구축에 대한 발전방향을 제시함

이 연구는 중국조선족의 해외 이주, 해외조선족 네트워크에 대한 분석, 해외조선족 오프라인 네트워크, 해외조선족 온라인 네트워크로 구성되었다.

- 김홍매. 2014. 초국가 시대 해외조선족 네트워크에 관한 연구. 평화학연구, 15(1), 29-48.

3) 중앙아시아

코리언 디아스포라사에서 중요한 지식정보자원은 단행본 목록, 언론 총람, 인적자원(인명록), 문화예술총람, 기록문헌해제집 등을 들 수 있다. 그

이유는 디아스포라에 관련된 산재(散在)된 지식정보자원을 하나로 묶어냈기 때문이다.

다음은 코리언 디아스포라 지식정보자원 목록(디렉토리) 또는 해제들이다.

(1) 목록

단행본, 보고서, 총서 등에 수록된 중앙아시아 고려인에 관련된 목록집 · 해제집 · 사료집 · 선집 등의 목록형 조사 결과이다.

① 중앙아시아 고려인 지식자원 해제

이 해제집은 키르키스탄 수집자료 해제[41]와 우즈베키스탄-카자흐스탄 수집자료 해제[42]이다.

- 임채완 외. 2012. 중앙아시아 고려인 지식자원 해제. 성남: 북코리아

② 중앙아시아 고려인의 생애담 연구

이 생애담 연구는 고려인 생애담의 화제들(9편), 강제이주에 대한 고려인의 인식(3편), 중앙아시아 고려인 생애담의 구술(口述)자료(11명), 중앙아시아 고려인 생애담의 기술(記述)자료(35명, 레닌기치와 고려일보)를 제시하였다.

---

41 단행본 · 논문 및 저널수집자료 · 언론방송 수집자료 · 고려인 라디오 '아리랑' 방송자료

42 1950년대 자료(단행본 · 논문 및 저널), 1960년대 자료(단행본 · 논문 및 저널), 1970년대 자료(단행본 · 논문 및 저널), 1980년대 자료(단행본 · 논문 및 저널), 1990년대 자료(단행본 · 논문 및 저널), 2000년대 자료(단행본 · 논문 및 저널)

■ 이복규. 2012. 중앙아시아 고려인의 생애담 연구. 서울: 지식과 교양

③ 중앙아시아 고려인의 구전설화

이 구전설화는 중앙아시아 고려인의 구전설화의 존재양상과 특징, 구전설화를 20명의 고련인들로부터 채록하여 수록하였다.

■ 이복규. 2008. 중앙아시아 고려인의 구전설화. 서울: 집문당

④ 중앙아시아 고려인 디아스포라 문학

이 책은 중앙아시아 고려인 문학연구(8편),[43] 중앙아시아 고려인 문학 발굴 자료(강태수의 소시집 · 시 · 단편, 리 웨체슬라브의 시, 리시연의 수필, 문금동의 단편, 최영근의 단편, 김부르트 단편, 장영진의 시와 희곡, 한진의 희곡)를 수록하였다.

■ 김종회. 2010. 중앙아시아 고려인 디아스포라 문학. 서울: 국학자료원

⑤ 소비에트 중앙아시아 고려인 문학사(1937–1991)

이 책은 중앙아시아 고려인들의 문학작품을 사회적 배경과 문단상황, 시와 가사, 소설과 산문, 희곡과 연극 등으로 구분하여 형성기(1937-1953), 발전기(1954-1969), 성숙기(1970-1984), 쇠퇴기(1985-1991)로 제시하였다. 또

43 중앙아시아 고려인 문학 개관(김종회), 중앙아시아 고려인 문학의 보편성과 개별성-박미하일의 작품을 중심으로(이정숙), 중앙아시아 고려인 소설의 '대조국전쟁' 형상화 양상(이정선), 고려인 문학과 조명희-조명희의 문학과 소련으로의 망명(임형모), 적응과 향수의 언어-양원식의 시 세계(홍용희), 고려인 문학의 문화콘텐츠 개발을 위한 시론(우정권), 중앙아시아와 한국문학(정호웅), 코리안 디아스포라 문학의 한 양상-정철훈의 '인간의 악보'를 중심으로(고인환)

한 부록으로 '레닌기치(1938-1990)와 고려일보(1991)에 실린 작품목록'을 수록하였다.

- 김필영. 2004. 소비에트 중앙아시아 고려인 문학사(1937-1990). 서울: 강남대학교출판부

⑥ 까레이스키 공연예술의 꿈: 중앙아시아 고려인 희곡문학 작품집

이 책은 국제한인문학회가 그동안 수집한 중앙아시아 고려인 희곡 작품들 중에서 일부를 추려 엮은 것이다. 조명희, 연성용, 태장춘, 진우, 문리준, 김남석, 리상희, 전향문, 채영 등의 작가의 작품들이다.[44]

- 국제한인문학회 엮음. 2012. 까레이스키 공연예술의 꿈: 중앙아시아 고려인 희곡문학 작품집. 서울: 국학자료원: 로텐츠코리아

⑦ 소비에트 시대 고려인 소인예술단의 음악활동

이 책은 소비에트 시대 고려인의 예술활동 중 음악영역에서의 역사와 작품의 세계를 분석하고 목록을 제시하였다. 이 책의 구성은 고려인 소인예술단의 역사, 콜호즈(집단농장) 소인예술단의 음악활동, 소인예술단의 노래 래퍼토리 연구, 레닌기치에 실린 창작가요의 음악적 분석, 부록으로 이루어졌다.

㉮ 고려인 소인예술단의 역사: 사회주의 체제에서의 소인예술단의 역할,

44 조명희(파사), 연성용(자식들 · 강직한 녀성 · 동창생), 태장춘(홍범도 · 둥글소 어떻게 새끼를 낳는가), 김광현(뉘탓인가), 진우(밭갈이 · 우니에르쌀까), 문리준(싱거운 사람), 김남석(며느리), 리상희(돌아온 남편 · 복덕방에서), 전향문(만호 아저씨는 어디로 가리 · 사돈오는 날), 채영(외딸), 해설 II 연극으로 재현된 까레이스키와 그 삶의 명암

소인예술단의 형성과 발전, 소인예술단과 인민극장의 관련성, 소인예술단과 전문예술집단의 관련성

㉯ 콜호즈(집단농장) 소인예술단의 음악활동: 북극성 콜호즈(김병화 콜호즈) '가야금' 가무단, 폴리타토젤 콜호즈 '청춘' 가무단, 콜호즈 소인예술단의 작곡가와 연주가

㉰ 소인예술단의 노래 래퍼토리 연구: 카자흐스탄지역 소인예술단의 노래, 정추가 채록한 카자흐스탄지역 소인예술단의 노래, 우즈베키스탄지역 콜호즈 소인예술단의 노래

㉱ '레닌기치'에 실린 창작가요의 음악적 분석: 창작가요의 연대별 고찰, 창작가요의 장르별 분석, 대표적인 창작가요 작곡가와 작품 분석

㉲ 부록: 정추가 녹음한 민요 목록(1958-1967년), 리소냐의 노래책, 레닌기치에 실린 창작가요 목록, 레닌기치에 실린 창작가요, 김형수의 노래책

- 김보희. 2009. 소비에트 시대 고려인 소인예술단의 음악활동. 파주: 한울아카데미

⑧ (카자흐스탄 고려인 극작가) 한진의 삶과 문학

이 책은 고려인 극작가 한진의 인생스토리와 그의 문학세계와 작품목록을 제시하였다. 이 책의 구성은 사진 및 기록자료, 한진의 생애와 문학으로 이루어졌다.

㉮ 사진 및 기록자료: 사진,[45] 편지, 육필원고, 신문게재 원고, 책 · 잡지 게재 작품 및 글, 기타자료, 작품목록[46]

45 평양 시절, 소련 모스크바 유학 시절, 러시아 바르나울 시절, 카자흐스탄 크즐오르다 시절, 카자흐스탄 알마티 시절(전반기), 카자흐스탄 알마티 시절(후반기)

㉯ 한진의 생애와 문학: 한진의 생애와 작품세계, 한진 희곡의 미학과 문학세계, 한진 희곡의 고전수용 양상, 한진의 연보, 참고문헌

- 조규익 · 한진 · 김병학 · 숭실대학교 한국문예연구소. 2013. (카자흐스탄 고려인 극작가) 한진의 삶과 문학. 서울: 글누림

⑨ (사진으로 보는) 중앙아시아 고려인의 삶과 기억의 공간

이 사진집은 중앙아시아 고려인과의 만남,[47] 중앙아시아 고려인 콜호즈,[48] 중앙아시아 고려인 한글교육,[49] 독립운동가의 후손 고려인들,[50] 고려인의 문학과 삶,[51] (부록) 미디어를 통해 본 고려인 콜호즈와 독립운동가의 육성증언을 수록하였다.

- 박환. 2018. (사진으로 보는) 중앙아시아 고려인의 삶과 기억의 공간. 서울: 민속원

⑩ 우리 민족의 숨결, 그곳에 살아있었네!: 사진으로 보는 중앙아시아 고려인의 이주 및 정착사

이 책은 고려인들의 일상의 모습(고려인들의 삶, 가르침과 배움, 일과 일

---

46 희곡, 단편소설 · 소품, 직접 편찬했거나 편찬을 주도한 단행본, 번역 작품
47 1992년 카자흐스탄 기행, 2016년 카자흐스탄 알마티 산책, 우즈베키스탄 추억으로의 산책
48 강제이주의 현장(카자흐스탄 우슈토베와 크질오르다), 우즈베키스탄 콜호즈, 카자흐스탄 콜호즈
49 중앙아시아 한국교육원, 한글교육자료들, 사진으로 보는 초창기 한국교육원, 2007 · 2016년 타슈켄트 한국교육원, 박환의 한국사교육여정
50 중앙아시아 소재 한인독립운동 자료현황, 독립운동가와 그 후손들
51 최초의 고려인시집 '조선시집', 고려인의 최초소설 '십오만원사건'

터, 고려인 가족, 풍속(돌 · 결혼 · 회갑 · 장례), 나라 밖의 북한인들, 북한의 고려인들, 발문(우리는 돌아간다/МЫ ВОЗВРАЩАЕМСЯ(블라드미르 김)을 수록한 것이다.

- 김이그나트 · 김블라지미르, 조규익 엮음. 2012. 우리 민족의 숨결, 그곳에 살아있었네!: 사진으로 보는 중앙아시아 고려인의 이주 및 정착사. 지식과 교양

⑪ **조선사람, 소비에트 고려인, 고려사람 그리고 "고향": 아마추어리즘에서 문예미학적 글쓰기까지**

이 책은 고려인 글쓰기의 성격과 전개 양상, 고려인과 '홍범도', 고려인문학의 아버지 조명희, 고려인 강제이주 이야기, 스탈린 체제 시의 독소전쟁과 고향의식, 다문화를 수용하는 고려인의 삶과 글쓰기 등을 다룬 책이다.

㉮ 아마추어리즘에서 문예미학적 글쓰기로 - 고려인 글쓰기의 성격과 전개 양상: 고려인의 삶과 글쓰기, 본격문학 이전 단계의 글쓰기(1940-50년대), 본격적인 문학적 글쓰기(1960년대(1), (2)), 고려인문학이 갖는 특수한 성격

㉯ 경계인의 항일무장투쟁과 또 다른 '고향찾기'의 여정 – 고려인과 '홍범도': 소설 '홍범도'를 읽는 두 가지 방식, 작품의 서사를 이끌어나가는 사회주의 리얼리즘, 항일무장투쟁을 바라보는 국제주의적 시각, 동무로서 두 남녀가 만들어간 투쟁의 기록, 경계인에서 소비에트 사회의 일원으로

㉰ 고향의식의 발현과 사회주의적 민족주의에의 지향 - 고려인문학의 아

버지 조명희: 고향의식으로 읽는 조명희의 삶과 문학, 미래의식으로 발현되는 고향의식, 부정된 관념과 현실에의 투신, 민족주의와 사회주의의 이상적 결합 양상, 사회주의적 민족주의에의 지향

㉣ 콜호즈(колхоз)와 고향 만들기: 고려인과 콜호즈, 고려인 디아스포라의 출현과 고향 만들기, 콜호즈가 고향으로 인식되는 과정, 콜호즈의 삶과 고향의식

㉤ 강제적 '집단이주'의 인간학 - 고려인 강제이주 이야기: 강제이주와 문학 읽기, 경계인의 삶과 내면화된 체념, 자기 구원의 세 가지 방식(스탈린과 소비에트 비판 · 콜호즈를 기반으로 한 공동체 건설 · 민족 정체성의 보전), 강제적 '집단이주'의 인간학

㉥ 스탈린 체제 시의 독소전쟁과 고향의식: 독소전쟁과 고려인, 스탈린 독재체제와 조국으로서 소비에트가 지닌 가능성(민족을 초월한 일체감의 강조), '배후의 척후병'으로서의 고려인 영웅, 스탈린 비판과 진정한 이웃의 발견(가족이 될 수 있는 사람들의 발견 · 공민전쟁과 연계되는 독소전쟁 · 독소전쟁과 고려인의 고향의식)

㉦ 다문화를 수용하는 고려인의 삶과 글쓰기 - CIS 지역을 중심으로: 고려인과 지나간 미래, 자식교육에의 열정과 남녀평등에의 실현, 러시아인과의 동일시와 공공성의 강조, 혈연을 초월한 가족애와 민족을 초월한 인류애(혈연을 초월한 가족애 · 민족을 초월한 인류애), 이민족 간의 우정과 사랑 그리고 가족이야기(이민족 간의 우정과 사랑 · 고려인 가족이야기), 또 하나의 귀향과 실패한 다문화

㉧ 부록: '레닌기치'에 발표된 독소전쟁 관련 작품 목록, '레닌기치' 및 '고려일보'에 발표된 산문 및 소설 작품 목록

■ 임형모. 2016. 조선사람, 소비에트 고려인, 고려사람 그리고 “고향”: 아마추어리즘에서 문예미학적 글쓰기까지. 전주: 신아출판사

⑫ 카자흐스탄과 우즈베키스탄에서 발행된 고려인 인명록

카자흐스탄 과학 및 기술과 문화에서의 고려인(2002)

우즈베키스탄의 고려인 인명록(1997)

우즈베키스탄의 고려인 예술가(2001)

화가가 본 고려인 사회(2002)

㉠ 카자흐스탄 고려인

카자흐스탄 고려인 과학기술협회에서 발행한 3권의 인명록이다.

첫째, ‘카자흐스탄 소비베트 고려인(1992)’이다. 이 편람에서는 360여 명의 고려인들의 경력이 기록되어 있다. 둘째, ‘카자흐스탄 과학계 고려인들’(1997)이다. 이 인명록은 카자흐스탄의 과학 및 기술, 경제, 사회, 정치 및 문화생활 각 분야에서 고려인들이 달성한 성과들을 중심으로 과학분야에서 과학박사와 학사들 500명, 과학탐구기관들과 고등교육기관 지도자들과 기술발전에 현저한 공헌자, 생산운동자, 문화와 스포츠 영예칭호자들이 그들의 경력과 함께 기술되었다. 분야별로는 수학, 기계학, 통보, 물리, 화학, 야금학, 지질학, 광산학, 생물학, 농업, 의학, 건축, 건설, 동력, 운수, 철학, 역사, 언어학, 경제학, 법학, 교육학 및 심리학, 문화, 예술, 문학, 스포츠

등으로 구분하여 기술되었다. 인명록은 카자흐스탄의 과학분야에서 많은 업적을 쌓은 고려인들의 디렉토리(직업, 근무처, 직책, 이름, 주소, 전화, 홈페이지와 전자우편 등이 수록되었다. 셋째, '카자흐스탄 과학 및 기술과 문화에서의 고려인들'(2002)이다. 인명록에서는 과학, 기술, 문화예술분야에서 활동하는 216명을 소개하고 있다.

ⓛ 우즈베키스탄 고려인

우즈베키스탄 고려인 인명록은 크게 세 부류이다. 고려신문사에서 발행한 '우즈베키스탄의 고려인 인명록(Uzebekistan Koreans: Who is Who)'(1999), 우즈베키스탄 고려인 문화센터협회(우즈베키스탄의 예술아카데미)에서 발행한 '우즈베키스탄의 고려인 예술가들(Korean Artists of Uzebekistan)'(2001), 안블라디미르가 저술한 '화가가 본 20세기 고려인 사회'(2002)는 강제이주 이후 현재까지 우즈베키스탄 고려인사회에 많은 공헌을 한 고려인들을 분야별로 엄선하여 소개하고 있다.

첫째, '우즈베키스탄의 고려인 인명록(Uzebekistan Koreans: Who is Who)'(1999)은 지난 60년간에 걸쳐서 이루어 놓은 각 분야별 고려인 리더들을 수록한 것이다. 수록된 고려인은 전체 605명이다. 둘째, '우즈베키스탄의 고려인 예술가들(Korean Artists of Uzebekistan)'(2001)이다. 39인의 예술가들의 주요 약력과 작품세계를 기술하였다.[52] 셋째, '화가가 본 20세기 고려인 사회'(2002)는 안블라디미르가 강제이주사와 명망있는 고려인들의 자화상(38인)을 그림으로 나타낸 것이다.[53]

52 39인의 인명록은 장우권, 임채완, 이명규, 사공복희. 2006. 재외한인의 문헌정보자원 정책과 관리. 성남: 북코리아, 291.에 수록되었다.
53 38인의 인명록은 상게서, 292-294.에 수록되었다.

(2) 학술지

학술지에 수록된 중앙아시아 고려인에 관련된 목록형 학술연구 결과이다.

① 카자흐스탄의 한국학 및 고려인 기록보존에 관한 연구[54]

이 연구는 카자흐스탄에 소장된 자료와 내용을 소개한 것으로 카자흐스탄 내 고려인에 대한 초기 기록들, 한국학 및 고려인 관련자료(한국학자료, 고려인 이주 및 초기 정착 관련 문서, 고려인 생활문화 관련 자료), 고문서 보존사례: 고려일보 디지털 사례를 자료의 목록화와 고전자료의 보존 측면에서 제시하였다(초록 참조).

> 현재 카자흐스탄에 있는 고려인 관련 기록들의 내용과 보존기관 및 보존상의 문제를 밝히는 것을 목적으로 2003년 1월 현지에서 진행. 본 글에는 먼저 카자흐스탄의 어떠한 기관에 어떤 자료들이 소장되어 있는지를 밝혔고, 자료의 내용에 따라 세 가지 카테고리로 유형화. 또한 현지 자료 열람 방법과 자료조사 과정에서 밝혀진 현지 자료들의 보존상의 문제점에 대해 언급하였으며 자료 보존의 본보기가 될 수 있는 성공적인 사례로 고려일보 디지털화에 대한 내용을 대안으로 제시

- 유의정. 2004. 카자흐스탄의 한국학 및 고려인 기록보존에 관한 연구. 역사문화연구, 20, 57-84.

② 소비에트 카자흐스탄 고려인 엘리트의 변화

이 연구는 소비에트 카자흐스탄 고려인 엘리트의 변화를 1930-1960년대 영상기록물을 중심으로 이루어졌다. 연구 내용은 소비에트의 경제발전과 고려인(1940-1960년대 농업중심 경제와 고려인 엘리트, 농업분야 고려인 엘리트 및 영상물), 비농업 분야 고려인 엘리트와 영상물(고려인 카자흐스

54 이 연구는 유의정 교수가 2003년 1월 카자흐스탄 현지조사를 기반으로 한 것이다.

탄 경제발전 기여: 비농업분야, 1960년대 비농업분야 고려인 엘리트 영상물)로 구성되었다.

- 김상철. 2010. 소비에트 카자흐스탄 고려인 엘리트의 변화 - 1930-1960년대 영상기록물을 중심으로. 민족연구, 43, 4-24.

③ 우즈베키스탄 지역의 한국학 자료 현황: 문헌자료 및 영상자료

이 연구는 고려인과 관련된 문헌 자료 및 영상자료들을 조사하여 제시하였다. 문헌자료는 문서보관소의 자료와 고려신문(КоРё Синмун), 영상자료는 우즈베키스탄지역에서 만들어진 고려인 관련 기록 필름과 고려인 방송 프로그램 '친선'(Чин Сэн), 그리고 기타 개인 소장 영상물들이다(초록 참조).[55]

> 이 연구의 목적은 우즈베키스탄 지역의 한국학 관련 자료들의 현황을 알아보고, 공개되지 않은 자료들이나 혹은 가치가 높은 자료들을 수집하는 것임. 현재까지의 우즈베키스탄의 한국학은 고려인 관련 연구가 대부분을 차지하고 있어서, 이번 연구에서는 주로 고려인과 관련된 문헌자료 및 영상자료들을 조사하게 되었음. 문헌자료는 문서보관소의 자료와 고려신문(КоРё Синмун)을 주요 대상으로 삼았고, 영상자료로는 우즈베키스탄지역에서 만들어진 고려인 관련 기록 필름과 고려인 방송 프로그램 '친선'(Чин Сэн), 그리고 기타 개인 소장 영상물들을 수집하였음. 우즈베키스탄에 있는 다양한 문서보관소 중에서 이번 연구에서 자료 수집 대상이 된 곳은 우즈베키스탄 중앙문서보관소(ЦГА РУз)와 타슈켄트 지역문서보관소(ТОГА), 그리고 카라칼팍스탄 자치공화국 문서보관소(ЦГА РК). 특히 이번 연구를 통해 타슈켄트 지역문서보관소에서 약 500여 장의 고려인 관련 문서들이 처음으로 공개될 수 있었음. '고려신문'은 우즈베키스탄의 고려인들을 대상으로 한 신문으로, 중앙아시아 강제이주 60주년을 맞이하여 1997년 9월 2일에 창간된 것. 이번 연구에서는 제1호부터 제94호까지 대부분을 원본으로 구

55 우즈베키스탄 지역의 한국학 자료 현황: 문헌자료 및 영상자료(2004) 초록과 목록. 출처: 〈http://scholar.dkyobobook.co.kr/searchDetail.laf?barcode=4010023105419〉

할 수 있었음. 한편, 영상자료로는 1950년대에 촬영된 '김병화 콜호즈'와 콜호즈 '폴리타젤'의 다큐멘터리 영화와 우즈베키스탄 독립 이후 1990년대에 촬영된 세 편의 고려인 관련 TV용 다큐멘터리 영화를 수집하였음. '친선'은 우즈베키스탄의 고려인 관련방송 프로그램으로, 1990년 5월부터 격주로 방송되어 현재까지 거의 250여 편에 달하는 방송이 제작되었음. 그러나, 우즈베키스탄의 열악한 방송환경으로 인해 대부분 사장되었고, 일부만 녹화되어 현재 프로듀서인 개인 소장으로 보관되어 있음. 이번 연구에서는 이러한 방송용 자료 이외에도 돌잔치와 결혼식, 환갑잔치 등의 고려인들의 풍속을 촬영한 개인용 비디오테이프도 수집. 이상 언급한 모든 수집 자료들은 현재 한국외국어대학교 역사연구소에 보관되어 있음

이 책은 우즈베키스탄의 역사, 우즈베키스탄 지역 한국학 관련 자료들로 구성되었다.

- 한발레리, 최소영. 2004. 우즈베키스탄 지역의 한국학 자료 현황: 문헌자료 및 영상자료. 역사문화연구, 20, 85-112.

④ 중앙아시아에서의 한글정보자원관리

이 연구는 재외한인의 한글정보자원을 발굴하고 이를 정리 보존하는 것은 우리 한민족의 문화적 동질성과 정체성을 계승 발전시키는 일, 민족적 당위성의 표출 측면에서 이루어졌다(초록 참조).

이 연구는 중앙아시아의 카자흐스탄과 우즈베키스탄에 산재해 있는 한글정보자원과 정보자원관리 현황을 조사하고 분석하는 것. 중앙아시아에서 한글정보자원은 고려인의 이주역사와 함께하고 있음. 따라서 이 연구에서는 고려인 강제이주 이후 고려인들의 한글정보자원 발행과 관리 측면에서 매체별 구성과 현황, 정보자원관리와 기관에 대한 실태조사와 정보자원관리를 제시

- 장우권, 사공복희. 2006. 중앙아시아에서의 한글정보자원관리. 한국도서관·정보학회지, 37(2), 291-315.

4.2 교육과 연구기관

가. 교육

1) 대학교와 대학원

코리언 디아스포라 관련 대학교와 대학원은 그동안 여러 대학에서 설립되어 운영되어 왔으나 학교와 학과사정상 역사의 뒤안길로 사라졌다. 현재는 대학교에 '선문대학교 글로벌 한국학과'와 '인제대학교 통일학부', 대학원은 '전남대학교 대학원 디아스포라학 협동과정'이 개설되어 운영되고 있다.

(1) 선문대학교 글로벌 한국학과

- 원명(原名): 선문대학교 글로벌 한국학과
- 주소: (31460) 충남 아산시 탕정면 선문로 221번길 70 본관 201B

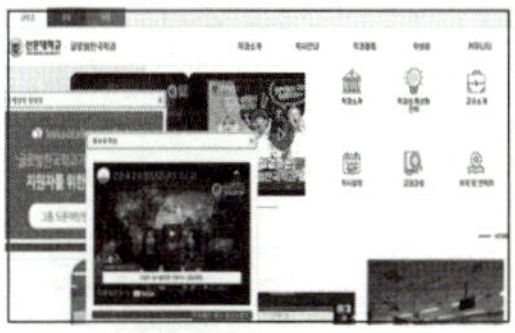
글로벌학과 메인화면[56]

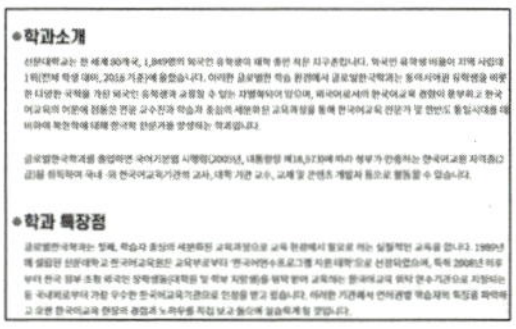
학과 소개와 특장점

교과과정표

- 커뮤니케이션: Tel: 학교) 041-530-2114 541, 팩스) 041-541-7424, 학과) 041-530-2541

56 글로벌학과, 학과 소개, 교과과정표. 출처: 〈https://gks.sunmoon.ac.kr/gks/main.do〉

- 홈페이지: https://gks.sunmoon.ac.kr/gks/main.do
- 지식정보:
  - ▸ 학과 소개: 글로벌한 학습 환경에서 글로벌 한국학과는 동아시아권 유학생을 비롯한 다양한 국적을 가진 외국인 유학생과 교류할 수 있도록 차별화되어 있으며, 외국어로서의 한국어교육 경험이 풍부하고 한국어교육의 이론에 정통한 전문 교수진과 학습자 중심의 세분화된 교육과정을 통해 한국어교육 전문가 및 한반도 통일시대를 대비하여 북한학에 대해 한국학 전문가를 양성(홈페이지 소개 내용)
  - ▸ 특성화 전략: 한국어, 한국정치 · 외교, 한국사회 · 문화, 북한학, 한반도 통일, 한국문화예술, 디아스포라 및 재외동포, 한상, 이주민 및 다문화의 교육과정과 특성화 프로그램 개발, 대학원 한국학과의 연계학습
  - ▸ '글로벌 한국학과(Global Korean Studies School)' 네트워크 구현
  - ▸ 관련 교과목: '교과과정표' 참조

(2) 인제대학교 통일학부

통일학부[57]

학부 소개와 활동

활동사진

- 원명(原名): 인제대학교 통일학부

57 통일학부, 소개, 활동. 출처: 〈http://tongil.inje.ac.kr〉

- 주소: (50834) 경남 김해시 인제로 197 탐진관(D동) 103호
- 커뮤니케이션: e-mail: webmaster@inje.ac.kr / Tel: 학교) 055-334-7111 / Fax: 055-334-0712 학부) 055-320-3325 / Fax: 055-337-1302
- 홈페이지: http://tongil.inje.ac.kr
- 지식정보:
  - ▸ 학과 소개: 눈앞의 현재만을 생각하는 근시안적인 시각이 아니라 먼 미래를 내다보는 장기적인 관점에서 직업이나 생업, 사회생활을 준비한다면 통일학부는 그러한 21세기 평화통일 시대의 비전과 전망이 그 무엇보다 가장 충만하다고 할 것이다. 실제로 최근 남북 사이에 다방면의 교류협력 사업이 활발하게 추진되면서 남북 교류협력 및 북한 · 통일문제 전문가에 대한 사회적 수요가 점차 증대되고 있다. 남북관계가 활성화될수록 그러한 사회적 수요와 요구는 더욱 증대될 것이다. 통일학부는 바로 이러한 사회적 수요와 요구에 부응하여 민족의 화해 협력과 평화통일 시대에 꼭 필요한 준비된 각 분야 전문가를 양성하고자 한다.
  - ▸ 특성화 전략: 통일학은 한반도의 분단 현실과 그 극복 방안을 체계적으로 연구하고 한반도의 평화통일을 실현하기 위해 노력하는 학문으로서, 이에 통일학부는 남북 화해협력과 민족 평화통일에 학문적 · 실천적으로 기여하는 민족 통일 대학을 지향하며, 자주 · 민주적 평화 통일 의식 함양과 이론 · 실무지식의 체계적 배양을 통해 21세기 남북 화해협력과 평화통일의 역군을 양성하는 데 기본목표를 둠
  - ▸ 교과과정에 '재외동포정책론' 개설

(3) 전남대학교 대학원 디아스포라학협동과정

전국에서 유일하게 대학원에 '디아스포라학협동과정'이 2006년에 설립되어 석 · 박사과정을 통해서 다수의 디아스포라 전문가를 배출하고 있다. 졸업생은 전 세계 곳곳에서 코리언 디아스포라에 대한 자부심을 가지고 교수, 연구원, 기업인 등으로 활동하고 있다.

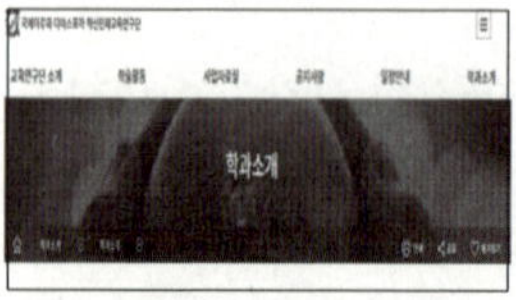

학과 소개[58]

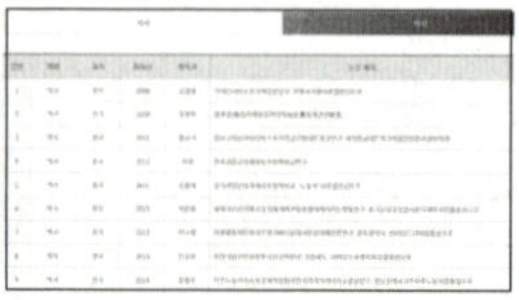

학위논문

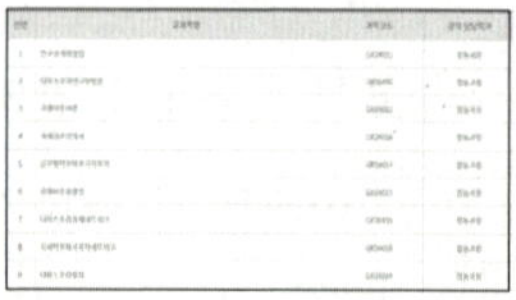

교과목

- 원명(原名): 전남대학교 대학원 디아스포라학협동과정
- 주소: (61186) 광주광역시 북구 용봉로 77(용봉동) 사회과학대학
- 커뮤니케이션: Tel: 062-530-5114 / Fax: 062-530-1189
- 홈페이지: https://diasporabk21.jnu.ac.kr/diasporabk21/index.do
- 지식정보:
  - 학과 소개: 2005.9. 신설 대학원 '세계한민족네트워크 협동과정'
    2006.3. 2단계 BK21 '세계한인네트워크개발인력양성사업팀' 선정(2006.9.-2012.8.)
    2007.7. 대학원 '디아스포라학협동과정'으로 학과명칭 변경
    2013.8. 법무부 '다문화사회전문가'과정 개설
    2013.8. 3단계 BK플러스 '글로벌 디아스포라 창의인재양성사업 팀'

58 학과 소개, 학위 논문, 교과목. 출처: 〈https://diasporabk21.jnu.ac.kr/diasporabk21/index.do〉

선정(2013.9.-2020.8.)

2020.9. 4단계 BK '국제이주와 디아스포라 혁신인재교육연구단' ㅣ 선정(2020.9.-2027.8.)

- 특성화 전략: 인문사회계열의 다양한 학문의 습득기회를 부여하는 '선택'적 전략과 자신에게 적합한 구체적인 전공단위를 깊숙이 파고드는 '집중'전략을 통해 해외의 틈새시장을 개척할 수 있는 국제적인 인력양성배출, 한국과 재외동포 및 거주국을 연결하는 국제적인 네트워크연구 전문가 양성, 유대인 · 화교 등 타민족 네트워크연구 전문가 양성, 각국 한국 공관재외동포 및 영사업무 전문가 육성, 세계한상네트워크를 활용한 해외취업 확대
- 관련 교과목: '교과목' 참조

나. 연구

코리언 디아스포라를 집중적으로 연구하는 연구소는 서울대학교 재외동포교육지원연구센터, 인하대학교 국제관계연구소, 전남대학교 글로벌디아스포라연구소, 전남대학교 국제이주와 디아스포라 혁신인재연구단이 활동하고 있다.

▮ 표 4-4 ▮ 코리언 디아스포라 관련 연구소와 연구단

연구소명	소개(연혁)
서울대학교 재외동포교육지원연구센터 (http://eduresearch.snu.ac.kr/sub_2/2_13.php)	2016.12.1. 설립
인하대학교 국제관계연구소 (https://dept.inha.ac.kr/user/indexSub.do?codyMenuSeq=10236&siteId=inhacis)	1985.3.1. 설립(이주 및 재외동포센터)
전남대학교 글로벌디아스포라연구소 (https://gdiaspora.jams.or.kr/co/main/jmMain.kci) (http://www.hansang.or.kr/)	2002.3. 전남대학교 사회과학연구원 세계한상문화연구단 설립 2006.3. 전남대학교 부설연구소 등록 2019. '글로벌디아스포라연구소'로 명칭 변경
국제이주와 디아스포라 혁신인재연구단	국제이주와 디아스포라 혁신인재교육연구단은 전남대학교 디아스포라학협동과정이 국제이주와 다문화 현상에 대한 융복합적 연구를 통해 이주자의 유입과 관련해서 파생되는 다양한 사회 문제를 해소하고 공존과 소통을 모색하고자 2020년부터 2027년까지 7년간 수행예정인 4단계 BK21 사업단

4.3 학회와 언론

가. 학회

코리언 디아스포라 관련학회는 '재외한인학회'가 있으면 학술지는 재외한인학회에서 발행하는 '재외한인연구'와 전남대학교 글로벌디아스포라연구소에서 발행하는 '재외한인연구'가 있다.

1) 재외한인학회

재외한인학회[59]

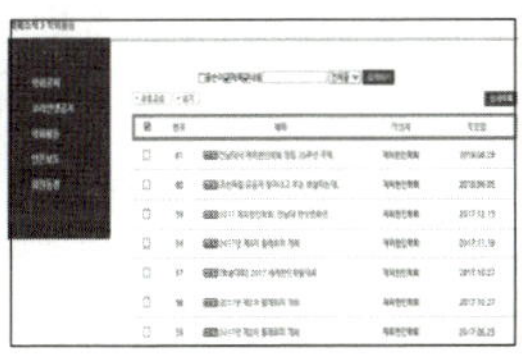

학회활동

학회 뉴스레터(소식지)

- 원명(原名): 재외한인학회(ASKA)
- 주소: (03176) 서울시 종로구 경희궁길 39 ㈜일조각내
- 커뮤니케이션: e-mail: aska.hakhoe@gmail.com
- 홈페이지: http://homepy.korean.net/~aska/www/introduction/info.html
- 지식정보:
  - ▸ 학회 소개: 재외한인학회는 전 세계 750만 재외동포의 역사와 현재

59 재외한인학회, 학회활동, 뉴스레터. 출처: 〈http://homepy.korean.net/~aska/www/introduction/info.htm〉

의 모습, 그리고 모국인 한국과의 관계와 한국의 재외동포에 대한 정책 등을 학술적으로 연구하는 학술단체

- 특성화 전략: 재외동포에 관한 연구조사 사업 및 재외동포정책 개발을 지속적으로 수행하고 있으며, 이는 매년 개최되는 정례 학술대회, 월례회, 워크숍 등을 통해 학회 회원들 간 학술 교류 및 협력으로 나타나고 있다. 학회지인 '재외한인연구' 발행

2) 학회지

코리언 디아스포라 관련 학회지는 '재외한인연구', '디아스포라연구'가 있다.

(1) 재외한인연구

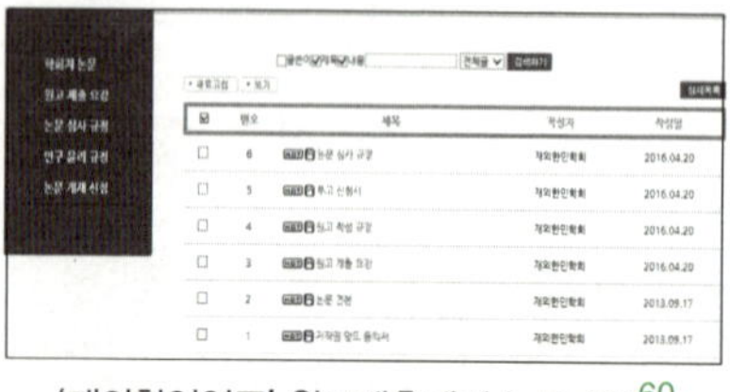

'재외한인연구' 원고제출에서 논문게재[60]

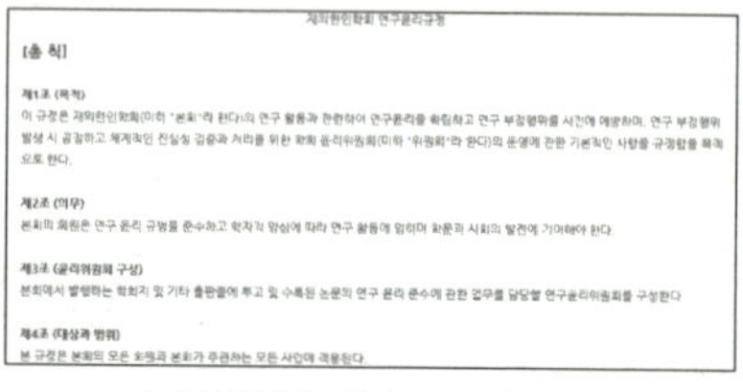

'재외한인학회' 연구윤리규정

- 원명(原名): 재외한인연구
- 창간연도: 1990년, 연 3회 발간(2월 28일, 6월 30일, 10월 31일)
- 주소: (03176) 서울시 종로구 경희궁길 39 ㈜일조각내

60 '재외한인연구' 원고제출에서 논문게재, '재외한인학회' 연구윤리규정. 출처: ⟨http: // homepy.korean.net/~aska/www/journal/journal/list.htm⟩

- 커뮤니케이션: e-mail: aska.hakhoe@gmail.com
- 홈페이지: http://homepy.korean.net/~aska/www/introduction/info.htm
- 지식정보:
    - ▸학회지 소개: 국내외 재외동포를 연구하는 연구자들의 대표적인 학술지. 재외한인학회는 재외동포를 연구하는 국내외 학자들 간의 네트워킹을 강화하고 재외동포 연구와 바람직한 재외동포정책 개발에 혼신의 노력을 다하겠음

(2) 디아스포라연구

글로벌디아스포라연구소 소개[61]

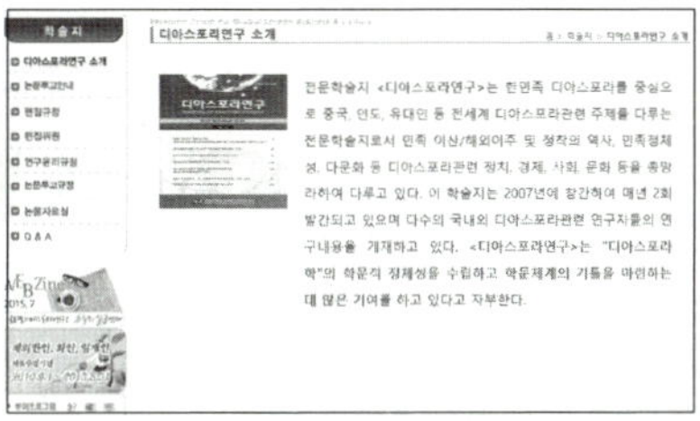

디아스포라연구 소개

- 원명(原名): 디아스포라연구
- 창간연도: 2007년, 매년 2회 발간
- 주소: (61186) 광주광역시 북구 용봉로 77 제2학생회관 2층
- 커뮤니케이션: Tel: 062-530-2701 / Fax: 062-530-2707
- 홈페이지: http://www.hansang.or.kr/
- 지식정보:

61 글로벌디아스포라연구소, 디아스포라연구 소개. 출처: 〈http://www.hansang.or.kr/〉

▸ 학회지 소개: 전문학술지 '디아스포라연구'는 한민족 디아스포라를 중심으로 중국, 인도, 유대인 등 전 세계 디아스포라 관련 주제를 다루는 전문학술지로서 민족 이산/해외이주 및 정착의 역사, 민족정체성, 다문화 등 디아스포라 관련 정치, 경제, 사회, 문화 등을 총망라하여 다루고 있음

나. 언론과 네트워크

1) 언론

(1) 재외동포신문

재외동포신문 dongponews.net

공동통합합의성명서

미주한인회총연합회, 공동통합합의성명서 발표

재외동포신문(웹사이트)[62]

재외동포신문

재외동포신문

한인경제

한인경제

- 원명(原名): 재외동포신문
- 창간연도: 2003년 4월 5일, 인터넷신문: 2005년 11월 11일
- 주소: (03173) 서울시 종로구 새문안로3길 30, 709호(내수동, 대우빌딩)
- 커뮤니케이션: Tel: 02-739-5914 / Fax: 02-739-5914
- 홈페이지: http://www.dongponews.net/
- 지식정보:

62 재외동포신문(웹사이트), 재외동포신문, 한인경제. 출처: 〈http://www.dongponews.net/〉

- 신문 소개: 재외동포언론인협의회와 시민의신문사가 공동으로 발간한 재외동포신문은 그동안 재외동포법, 재외국민참정권, 재외동포재단사업 등 재외동포 관련 현안들에 대한 다양한 프레임을 만들어내며 동포사회의 목소리를 실어내는 데 주력
- 월간으로 발행하다가 현재 격주로 발행주기를 확대, 웹사이트 개설
- 2012년부터 월간 '한인경제' 발행

(2) 재외동포 언론 실태조사(2018)

한국언론진흥재단 조사분석팀이 편찬한 '재외동포 언론 실태조사'(2018)는 2018년 기준의 재외동포가 거주하고 있는 지역에서 설립·운영하는 매체별 현황을 조사·분석하여 한국언론진흥재단이 발간한 보고서이다. 이 보고서에는 코리언 디아스포라 언론의 제반현황을 자세히 조사하여 제시하고 있다.

(목차)

Ⅰ. 주요 조사결과
- 사업체 · 인쇄매체 · 방송매체 · 인터넷 신문

Ⅱ. 조사개요
- 추진배경 및 보고서 구성, [재외동포 언론 실태조사] 세부사항

Ⅲ. 조사결과
- 사업체 기초정보, 일반 · 종사자 · 운영현황
- 인쇄매체 · 방송매체 · 인터넷신문(일반현황, 편집 및 저널리즘)
- 재외동포 언론사의 역할, 온라인 서비스 실시 여부 · 이유, 재외동포 언론사 운영 이유, 최근 1년간 업무상 임직원이 한국을 방문한 횟수, 기사와 관련하여 제휴 맺은 매체 현황, 최근 3년간 재외동포 언론 교류, 사업 참석 여부 · 만족도, 재외동포 언론사 지원사업에서 필요한 것

Ⅳ. 재외동포 언론 내용 분석
- 문제제기 및 연구목적, 이론적 배경, 연구문제, 연구방법, 분석내용(1면 분석, 전체면, 광고분석, 온라인신문)

Ⅴ. 이주민 언론으로서의 재외동포 언론
- 이주민 언론의 특성과 역할
- 미국의 이주민 언론과 재외동포 언론 현황
- 호주의 이주민 언론과 재외동포 언론 현황
- 유럽지역의 재외동포 언론: 영국과 프랑스
- 중국, 일본, CIS, 러시아지역의 재외 동포 언론

Ⅵ. 시사점

부록

1. 재외동포 언론사 디렉토리 2. 조사표

2) 네트워크

코리안 디아스포라 관련 네트워크는 코리안넷, 한상넷 등이 있다. 포털은 공공데이터포털, 재외교육기관포털, 스터디코리안 등이 있다.

(1) 네트워크

① 코리안넷

코리안넷

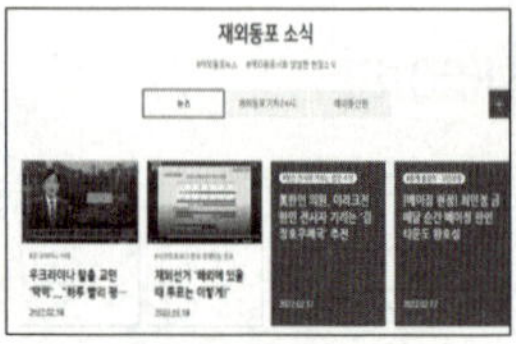

재외동포소식

코리안 네트워크

- 원명(原名): 코리안넷(KOREAN NET)
- 설립연도: 2003년 12월(코리안넷 오픈)
- 주소: 제주특별자치도 서귀포시 신중로 55
- 커뮤니케이션: Tel: 82-64-786-0200(제주본사); 82-2-3415-0100(서울사무소)
- 홈페이지: https://www.korean.net/portal/index.do
- 지식정보:
  - ▸ 재외동포지원, 재외동포민원, 재외동포소식, 코리안 네트워크, 소통과 공감, 정보센터
  - ▸ 코리안 네트워크: 세계 한인회 총람, 기타 한인단체 총람, 재외동포 카드뉴스, 재외동포문학, 재외동포의 이해

세계 한인회 총람, 기타 한인단체 총람, 재외동포 카드뉴스,
재외동포문학의 대륙별 · 국가별 제공[63]

- 세계 한인회 총람: 전 세계 각 국가, 지역에 분포되어 있는 한인회 정보를 제공(국가별 · 지역별 한인회 상세정보를 확인하실 수 있음)
  - 회장, 단체 이메일, 단체 연락처, 홈페이지 제공
- 기타 한인단체 총람: 세계 한인언론사 총람, 세계 한인문화예술단체 총람, 세계 한인체육단체 총람, 재외동포 경제단, 세계 한인차세대단체 총람, 세계 한인단체 찾기
  - 세계 한인언론사 총람: 국가, 도시, 매체명, 홈페이지 제공
- 재외동포 카드뉴스: 다양한 분야에서 활약한 자랑스러운 재외동포들의 이야기를 전함

63 세계 한인회 총람, 기타 한인단체 총람, 재외동포 카드뉴스, 재외동포문학의 대륙별 · 국가별 제공. 출처: 〈https://www.korean.net/portal/global/pg_world_press.do〉

재외동포 카드뉴스

▸ 재외동포문학: 세계 속 재외동포문학, 역대 문학상 수상집, 문학작품 한편씩 읽기, 역대 문학상 수상지역 - 1999년 제1회 수상, 2021년 제13회 수상

역대 재외동포문학상 수상집(1999–2021)[64]

64 역대 재외동포문학상 수상집. 출처: 〈https://www.korean.net/portal/contents/pg_literature_prize.do〉

▸ 재외동포 이해: 재외동포의 정의, 재외동포 사회 형성과정, 재외동포 역할 및 모국기여, 재외동포정책, 재외동포 통계자료, 해외이주신고자 현황

② 한상넷

한상넷

특별 이슈

- 원명(原名): 한민족 경제인 네트워크 한상넷(HANSANG NET)
- 설립연도: 2002년 세계한상대회 출범
- 주소: 제주특별자치도 서귀포시 신중로 55
  서울특별시 서초구 남부 순환로 2558(외교센터 4층)
- 커뮤니케이션: Tel: 82-64-786-02000; 82-2-3415-0100(서울)
  세계한상대회 사무국 Tel: 82-2-3415-0051, 0052
- 홈페이지: https://www.hansang.net/hansang/index.do
- 지식정보:
  ▸ 한상소식, 비즈니스정보, 한상기업 청년인턴십, 세계한상대회, 정보센터
  ▸ 한상소식: 공지사항, 입찰/행사/채용
  ▸ 비즈니스정보: 한상기업정보, 한상단체정보, 한상기업제휴, 국내·외 경제정보

- 한상기업정보: 12,941개(2022.2.1. 기준) 기업정보 제공(대륙·국가, 업종, 기업종목, 주요품목)

한상기업정보 검색창

한상기업정보의 실 예

- 한상단체정보: 한상 관련 주요 경제단체정보. 현재 30개 단체정보(아시아/대양주(17), 북아메리카(8), 남아메리카(1), 유럽(3), 독립국가연합(1)), 대표자, 단체이메일, 단체연락처, 홈페이지 주소 제공
- 한상기업제휴: 유통채널안내,[65] 제품홍보(상품교역), 일대일 비즈니스 매칭[66]
- 국내·외 경제정보: 산업·경제이슈, 부처별 경제정보, Biz News Korea
- 한상기업 청년인턴십: 청년인턴십 소개, 청년인턴십 지원, 인턴십 수기

65 중소기업 유통지원 포털사이트 '아임스타즈': 아임스타즈는 체계적이고 효율적인 중소기업지원체계를 구축하고 중소기업의 경쟁력을 높이기 위해 태어난 중소기업 유통지원 포털사이트이다. 중소기업이 한번의 상품 등록을 통하여 다양한 유통채널로 진출할 수 있도록 지원

66 한상넷 회원분들의 기업에서 취급하는 다양한 제품이나 서비스들에 대해서 이를 필요로 하는 바이어와 시스템상에서 실시간으로 자동매칭(연결) 해드리는 서비스를 제공하는 사이버 공간

③ 세계한상대회(世界韓商大會)

제19차 세계한상(韓商)대회 모습 2021.10.19.(화)–10.21(목) 3일간(서울 롯데호텔 잠실)

- 원명(原名): 세계한상대회(世界韓商大會)
- 창립대회: 2002년 세계한상대회 출범
- 주소: 제주특별자치도 서귀포시 신중로 55,
  서울특별시 서초구 남부 순환로 2558(외교센터 4층)
- 커뮤니케이션: 세계한상대회 사무국 Tel: 82-642-3415-0051, 0052
- 홈페이지: https://www.hansang.net/hansang/index.do
- 지식정보:
  - ▸ 재외동포재단 세계한상센터에서 매년 10월 개최하는 재외동포 경제단체들의 민족모임, 경제모임
  - ▸ 국적을 불문하고 해외에서 거주하는 한민족 혈통의 비즈니스 종사자를 한상(韓商)[67]이라고 일컫는다. 한상대회는 무역인협회인 월드옥타, 각 지역별 한인상공회의소, 미주뷰티서플라이협회, 국제식품주류상총연합회, 중국한국상회, 청도조선족기업협회 등 재외동포 경제단체가 모두 참여하는 한민족 비즈니스 네트워크 컨벤션이

67 '한상'이라는 단어는 2002년 서울 롯데호텔에서 10월 8일부터 10일까지 개최된 "제1차 세계한상대회"를 기점으로 공식적으로 사용하기 시작

다.[68]

▸ 세계한상대회 개요(예)

대회명	제20차 세계한상대회(The 20th World Korean Business Convention)
기간	2022년 11월 1일(화)-11월 3일(목) 3일간
장소	울산전시컨벤션센터(울산)
주최	재외동포경제단체
주관	재외동포재단, 울산광역시, 매일경제신문, MBN

▸ 주요 프로그램: 일대일 비즈니스 미팅, 기업IR, 현장쇼룸, 세미나

일대일 비즈니스 미팅[69]

기업IR[70]

▸ 리뷰 한상[71]: 제1차부터 19차까지의 결과보고, 사진자료, 영상자료 제공

68 출처: 한국민족문화대백과사전 〈http://encykorea.aks.ac.kr/Contents/Item/E0073664〉

69 한상과 한상 간, 국내기업과 한상 간의 비즈니스 상담 및 인적 교류의 기회 제공을 통한 비즈니스 활동 지원, 세계한상대회의 대표 비즈니스 프로그램으로 일대일 비즈니스미팅 - 기업IR - 현장쇼룸으로 연계되며 해외 및 한상 바이어들이 참가. 출처: 〈https://www.hansang.net/hansang/hansang_convention/pg_contest_busi.do〉

70 프로그램 목적: 국내 수출유망기업 및 한상 셀러 대상 세계한상대회 계기 기업 홍보기회 제공, 한상바이어 및 국내외 유관기관 관계자와의 네트워크의 장 마련. 출처: 〈https://www.hansang.net/hansang/hansang_convention/pg_contest_corporate_ir.do〉

71 출처: 〈https://www.hansang.net/hansang/hansang_convention/pg_contest_movie.do#linkNone〉

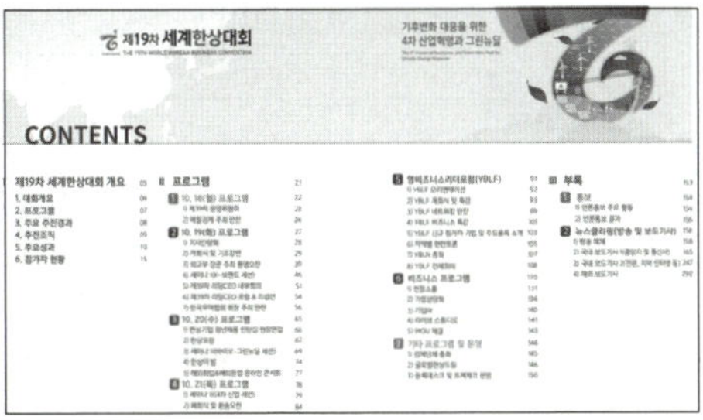

제19차 세계한상대회 결과보고서와 콘텐츠

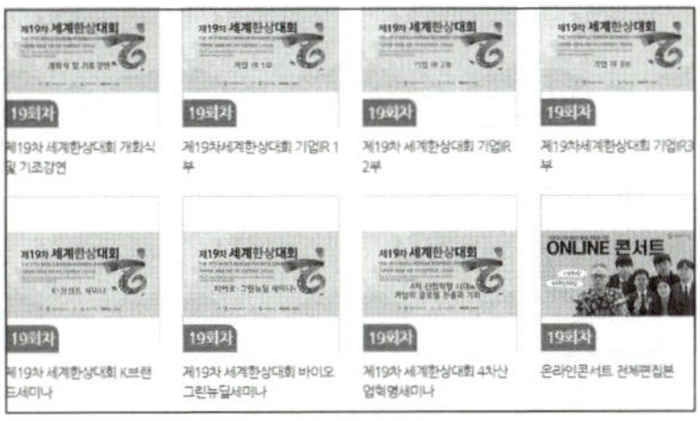

제19차 세계한상대회 사진자료

제19차 세계한상대회 영상자료

(2) 포털

① 공공데이터포털

'공공데이터포털'은 행정안전부 '공공데이터포털 활용지원센터'[72]에서 구축하여 서비스하고 있다. 재외동포에 관련된 데이터가 2.19%로 나타났다(2022.2.1. 기준).

72 '공공데이터포털'은 공공기관이 생성 또는 취득하여 관리하고 있는 공공데이터를 한 곳에서 제공하는 통합 창구. 포털에서는 국민이 쉽고 편리하게 공공데이터를 이용할 수 있도록 파일데이터, 오픈API, 시각화 등 다양한 방식으로 제공하고 있으며, 누구라도 쉽고 편리한 검색을 통해 원하는 공공데이터를 빠르고 정확하게 찾을 수 있다. '공공데이터활용지원센터'는 공공기관의 데이터 개방과 민간의 이용 활성화를 전담 지원하는 실무 조직이다. 센터는 공공데이터 생성, 개방, 활용에 관한 전문성과 역량을 갖추고 공공과 민간의 접촉점에서 양질의 공공데이터 개방을 확대하고, 민간의 창의적 활용을 종합 지원하는 역할을 수행. 출처: 〈https://www.data.go.kr/ugs/selectPortalInfoView.do#portal_info〉

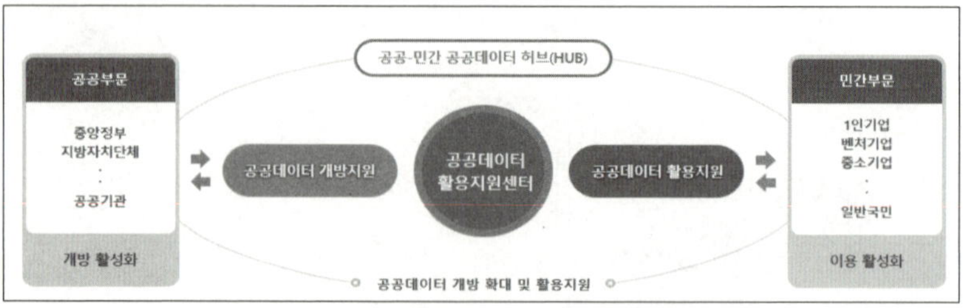

▌그림 4-2 ▌공공데이터 활용 지원센터

- 원명(原名): 공공데이터포털
- 주소: (30116) 세종특별자치시 한누리대로 411(어진동, 행정안전부 별관)
- 커뮤니케이션: Tel: (대표번호) 1566-0025
- 홈페이지: https://www.data.go.kr/data/15062082/fileData.do
- 지식정보:
  - ▸ 공공데이터포털의 국가데이터맵을 활용한 외교와 재외동포 관련 데이터

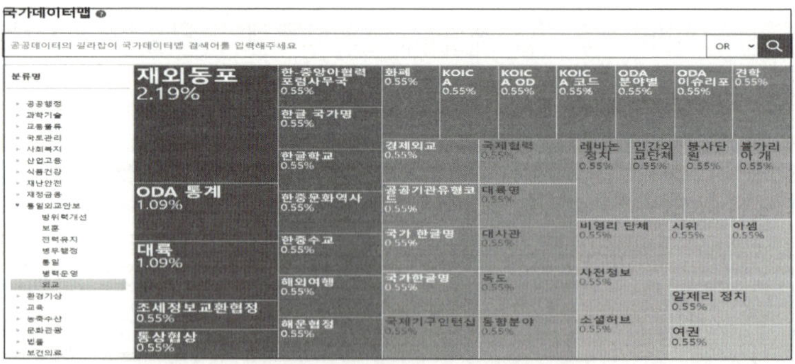

국가데이터맵과 재외동포 공공데이터포털[73]

73 국가데이터맵. 출처: 〈https://www.data.go.kr/tcs/opd/ndm/view.do〉

② 재외교육기관포털[74]

재외교육기관포털은 750만 재외동포를 대상으로 온라인 교육지원을 위한 재외동포교육 전문 포털 사이트이다. 재외교육기관포털은 각국의 재외동포가 서로 정보를 교류하고 유기적으로 연대할 수 있는 양방향 커뮤니케이션 공간이다.

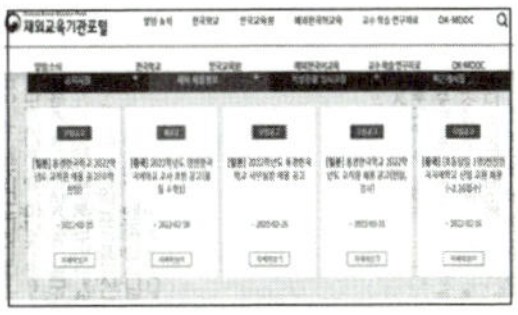

재외교육기관 포털

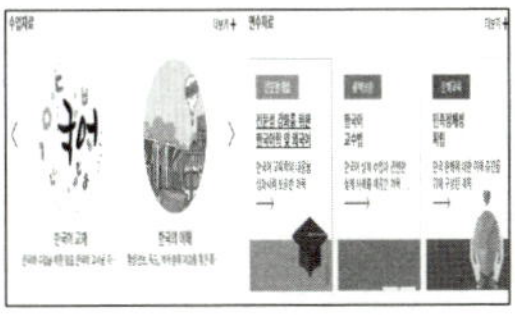

수업자료와 연수자료

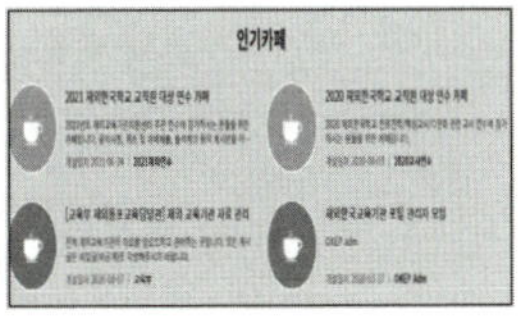

인기카페

- 원명(原名): 재외교육기관포털(Overseas Korean Education Portal)
- 주소: 세종특별자치시 갈매로 408, 14동(어진동) 정부세종청사
- 커뮤니케이션: e-mail: okepwebmaster@gmail.com
- 홈페이지: https://okeis.moe.go.kr/root/index.do)
- 지식정보:
  - 재외동포를 위한 재외국민특별전형, 재외동포 온라인 교육지원을 위한 학습 · 교수자료, 재외교육기관 정보, 재외교육 카페, 다양한 알림소식 및 이벤트 등 재외동포를 위한 맞춤형 정보를 제공

74 출처: ⟨https://okeis.moe.go.kr/root/index.do⟩

❙ 표 4-5 ❙ 재외교육기관포털 서비스

서비스 유형	서비스 내용
재외국민 특별전형	한국학교 진학에 관심이 있는 교원, 학생을 위해 진학상담, 특례 자격요건, 특례 입시요강, 입학설명회 자료 등 다양한 입시정보
학습/교수자료	한국어와 한국문화를 가르치는 재외동포 교원을 지원하기 위한 교수자료와 한국어 학습을 필요로 하는 학생을 지원하기 위한 학습자료
재외교육 기관 정보	재외교육기관(한국학교, 한국교육원)에 관심 있는 교원, 학생, 학부모를 위해 재외한국학교 및 한국교육원의 학생 및 교직원 현황, 시설, 예·결산 현황을 비롯하여 기관별 교육과정 및 운영현황
재외교육카페	교수자를 위한 교수·학습자료 공유 및 교원·학생 간의 소통을 위한 커뮤니케이션 공간
알림소식	재외동포를 위한 채용정보, 교육행사, 공모전정보, 한국 소식, 재외교육기관 소식 등 재외동포들에게 꼭 필요한 정보

③ 스터디코리안[75]

스터디코리안은 외교부 산하 재외동포재단에서 운영하는 재외동포 대상 한글·문화·역사 교육사이트이다.

스터디코리안

한글학교 소식

주제별 자기학습

- 원명(原名): 스터디코리안
- 주소: (63565) 제주특별자치시도 서귀포시 신중로 55
  (06750) 서울특별시 서초구 남부순환로 2558(서울사무소)

75 출처: 〈http://study.korean.net/servlet/action.home.MainAction〉

- 커뮤니케이션: e-mail: studykorean@okf.or.kr

  Tel: 82-64-786-0200(제주), 82-2-3415-0100(서울)
- 홈페이지: http://study.korean.net/servlet/action.home.MainAction
- 지식정보:
  - ▸ 교사, 수업용자료, 학생, 한글학교, 참여 · 알림, 자료실
  - ▸ 교사: 나의 강의실, 주제별 자기학습, 역사, 문화
  - ▸ 수업용자료: 자료공유실, 한국어, 역사, 문화
  - ▸ 학생: 학생소식, 나의 강의실, 3분 K-culture, 한국어 학습, EBS 콘텐츠
  - ▸ 한글학교: 한글학교 소식, 한글학교 현황, 초청연수
  - ▸ 참여 · 알림: 스터디코리안은? 스터디코리안 새소식, 해외통신원, 공지사항, 질문상담, 스터디코리안 도움말, 이벤트, 뉴스레터
  - ▸ 자료실: 일반자료, 학술자료, 현지 연수자료

다. 정부, 재단, 기관

1) 외교부[76]

외교부

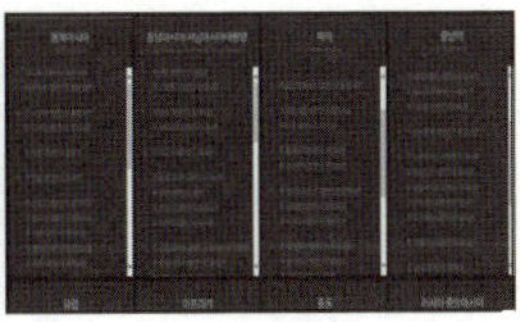
재외공관

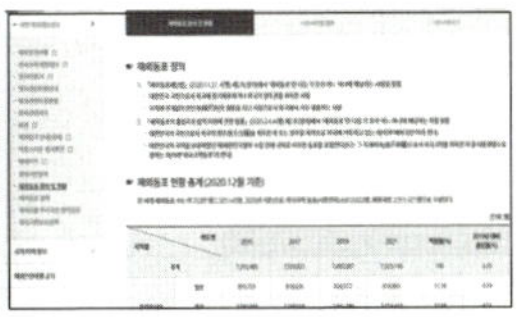
재외동포

- 원명(原名): 외교부

---

76 출처: 〈https://www.mofa.go.kr/www/main.do〉

- 창립연도: 1948년
- 주소: (03172) 서울특별시 종로구 사직로8길 60(여권영사민원실), 서울특별시 서초구 남부순환로 2558 외교타운 6층
- 커뮤니케이션: Tel: 02-2100-2114(주간), 02-3210-0404(영사콜센터, 24시간)
- 홈페이지: https://www.mofa.go.kr/www/main.do
- 지식정보:
  - ▸ 영사/국가지역, 외교정책, 뉴스 · 공지, 국민참여, 정보공개, 외교부 소개
  - ▸ 영사/국가지역: 여행 · 해외체류정보, 영사관련 민원안내, 해외안전 여행
  - ▸ 영사조력 법령정보, 영사민원24, 영사관련민원안내, 영사관련이용방법, 영사관련서식, 여권, 해외입국 안내(비자), 아포스티유 · 영사확인, 해외이주, 재외국민등록, 재외동포 정의 및 현황, 재외동포 정책, 해외진출 우리국민 편익증진, 재외국민보호정책

2) 국가보훈처[77]

국가보훈처

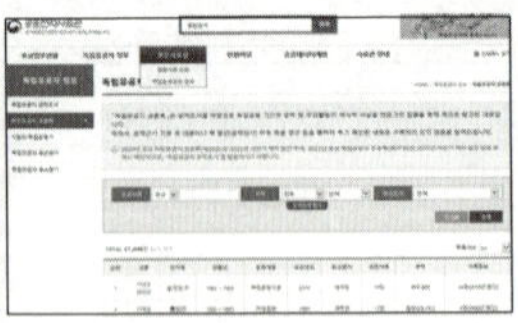
공훈전자사료관

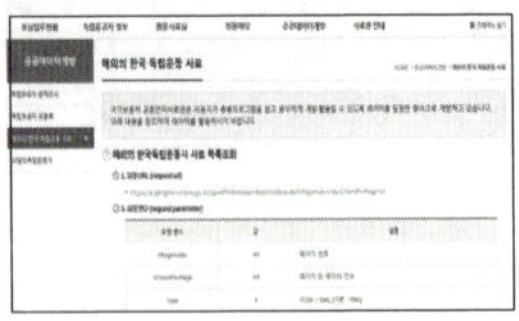
해외의 한국독립운동 사료

77 출처: 〈https://www.mpva.go.kr/mpva/index.do〉

- 원명(原名): 국가보훈처
- 창립연도: 1961년
- 주소: (30113) 세종특별자치시 도움4로 9 정부세종청사 9동
- 커뮤니케이션: Tel: (대표) 1577-0606
- 홈페이지: https://www.mpva.go.kr/mpva/index.do
- 지식정보:
  - 정보공개, 민원 · 참여, 적극행정, 알림 · 소식, 예우보상, 자료공간, 보훈기념행사, 보훈인물, 국가보훈처 소개
  - 보훈기념행사: 정부기념행사, 독립기념행사, 참전기념행사, 기념사업회, 이달의 보훈행사
  - 공훈전자사료관: https://e-gonghun.mpva.go.kr/user/index.do 포상업무현황, 독립유공자정보, 원문사료실, 공공데이터개방, 사료관 안내

공훈전자사료관[78]

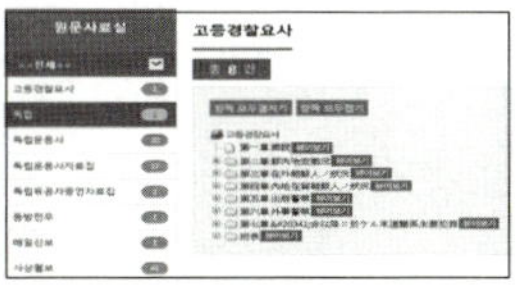

원문사료실

이달의 독립운동가

  - 보훈인물: 보고싶다 전우야, 독립유공자(공훈록), 독립운동가 자료실, 이달의 전쟁영웅, 보훈콘텐츠 작품
  - 독립유공자정보: 독립유공자 공적조서, 독립유공자 공훈록, 이달의 독립운동가, 독립유공자 후손찾기, 독립유공자 묘소찾기

78 공훈저자사료관, 원문사료실, 이달의 독립운동가. 출처: 〈https://e-gonghun.mpva.go.kr/user/index.do〉

▸공공데이터 개방: 독립유공자 공적조서, 독립유공자 공훈록, 해외의 한국독립운동 사료, 이달의 독립운동가

3) 법제처[79]

법제처

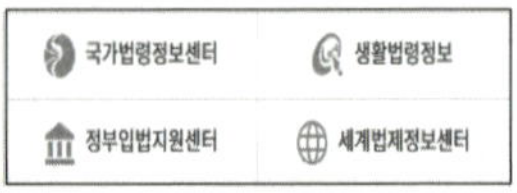

국가법령정보센터

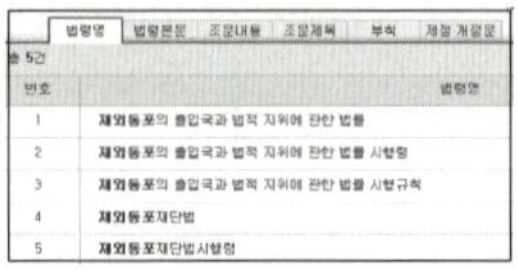
재외동포관련법

- 원명(原名): 법제처
- 창립연도: 1962년
- 주소: (30102) 세종특별자치시 도움5로 20, 정부세종청사 법제처(7-1동)
- 커뮤니케이션: Tel: (대표) 044-200-6900 / Fax: 044-200-6954
- 홈페이지: https://www.moleg.go.kr/index.es?sid=a1
- 지식정보:
  ▸법제업무정보, 정보공개, 지식창고, 뉴스 · 소식, 민원 · 제안, 법제처소개
  ▸국가법령정보센터: 재외동포관련법령
    • 재외동포의 출입국과 법적지위에 관한 법률: 시행령, 시행규칙
    • 재외동포재단법: 시행령

79 출처: 〈https://www.moleg.go.kr/index.es?sid=a1〉

4) 외국인종합 안내센터

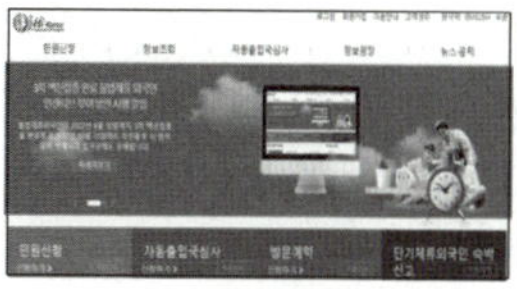
Hi Korea

안내클릭과 공지사항

뉴스레터

- 원명(原名): 하이코리아(Hi Korea)
- 창립연도: 2005년
- 커뮤니케이션: Tel: (국번없이) 1345 / Fax: 02-2650-4550
  (해외문의) 82-1-1345, 82-2-6908-1345-6
- 홈페이지: https://www.hikorea.go.kr/Main.pt
- 지식정보:
  - ‘하이코리아(Hi Korea)’는 대한민국을 찾는 외국인이 필요한 투자, 고용지원, 거주, 생활편의 정보를 하나의 창구로 제공하기 위하여 법무부, 산업통상자원부, 고용노동부가 공동으로 구축한 외국인을 위한 전자정부 대표사이트
  - 민원신청, 정보조회, 자동출입국심사, 정보광장, 뉴스 · 공지

5) 재외동포재단

재외동포재단

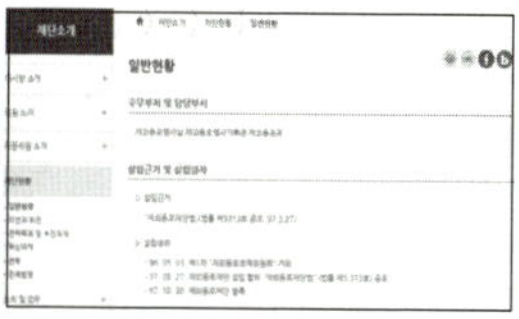
재단소개

재외동포재단소식

- 원명(原名): 재외동포재단
- 창립연도: 1997년 10월
- 주소: (63565) 제주특별자치도 서귀포시 신중로 55
  (06750) 서울시 서초구 남부순환로 2558 (외교센터 4층)
- 커뮤니케이션: Tel: 82-64-786-0200(제주), 82-2-3415-0100(서울)
- 홈페이지: https://www.okf.or.kr/
- 지식정보:
  - ▸ 재외동포들이 민족적 유대감을 유지하면서 거주국 안에서 그 사회의 모범적인 구성원으로 정착할 수 있도록 지원
  - ▸ 재단사업, 언론 · 홍보, 고객센터, 인재채용, 재단소개
  - ▸ 재단산하 네크워크와 기구: 코리안넷, 한상넷, 스터디코리안

6) 한국국제교류재단[80]

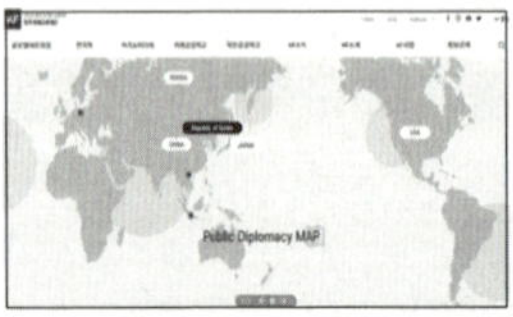

한국국제교류재단

KF 글로벌 e-스쿨

한국학

- 원명(原名): 한국국제교류재단(Korea Foundation: KF)
- 창립연도: 1991년, 1996년 7월 서귀포시로 본부 이전
- 주소: (63565) 제주특별자치도 서귀포시 신중로 55

80 출처: 〈https://www.kf.or.kr/kf/main.do?langTy=KOR)〉

- 커뮤니케이션: e-mail: webmaster@kf.oe.kr

  Tel: 064-804-1000 / Fax: 064-804-1274
- 홈페이지: https://www.kf.or.kr/kf/main.do?langTy=KOR)
- 지식정보:
  - 대한민국의 매력을 세계에 알리고, 상호 우호적인 국제 민간 네트워크가 뿌리내릴 수 있도록 공공외교를 수행하고 지원하는 기관. 설립 이래 KF는 글로벌 한국학 진흥, 국제협력 네트워킹, 문화예술 교류 및 미디어 사업 등 외국과의 다양한 교류사업을 수행해 왔고, 이제 대한민국을 대표하는 공공외교 전문기관임
  - 글로벌 네트워킹, 한국학, 아치&미디어, 미래공공외교, 국민공공외교, KF소식, KF소개, KF사업, 정보공개
  - 산하기구: KF 글로벌센터, 한중앙아협력포럼사무국, 아세안문화원

(1) KF 글로벌 e-스쿨[81]

KF 글로벌 e-스쿨 사업

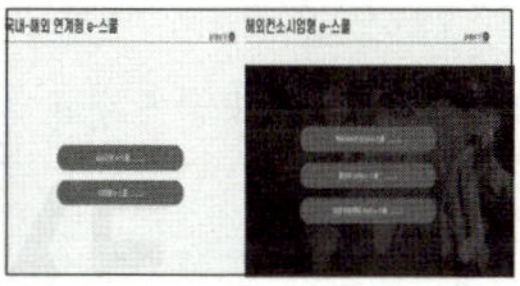
국내-해외 연계 · 콘소시엄형 e-스쿨

e-스쿨 펠로십

- 원명(原名): KF 글로벌 e-스쿨사업
- 창립연도: 1991년

81 출처: 〈https://www.kf.or.kr/kfglobaleschool/main.do〉; KF GLOBAL e-SCHOOL 브로셔 〈file:///C:/Users/user/Downloads/KF%20Global%20e-School%20Brochure.pdf

- 홈페이지: https://www.kf.or.kr/kfglobaleschool/main.do
- 지식정보:
  - KF 글로벌 e-스쿨은 해외 한국학 교육 수요의 폭발적 증가에 비해 현지 교육을 담당할 전문 인력이 부족한 상황을 극복하고자 국내-해외 대학 연계 또는 해외 대학 간 컨소시엄을 통해 실시간 및 VOD형 온라인 한국학(어) 강의와 오프라인 프로그램을 제공하는 사업
  - 사업소개, 국내-해외 연계형 e-스쿨, 해외 콘소시엄형 e-스쿨, e-스쿨 펠로십, e-스쿨 통계
  - e-스쿨은 2021년 연간 기준 한국 16개 대학, 해외 49개국 151개 대학 참여 약 450개 강좌운영, 1만여 수강 중
  - e-스쿨 펠로쉽 초청인원 32개국 91개교 605명
  - e-스쿨 강좌 발신 주요 대학은 ① 국내-해외 연계형(실시간형) 수신대학 28개국 89개교, ② 국내-해외 연계형(VOD형 한국어교육) 수신대학 24개국 41개교, ③ 해외 콘소시엄형(북미) 수신대학 1개국 11개교, ④ 해외 콘소시엄형(중남미) 수신대학 8개국 17개교, ⑤ 해외 콘소시엄형(유럽) 수신대학 5개국 5개교

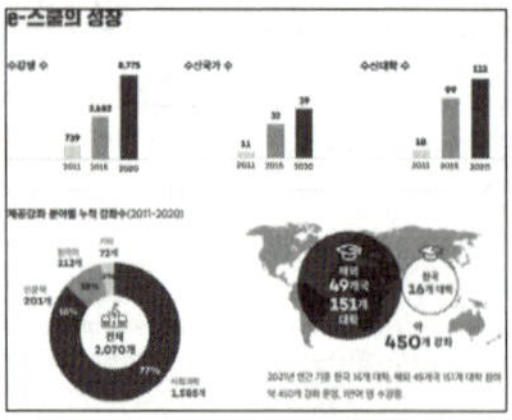

e-스쿨의 성장

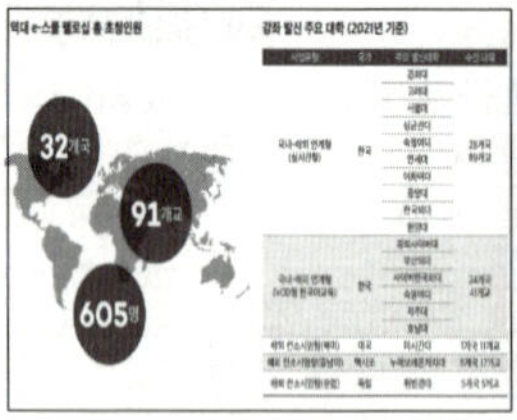

e-스쿨 펠로십,
강좌 발신 수신대학

e-스쿨 수업

(2) KF 글로벌센터[82]

KF 글로벌센터

전시, 전시연계프로그램

세계문화 온라인

- 원명(原名): KF 글로벌센터
- 창립연도: 1991년
- 주소: (04539) 서울특별시 중구 을지로5길 26 (미래에셋센터원 서관 19층)
- 커뮤니케이션: e-mail: webmaster@kf.or.kr
  Tel: 02-2151-6565 / Fax: 02-2151-6592
- 홈페이지: https://www.kf.or.kr/kf/cm/cntnts/cntntsView2.do?mi=1658
- 지식정보:
  - 주한외국대사관 및 국내외 유관기관, 지자체 등과 협력하에 우리 국민과 세계 각 국민들이 서로를 보다 잘 이해할 수 있도록 전시, 공연, 영화, 학술 등 세계 문화교류를 추진
  - 진행 중인 행사: 세계문화 전시 · 공연 · 영화 · 온라인
  - KF 코리아 워크숍, 공공외교주간, 공공외교 역량강화 대학지원, KF 공공아카데미, 공공외교 교육자료실, 국민공공외교 프로젝트 지원,

82 출처: 〈https://www.kf.or.kr/kf/cm/cntnts/cntntsView2.do?mi=1658〉

KF 글로벌 챌린저

▸ KF 글로벌 챌린저[83]:

사업개요	• 한국국제교류재단은 1991년 설립 이래로 해외 주요 정책연구소의 한국 관련 주요 현안 연구와 해외박물관 한국실 설치 및 운영, 국내외 한국학/한국어 진흥, 해외 한국 관련 도서관 운영을 지원 • KF가 그간 다져온 국제교류 네트워크와 협력 역량을 활용해 우리나라의 차세대 인재들이 국제무대에서 글로벌 리더로 발돋움할 수 있는 기회를 제공하고자 2011년 재단 창립 20주년에 즈음하여 KF 글로벌 챌린저 프로그램을 마련 • KF 글로벌 챌린저 프로그램을 통해 대한민국 인재들이 세계무대에서 국제적 감각과 전문성을 기르고, 차세대 글로벌 리더로서의 소양을 다질 수 있는 발판을 제공
프로그램	〈KF 싱크탱크 인턴십〉 • 인턴 연구원 자격으로 세계적인 권위의 정책연구소 프로젝트에 참여 • 선임 연구원들의 지도 하에 연구 방법과 분석 능력을 향상시킬 수 있는 기회 제공 • 연구소에서 개최되는 각종 학술행사에 참여하며 다양한 분야를 폭넓게 학습
	〈KF 박물관 인턴십〉 • 세계 유수 박물관 학예부 · 교육부서 · 보존실 · 아카이빙 등에서 다양한 실무경험 기회 제공 • 해외 박물관의 한국실 운영 및 한국 미술 소장품 관련 연구방법 학습 • 박물관에서 진행하는 특정 프로젝트에 참여
	〈KF 도서관 인턴십〉[84] • 세계 유수 도서관에서 도서관 운영시스템 현장 경험 • 현지 한국학 사서의 지도하에 한국학 장서 개발 및 관리 보조 • 도서관에서 진행하는 특정 프로젝트에 참여

83 출처: https://www.kf.or.kr/kf/cm/cntnts/cntntsView.do?mi=1672&cntntsId=1387

84 미국: UC버클리 동아시아도서관(C.V. Starr East Asian Library, University of California, Berkeley), UC어바인 랭슨도서관(Langson Library, University of California, Irvine), 남가주대학교 한국학도서관(Korean Heritage Library, University of Southern California), 미시건대학교 아시아도서관(Asia Library, University of Michigan), 시카고대학교 동아시아도서관(East Asia Library, University of Chicago), 워싱턴대학교 동아시아도서관(University of Washington, Tateuchi East Asia Library), 의회도서관(Library of Congress), 컬럼비아대학교 동아시아도서관(C.V. Starr East Asian Library, Columbia University),

	〈KF 국제기구 인턴십〉 • 유럽의회 공식행사 및 워크숍 조직, 유럽의회 운영에 관한 행정업무 보조 • 유럽의회 담당자의 감독하에 자료조사 · 문서작성, 통계조사 등 실무 경험 기회 제공 • 유럽의회에서 진행하는 기획 프로젝트에 참여 • 잘츠부르크 글로벌 세미나(SGS) 담당자의 감독하에 프로그램 운영에 관한 행정업무 보조 / 잘츠부르크 글로벌 세미나 프로그램 운영을 위한 조사 분석, 행사 운영 및 기획에 참여

(3) 한중앙아협력포럼사무국과 아세안문화원

한중앙아협력포럼사무국	• 주소: (04539) 서울특별시 중구 을지로5길 26 (미래에셋센터원 서관 19층) • 커뮤니케이션: e-mail: casecretariat@kf.or.kr Tel: 02-2151-6565 / Fax: 02-2151-6592
아세안문화원	• 주소: (48108) 부산광역시 해운대구 좌동로 162 • 커뮤니케이션: e-mail: ach@kf.or.kr Tel: 051-775-2000 / Fax: 051-775-2020

7) 한국국제협력단[85]

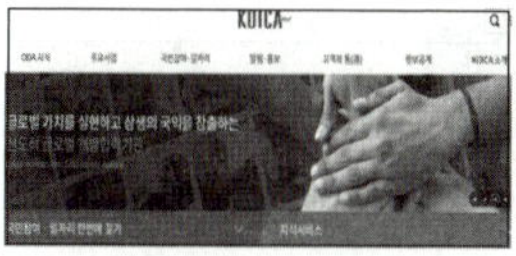

KOICA 소개

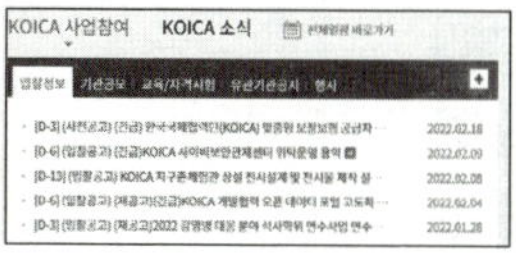

KOICA 소식

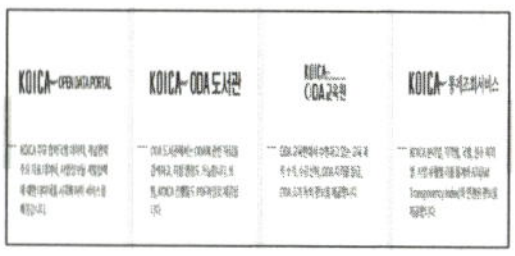

KOICA 서비스

하버드대학교도서관(Harvard Library, Harvard University), 하버드대학교 하버드-옌칭도서관(Harvard-Yenching Library, Harvard University), 하와이대학교 한국학센터도서관(Center for Korean Studies Library, University of Hawaii at Manoa), 하와이대학교 해밀턴도서관(Hamilton Library, University of Hawaii at Manoa). 프랑스: 콜레주 드 프랑스 한국학연구소 도서관(Bibliothèque de l'Institut d'Études Coréennes, Collège de France). 호주: 호주국립대학교 멘지스도서관(Australian National University, Menzies Library)

85 출처: 〈https://www.koica.go.kr/sites/koica_kr/index.do〉

- 원명(原名): 한국국제협력단(Korea International Cooperation Agency: KOICA)
- 창간연도: 1991년
- 주소: (13449) 경기도 성남시 수정구 대왕판교로 825 한국국제협력단
- 커뮤니케이션: Tel: 1588-0434 / Fax: 031-7400-260
- 홈페이지: https://www.koica.go.kr/sites/koica_kr/index.do
- 지식정보:
  - ▸ 개발도상국의 빈곤감소 및 삶의 질 향상, 여성, 아동, 장애인, 청소년의 인권향상, 성평등 실현, 지속가능한 발전 및 인도주의를 실현하고, 협력대상국과의 경제협력 및 우호협력 관계 증진, 국제사회의 평화와 번영에 기여함[86]

8) 한국국제문화교류진흥원[87]

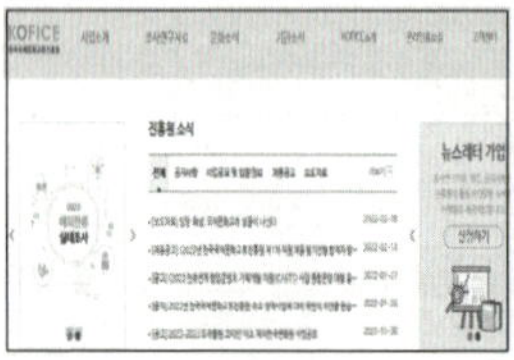
진흥원 소식

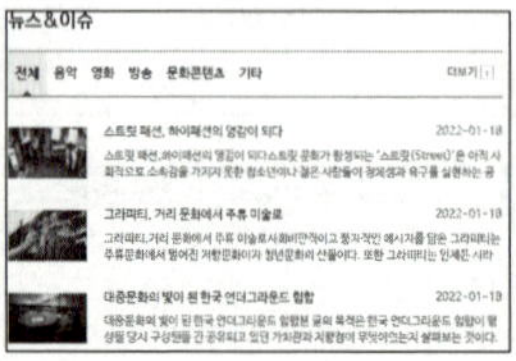
뉴스와 이슈

해외통신원 리포트

- 원명(原名): 한국국제문화교류진흥원(KOFICE)
- 창립연도: 2003년 ‘아시아교류문화재단’, 2018년 ‘한국국제문화교류진흥원’

86 KOICA 설립목적. 출처: 〈https://www.koica.go.kr/koica_kr/851/subview.do〉
87 출처: 〈http://kofice.or.kr/index.asp〉

- 주소: (03920) 서울시 마포구 성암로 330 DMC 첨단산업센터 203호 (상암동)
- 커뮤니케이션: e-mail: info@kofice.or.kr
  Tel: 02-3153-1784/1772 / Fax: 02-3153-1787
- 홈페이지: http://kofice.or.kr/index.asp#
- 지식정보:
  - 다양한 문화산업 국제교류를 통하여 각국 문화에 대한 올바른 인식과 이해를 도모하고, 상호협력을 위한 민간교류 창구로서의 역할을 수행함으로써 국가 간 문화교류 및 협력기반 조성[88]
  - 사업소개, 조사연구자료, 문화소식, 기관소식, KOFICE 소개, 온라인홍보실
  - 조사연구자료: 한류NOW,[89] 한류백서, 해외한류실태조사, 한류파급효과연구, 한류 · 다음, 해외문화정책동향, 포럼 · 세미나, 기타자료

9) 한·아프리카재단[90]

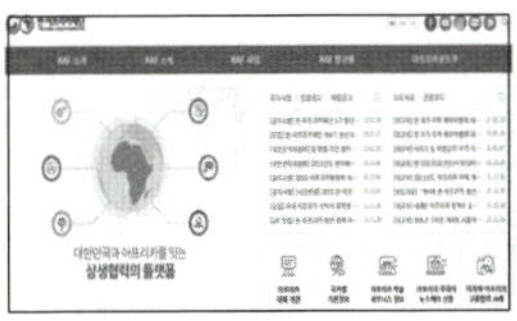
한 · 아프리카재단

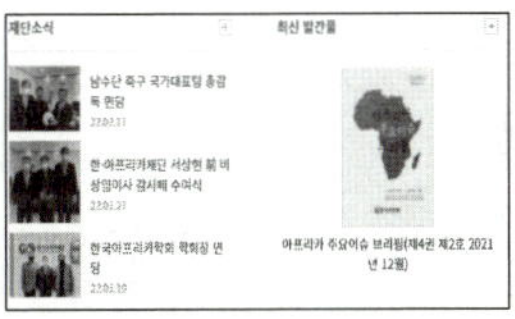
재단소식과 최신 발간물

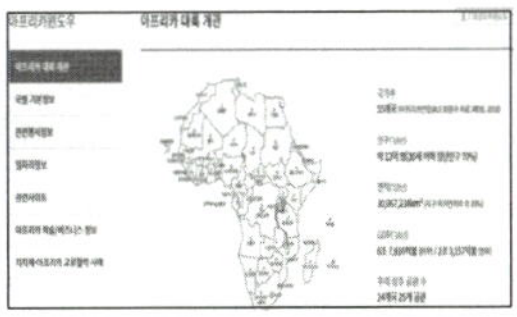
아프리카 윈도우

88 설립 및 연혁. 출처: 〈http://kofice.or.kr/g100_introduction/g100_introduction_02_1.asp〉
89 격월 콘텐츠 해외동향 분석보고서 '한류NOW'는 국내외 최신 한류 이슈를 선제적으로 제공
90 출처: 〈https://www.k-af.or.kr/〉

- 원명(原名): 한 · 아프리카재단(The Korea-Africa Foundation: KAF)
- 창립연도: 2018년
- 주소: (06750) 서울특별시 서초구 남부순환로 2558 외교타운 4층
- 커뮤니케이션: Tel: 02-722-4700 / Fax: 02-272-4900
- 홈페이지: https://www.k-af.or.kr/
- 지식정보:
  - ▸ 한 · 아프리카재단은 아프리카 관련 종합적 지식정보 허브와 민관 협력 플랫폼 구축을 통해 대 아프리카 외교의 저변을 확대하는데 중점을 두고 관련 사업을 발전시켜가고 있음. 특히 아프리카의 경제 정세에 대한 우리 국민의 이해와 인식을 제고하여 한 · 아프리카 비즈니스 기회를 촉진하는데 힘씀. 30세 이하 인구가 70% 이상인 젊은 대륙 아프리카와 우리 청년들 간의 미래지향적 교류협력 환경을 조성하는 일에도 더욱 노력을 경주함[91]
  - ▸ KAF 소개, KAF 소식, KAF 사업, KAF 발간물, 아프리카 윈도우
  - ▸ KAF 발간물: 아프리카 투데이/위클리, 단행본 및 발간물, 아프리카 주요 이슈 브리핑, 아프리카미래전략센터 아카이브

아프리카 투데이/위클리

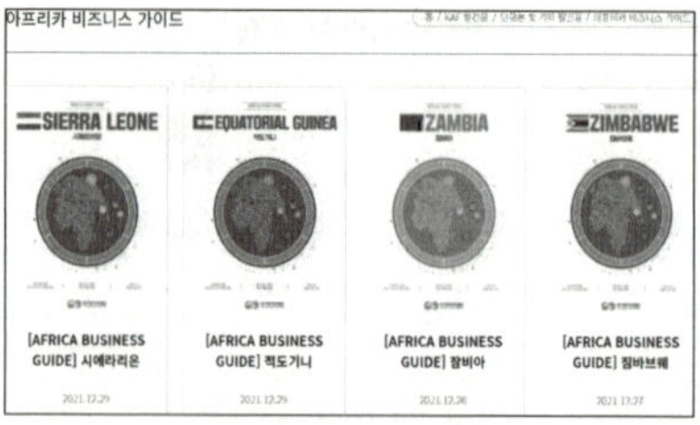

아프리카 비즈니스 가이드

91 이사장 인사말. 출처: 〈https://www.k-af.or.kr/load.asp?subPage=120〉

아프리카 주요 이슈 브리핑

아프리카미래전략센터 아카이브

10) 연합뉴스 한민족센터[92]

연합뉴스 한민족센터

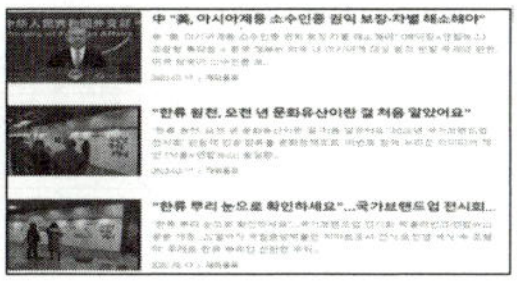

연합뉴스

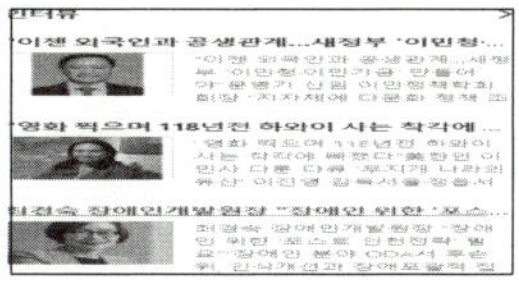

인터뷰

- 원명(原名): 연합뉴스 한민족센터
- 창립연도: 2007년 6월
- 주소: 서울시 종로구 율곡로2길 25
- 커뮤니케이션: Tel: (대표) 02-398-3114
- 홈페이지: http://www.koreancenter.or.kr/
- 지식정보:
  - ▸ 연합뉴스 한민족센터는 전 세계 750만 재외동포와의 네트워킹 활성화, 정보교류 확대, 동포들의 권익신장, 국내 이민자를 위한 제도 개선과 국가 브랜드 제고에 힘쓰면서 다양한 온 · 오프라인 행사 및 이벤트, 그리고 콘텐츠의 발굴과 제작을 통해 미래지향적인 새로운 한

92 출처: 〈http://www.koreancenter.or.kr/〉

민족의 개념 정립에 앞장

▸뉴스, 비주얼뉴스, 행사, 커뮤니티, 한민족센터 소개

11) 국외소재문화재재단

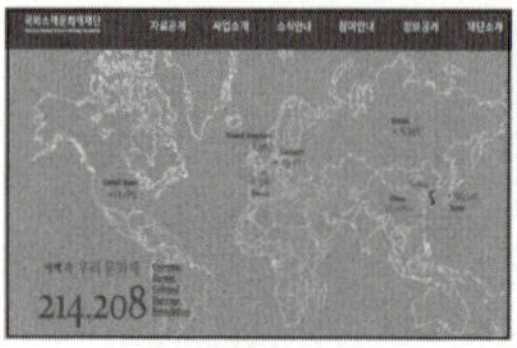

국외소재문화재재단

자료공개 '국외문화재 현황'

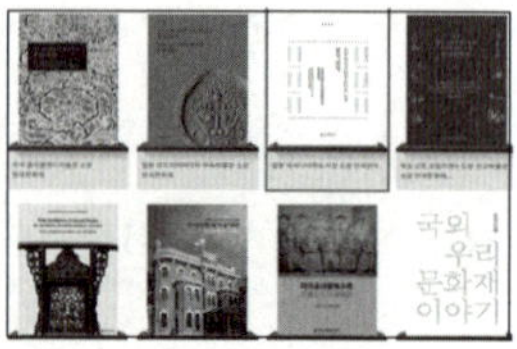

자료공개 '발간자료'

- 원명(原名): 국외소재문화재재단(Overseas Korean Cultural Heritage Foundation)
- 창립연도: 2012년 7월
- 주소: (03925) 서울특별시 마포구 월드컵북로 396 누리꿈스퀘어 비즈니스타워 7층 국외소재문화재재단
- 커뮤니케이션: Tel: 02-6902-0756 / Fax: 02-6902-0799
- 홈페이지: http://www.overseaschf.or.kr/front/main/main.do?SITE_ID=KOR
- 지식정보:

▸국외소재문화재재단은 나라 밖에 산재한 우리 문화재에 대한 사업을 종합적으로 수행. 재단은 불법 · 부당하게 국외로 유출된 것이 분명하게 확인된 문화재는 제자리를 찾도록 환수를 추진하고 있으며, 문화교류 · 정당한 거래 등 적법 · 합법적으로 반출된 문화재는 현

지에서 최대한 활용할 수 있도록 다양한 지원사업을 실시[93]

▸ 자료공개, 사업소개, 소식안내, 참여안내, 정보공개, 재단소개

12) KBS 월드라디오와 TV[94]

동포알림방과 최신 콘텐츠

KBS WORLD Radio와 TV

프로그램

- 원명(原名): KBS WORLD Radio / KBS WORLD TV
- 창립연도: 1953년 8월
- 주소: (07235) 서울시 영등포구 여의공원로 13, KBS 라디오2국 국제방송
- 커뮤니케이션: Fax: 822-781-3694~6
- 홈페이지: http://world.kbs.co.kr/service/index.htm?lang=k
- 지식정보:

▸ KBS WORLD Radio는 11개 언어로 방송하는 국내 유일의 다국어 국제방송 채널. 1953년 8월 15일 '자유 대한의 소리(Voice of Free Korea)'의 이름으로 매일 15분 영어 방송을 시작한 이래, 일본어, 우

93 이사장 인사말. 출처: 〈http://www.overseaschf.or.kr/front/comm/htmlPage.do?H_MENU_=10021501&SITE_ID=KOR&MENUON=Y&SEQ=93〉

94 출처: 〈http://world.kbs.co.kr/service/index.htm?lang=k〉

리말, 프랑스어, 러시아어, 중국어, 스페인어, 인도네시아어, 아랍어, 독일어, 베트남어로 언어를 확대하여 방송. 1973년 4월 '라디오 한국(Radio Korea)'으로 개칭하고, 1994년 8월 국제화 시대에 부응해 'Radio Korea International(RKI)'로 이름을 바꾼 후, 2005년 3월 KBS와 코리아 브랜드의 세계화를 위해 'KBS WORLD Radio'로 영문 명칭을 변경, 세계 속의 국제방송[95]

12) 글로벌한상드림[96]

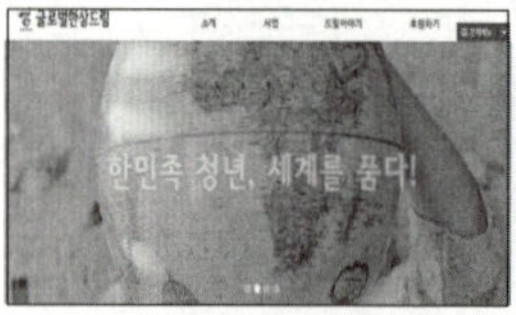

글로벌한상드림

꿈꾸는 한민족

꿈을 심는 후원자

- 원명(原名): 글로벌한상드림
- 창립연도: 2016년 9월
- 주소: (06750) 서초구 남부순환로 2558 외교센터 4층 406호
- 커뮤니케이션: e-mail: deam@hansangdream.org

  Tel: 82-2-3415-0099 / Fax: 82-2-3415-0180
- 홈페이지: http://www.hansangdream.org/
- 지식정보:

  ▸ 모든 한민족이 꿈을 이루는 세상을 위해 한민족 차세대 인재육성,

95 About us. 출처: 〈http://world.kbs.co.kr/service/about_us.htm?lang=k〉
96 출처: 〈http://www.hansangdream.org/〉

한상의 모국 공헌을 위한 사랑방(플랫폼) 역할(한상 네트워크), 한민족 공동체문화와 한민족이 대한 국민으로서 자긍심을 가지고 서로 연대를 통해 세계 속의 리더로 성장하도록 지원[97]

- ▸ 소개, 사업, 드림이야기, 후원하기
- ▸ 사업: 인재육성, 인재교류, 한민족지원, 한상(韓商)인식, 한상(韓商)학당

인재육성	드림 서포토즈(DREAM Supports), 독서토론
인재교류	드림 트립(Dream Trip), 재외동포 초청 사업
한민족지원	꿈을 잇다 - 청년취업지원(글로벌역량 강화) 교육프로그램
한상(韓商)인식	Heores of KOREA, Fun + D + ream(재미와 꿈의 기부)
한상(韓商)학당	해외에서 성공한 한상들의 지식과 경험 그리고 지혜를 한민족 사회에 공유하는 프로그램. 한상의 해외 성공노하우, 거주국 현황 및 전략 등을 모델화하여 거주국 청소년, 국내 청소년들에게 지식을 공유. 초청강연, 컨설팅, 네트워크연결 등 맞춤형 지식공유 프로그램을 추진

4.4 관련 법률

코리언 디아스포라 관련 법률은 '재외동포의 출입국과 법적 지위에 관한 법률', '재외동포의 출입국과 법적 지위에 관한 법률 시행령', '재외동포의 출입국과 법적 지위에 관한 법률 시행규칙', '재외동포재단법', '재외동포재단법 시행령' 등이 있다(부록 참조).

97 비전과 미션. 출처: 〈http://www.hansangdream.org/index.php?mid=sub01_02〉

표 4-6 코리언 디아스포라 재외동포 관련법

법령명	공포일자	법령 종류	공포번호	시행일자	제정·개정 구분	소관 부처
재외동포의 출입국과 법적 지위에 관한 법률	2020.2.4.	법률	제16917호	2020.2.4.	일부 개정	법무부
재외동포의 출입국과 법적 지위에 관한 법률 시행령	2020.2.18.	대통령령	제30416호	2020.2.18.	일부 개정	법무부
재외동포의 출입국과 법적 지위에 관한 법률 시행규칙	2020.9.29.	법무부령	제984호	2020.9.29.	일부 개정	법무부
재외동포재단법	2020.5.26.	법률	제17307호	2020.11.27.	일부 개정	외교부
재외동포재단법 시행령	2020.11.3.	대통령령	제31135호	2020.11.27.	일부 개정	외교부

부 록

1. 재외동포의 출입국과 법적 지위에 관한 법률
2. 재외동포의 출입국과 법적 지위에 관한 법률 시행령
3. 재외동포의 출입국과 법적 지위에 관한 법률 시행규칙
4. 재외동포재단법
5. 재외동포재단법 시행령

재외동포의 출입국과 법적 지위에 관한 법률
(약칭: 재외동포법)

[시행 2020. 2. 4.] [법률 제16917호, 2020. 2. 4., 일부개정]

법무부(외국인정책과) 02-2110-4116

제1조(목적) 이 법은 재외동포(在外同胞)의 대한민국에의 출입국과 대한민국 안에서의 법적 지위를 보장함을 목적으로 한다.

[전문개정 2008. 3. 14.]

제2조(정의) 이 법에서 "재외동포"란 다음 각 호의 어느 하나에 해당하는 자를 말한다.

1. 대한민국의 국민으로서 외국의 영주권(永住權)을 취득한 자 또는 영주할 목적으로 외국에 거주하고 있는 자(이하 "재외국민"이라 한다)
2. 대한민국의 국적을 보유하였던 자(대한민국정부 수립 전에 국외로 이주한 동포를 포함한다) 또는 그 직계비속(直系卑屬)으로서 외국국적을 취득한 자 중 대통령령으로 정하는 자(이하 "외국국적동포"라 한다)

[전문개정 2008. 3. 14.]

제3조(적용 범위) 이 법은 재외국민과 「출입국관리법」 제10조에 따른 체류자격 중 재외동포 체류자격(이하 "재외동포체류자격"이라 한다)을 가진 외국국적동포의 대한민국에의 출입국과 대한민국 안에서의 법적 지위에 관하여 적용한다.

[전문개정 2008. 3. 14.]

제3조의2(다른 법률과의 관계) 재외동포체류자격을 가진 외국국적동포의 대한민국에의 출입국과 대한민국 안에서의 법적 지위에 관하여 이 법에서 정하지 아니한 사항은 「출입국관리법」에 따른다.

[본조신설 2020. 2. 4.]

제4조(정부의 책무) 정부는 재외동포가 대한민국 안에서 부당한 규제와 대우를 받지 아니하도록 필요한 지원을 하여야 한다.

[전문개정 2008. 3. 14.]

제5조(재외동포체류자격의 부여) ① 법무부장관은 대한민국 안에서 활동하려는 외국국적동포에게 신청에 의하여 재외동포체류자격을 부여할 수 있다.

② 법무부장관은 외국국적동포에게 다음 각 호의 어느 하나에 해당하는 사유가 있으면 제1항에 따른 재외동포체류자격을 부여하지 아니한다. 다만, 법무부장관이 필요하다고 인정하는 경우에는 제1호에 해당하는 외국국적동포가 41세가 되는 해 1월 1일부터 부여할 수 있다. 〈개정 2010. 5. 4., 2011. 4. 5., 2017. 10. 31., 2018. 9. 18., 2019. 12. 31.〉

1. 다음 각 목의 어느 하나에 해당하지 아니한 상태에서 대한민국 국적을 이탈하거나 상실하여 외국인이 된 남성의 경우
   가. 현역 · 상근예비역 · 보충역 또는 대체역으로 복무를 마치거나 마친 것으로 보게 되는 경우
   나. 전시근로역에 편입된 경우
   다. 병역면제처분을 받은 경우
2. 대한민국의 안전보장, 질서유지, 공공복리, 외교관계 등 대한민국의 이익을 해칠 우려가 있는 경우

③ 법무부장관은 제1항과 제2항에 따라 재외동포체류자격을 부여할 때에는 대통령령으로 정하는 바에 따라 외교부장관과 협의하여야 한다. 〈개정 2013. 3. 23.〉

④ 재외동포체류자격의 취득 요건과 재외동포체류자격을 취득한 자의 활동 범위는 대통령령으로 정한다.

[전문개정 2008. 3. 14.]

제6조(국내거소신고) ① 재외동포체류자격으로 입국한 외국국적동포는 이 법을 적용받기 위하여 필요하면 대한민국 안에 거소(居所)를 정하여 그 거소를 관할하는 지방출입국 · 외국인관서의 장에게 국내거소신고를 할 수 있다. 〈개정 2014. 3. 18., 2014. 5. 20.〉

② 제1항에 따라 신고한 국내거소를 이전한 때에는 14일 이내에 그 사실을 신거소(新居所)가 소재한 시 · 군 · 구(자치구가 아닌 구를 포함한다. 이하 이 조 및 제7조에서 같다) 또는 읍 · 면 · 동의 장이나 신거소를 관할하는 지방출입국 · 외국인관서의 장에게 신고하여야 한다. 〈개정 2014. 3. 18., 2016. 5. 29.〉

③ 제2항에 따라 거소이전 신고를 받은 지방출입국·외국인관서의 장은 신거소가 소재한 시·군·구 또는 읍·면·동의 장에게, 시·군·구 또는 읍·면·동의 장은 신거소를 관할하는 지방출입국·외국인관서의 장에게 각각 이를 통보하여야 한다. 〈개정 2014. 3. 18., 2016. 5. 29.〉

④ 국내거소신고서의 기재 사항, 첨부 서류, 그 밖에 신고의 절차에 관하여 필요한 사항은 대통령령으로 정한다.

[전문개정 2008. 3. 14.]

제7조(국내거소신고증의 발급 등) ① 지방출입국·외국인관서의 장은 제6조에 따라 국내거소신고를 한 외국국적동포에게 국내거소신고번호를 부여하고, 외국국적동포 국내거소신고증을 발급한다. 〈개정 2014. 3. 18., 2014. 5. 20.〉

1. 삭제 〈2014. 5. 20.〉
2. 삭제 〈2014. 5. 20.〉

② 제1항의 국내거소신고증에는 다음 각 호의 사항을 적는다.

1. 국내거소신고번호
2. 성명
3. 성별
4. 생년월일
5. 국적
6. 거주국
7. 대한민국 안의 거소 등

③ 지방출입국·외국인관서의 장은 대통령령으로 정하는 바에 따라 국내거소신고 대장과 그 밖의 관계 서류를 작성하여 보존하여야 한다. 〈개정 2014. 3. 18.〉

④ 제1항에 따라 국내거소신고증을 발급받은 후 분실·훼손(毁損)하거나 그 밖에 대통령령으로 정하는 사유로 재발급을 받으려는 자는 지방출입국·외국인관서의 장에게 재발급 신청을 하여야 한다. 〈개정 2014. 3. 18.〉

⑤ 지방출입국·외국인관서의 장, 시·군·구 또는 읍·면·동의 장은 제6조에 따라 국내거소신고를 한 사실이 있는 자에게는 법무부령으로 정하는 바에 따라 국내거소신고 사실증명을 발급하거나 열람하게 할 수 있다. 〈개정 2008. 12. 19., 2014.

3. 18., 2016. 5. 29.〉

⑥ 제1항과 제4항에 따른 국내거소신고증의 발급 · 재발급 및 제5항에 따른 국내거소신고 사실증명의 발급을 신청하는 자는 법무부령으로 정하는 수수료를 내야 한다.

[전문개정 2008. 3. 14.]

제8조(국내거소신고증의 반납) 외국국적동포가 국내거소신고증을 지닐 필요가 없게 된 때에는 대통령령으로 정하는 바에 따라 지방출입국 · 외국인관서의 장에게 국내거소신고증을 반납하여야 한다. 〈개정 2014. 3. 18., 2014. 5. 20., 2020. 2. 4.〉

[전문개정 2008. 3. 14.]

제9조(주민등록 등과의 관계) 법령에 규정된 각종 절차와 거래관계 등에서 주민등록증, 주민등록표 등본 · 초본, 외국인등록증 또는 외국인등록 사실증명이 필요한 경우에는 국내거소신고증이나 국내거소신고 사실증명으로 그에 갈음할 수 있다.

[전문개정 2008. 3. 14.]

제10조(출입국과 체류) ① 재외동포체류자격에 따른 체류기간은 최장 3년까지로 한다. 〈개정 2008. 12. 19.〉

② 법무부장관은 제1항에 따른 체류기간을 초과하여 국내에 계속 체류하려는 외국국적동포에게는 대통령령으로 정하는 바에 따라 체류기간 연장허가를 할 수 있다. 다만, 제5조제2항 각 호의 어느 하나에 해당하는 사유가 있는 경우에는 그러하지 아니하다.

③ 국내거소신고를 한 외국국적동포가 체류기간 내에 출국하였다가 재입국하는 경우에는 「출입국관리법」 제30조에 따른 재입국허가가 필요하지 아니하다.

④ 대한민국 안의 거소를 신고하거나 그 이전신고(移轉申告)를 한 외국국적동포에 대하여는 「출입국관리법」 제31조에 따른 외국인등록과 같은 법 제36조에 따른 체류지변경신고를 한 것으로 본다.

⑤ 재외동포체류자격을 부여받은 외국국적동포의 취업이나 그 밖의 경제활동은 사회질서 또는 경제안정을 해치지 아니하는 범위에서 자유롭게 허용된다.

[전문개정 2008. 3. 14.]

제11조(부동산거래 등) ① 국내거소신고를 한 외국국적동포는 「부동산 거래신고 등에 관한 법률」 제9조제1항제1호에 따른 경우 외에는 대한민국 안에서 부동산을 취

득 · 보유 · 이용 및 처분할 때에 대한민국의 국민과 동등한 권리를 갖는다. 다만, 「부동산 거래신고 등에 관한 법률」 제3조제1항 및 제8조에 따른 신고를 하여야 한다. 〈개정 2016. 1. 19.〉

② 국내거소신고를 한 외국국적동포가 「부동산 실권리자명의 등기에 관한 법률」의 시행 전에 명의신탁(名義信託) 약정(約定)에 따라 명의수탁자(名義受託者) 명의(名義)로 등기하거나 등기하도록 한 부동산에 관한 물권(物權)을 이 법 시행 후 1년 이내에 「부동산 실권리자명의 등기에 관한 법률」 제11조제1항 및 제2항에 따라 실명(實名)으로 등기하거나 매각처분 등을 한 경우에는 같은 법 제12조제1항 및 제2항을 적용하지 아니한다.

[전문개정 2008. 3. 14.]

제12조(금융거래) 주민등록을 한 재외국민과 국내거소신고를 한 외국국적동포는 예금 · 적금의 가입, 이율의 적용, 입금과 출금 등 국내 금융기관을 이용할 때 「외국환거래법」상의 거주자인 대한민국 국민과 동등한 권리를 갖는다. 다만, 자본거래의 신고 등에 관한 「외국환거래법」 제18조의 경우에는 그러하지 아니하다. 〈개정 2014. 5. 20.〉

[전문개정 2008. 3. 14.]

제13조(외국환거래) 재외국민이 다음 각 호의 어느 하나에 해당하는 지급수단을 수출하거나 외국에 지급하는 경우 「외국환거래법」 제15조와 제17조를 적용할 때 재외국민은 외국국적동포와 동등한 대우를 받는다.

1. 외국에 거주하기 전부터 소유하고 있던 국내 부동산을 매각하거나 수용으로 처분하였을 경우 그 매각 또는 처분대금
2. 외국에서 국내로 수입(輸入)하거나 국내에 지급한 지급수단

[전문개정 2008. 3. 14.]

제14조(건강보험) 주민등록을 한 재외국민과 국내거소신고를 한 외국국적동포가 90일 이상 대한민국 안에 체류하는 경우에는 건강보험 관계 법령으로 정하는 바에 따라 건강보험을 적용받을 수 있다. 〈개정 2014. 5. 20.〉

[전문개정 2008. 3. 14.]

제15조삭제 〈2000. 12. 30.〉

제16조(국가유공자 · 독립유공자와 그 유족의 보훈급여금) 외국국적동포는 「국가유공자 등 예우 및 지원에 관한 법률」 또는 「독립유공자예우에 관한 법률」에 따른 보훈급여금을 받을 수 있다.

[전문개정 2008. 3. 14.]

제17조(과태료) ① 제6조제2항을 위반하여 국내거소의 이전 사실을 신고하지 아니한 자에게는 200만원 이하의 과태료를 부과한다.

② 제8조를 위반하여 국내거소신고증을 반납하지 아니한 자에게는 100만원 이하의 과태료를 부과한다.

③ 제1항이나 제2항에 따른 과태료는 대통령령으로 정하는 바에 따라 지방출입국 · 외국인관서의 장이 부과하고 징수한다. 〈개정 2014. 3. 18.〉

④ 삭제 〈2008. 12. 19.〉

⑤ 삭제 〈2008. 12. 19.〉

⑥ 삭제 〈2008. 12. 19.〉

[전문개정 2008. 3. 14.]

부칙 〈제16917호, 2020. 2. 4.〉

이 법은 공포한 날부터 시행한다.

재외동포의 출입국과 법적 지위에 관한 법률 시행령 (약칭: 재외동포법 시행령)

[시행 2020. 2. 18.] [**대통령령 제30416호**, 2020. 2. 18., **일부개정**]

법무부(외국인정책과) 02-2110-4116

제1조(목적) 이 영은 「재외동포의 출입국과 법적 지위에 관한 법률」에서 위임된 사항과 그 시행에 필요한 사항을 규정함을 목적으로 한다. 〈개정 2007. 10. 15., 2016. 9. 29.〉

제2조(재외국민의 정의) ① 「재외동포의 출입국과 법적 지위에 관한 법률」(이하 "법"이라 한다) 제2조제1호에서 "외국의 영주권을 취득한 자"란 거주국으로부터 영주권 또는 이에 준하는 거주목적의 장기체류자격을 취득한 자를 말한다. 〈개정 2007. 10. 15., 2016. 9. 29.〉

② 법 제2조제1호에서 "영주할 목적으로 외국에 거주하고 있는 자"라 함은 「해외이주법」 제2조의 규정에 의한 해외이주자로서 거주국으로부터 영주권을 취득하지 아니한 자를 말한다. 〈개정 2007. 10. 15.〉

제3조(외국국적동포의 정의) 법 제2조제2호에서 "대통령령으로 정하는 자"란 다음 각 호의 어느 하나에 해당하는 사람을 말한다.

1. 출생에 의하여 대한민국의 국적을 보유했던 사람(대한민국정부 수립 전에 국외로 이주한 동포를 포함한다)으로서 외국국적을 취득한 사람
2. 제1호에 해당하는 사람의 직계비속(直系卑屬)으로서 외국국적을 취득한 사람

[전문개정 2019. 7. 2.]

제4조(재외동포체류자격의 부여) ① 법무부장관은 법 제3조의 규정에 의한 재외동포체류자격을 신청한 외국국적동포가 법 제5조제2항 각 호의 어느 하나에 해당하는지의 여부를 판단하기 위하여 관계기관의 장에게 신청자에 대한 신원조회및 범죄경력조회를 의뢰하거나 기타 필요한 사항에 대하여 의견을 구할 수 있다. 이 경우 관계기관의 장은 조회의뢰나 의견요청을 받은 날부터 30일 이내에 이에 관한 조회결과나 의견을 제시하여야 한다. 〈개정 2007. 10. 15.〉

② 법무부장관은 재외동포체류자격을 신청한 외국국적동포가 법 제5조제2항제2호에 해당한다고 의심할 만한 사유가 있는 때에는 외교부장관에게 법 제5조제3항의 규정에 의한 협의를 요청하여야 한다. 이 경우 외교부장관은 요청을 받은 날부터 30일 이내에 이에 관한 의견을 제시하여야 한다. 다만, 외교부장관이 사전에 제3항의 규정에 의한 의견을 제시한 경우에는 그러하지 아니하다. 〈개정 2007. 10. 15., 2013. 3. 23., 2018. 6. 12.〉

③ 외국국적동포가 재외공관에 재외동포체류자격을 신청한 때에는 외교부장관은 제2항의 규정에 의한 법무부장관의 협의요청이 없는 경우에도 법무부장관에게 재외동포체류자격부여에 관한 의견을 제시할 수 있다. 〈개정 2013. 3. 23.〉

④「출입국관리법 시행령」제12조 및 제23조의 규정은 재외동포체류자격의 취득요건 및 활동범위에 관하여 이를 준용한다. 〈개정 2007. 10. 15.〉

제5조삭제 〈2008. 10. 20.〉

제5조의2(관계 부처 등과의 협의) 법무부장관은 재외동포의 출입국 및 체류에 관한 다음 각 호의 사항을 관계 부처 또는 관련 단체와 협의하여 결정할 수 있다.

1. 재외동포체류자격 부여와 관련된 제도의 개선 · 변경에 관한 사항
2. 재외동포체류자격 취득자의 국내에서의 취업 및 활동범위에 관한 사항
3. 그 밖에 재외동포의 출입국 및 체류제도와 관련된 중요사항

[본조신설 2008. 10. 20.]

제6조(국내거소의 정의) 법 제6조제1항에서 "거소"라 함은 30일 이상 거주할 목적으로 체류하는 장소를 말한다.

제7조(국내거소 신고) ① 법 제6조제1항에 따라 외국국적동포가 국내거소신고를 하려는 때에는 그 거소를 관할하는 출입국 · 외국인청장(이하 "청장"이라 한다), 출입국 · 외국인사무소장(이하 "사무소장"이라 한다), 출입국 · 외국인청 출장소장 또는 출입국 · 외국인사무소 출장소장(이하 "출장소장"이라 한다)에게 다음 각 호의 사항을 적은 국내거소신고서를 제출하여야 한다. 다만, 국내거소신고를 하지 아니한 경우에는 입국한 날부터 90일 이내에「출입국관리법」제31조에 따른 외국인등록을 하여야 한다. 〈개정 2014. 10. 28., 2018. 5. 8.〉

1. 신고인의 성명 · 성별 및 생년월일

2. 거주국내 주소

3. 국내거소

4. 직업

5. 국적 및 그 취득일

6. 여권번호 및 그 발급일

7. 그 밖에 법무부장관이 정하는 사항

② 재외동포체류자격외의 자격으로 대한민국에 체류하는 외국국적동포가 법무부장관으로부터 재외동포체류자격으로 변경허가를 받은 때에는 제1항의 규정에 의한 국내거소신고를 할 수 있다.

③ 제1항 및 제2항에 따라 외국국적동포가 국내거소신고를 하는 때에는 청장 · 사무소장 또는 출장소장은 사실확인을 위하여 관계기관의 장에게 사실조회를 의뢰할 수 있다. 〈개정 2014. 10. 28., 2018. 5. 8.〉

④ 제3항의 규정에 의하여 사실조회를 의뢰받은 관계기관의 장은 15일 이내에 조회결과를 청장 · 사무소장 또는 출장소장에게 통보하여야 한다. 〈개정 2018. 5. 8.〉

제8조삭제 〈2014. 10. 28.〉

제9조(국내거소신고시의 첨부서류) 제7조제1항에 따라 국내거소신고를 하는 외국국적동포는 국내거소신고서에 사진(반명함판) 1장과 다음 각 호의 서류를 첨부하여 제출하여야 한다.

1. 여권 사본

2. 그 밖에 법무부장관이 관계부처 또는 관련 단체와 협의하여 정하여 고시하는 서류

[전문개정 2014. 10. 28.]

제10조(국내거소신고 원부 등의 작성 및 관리) ① 외국국적동포가 제7조제1항에 따라 국내거소신고를 하는 때에는 그 신고를 받은 청장 · 사무소장 또는 출장소장은 국내거소신고원부를 개인별로 작성 · 비치하고, 국내거소신고표를 작성하여 그 외국국적동포의 거소를 관할하는 시장 · 군수 또는 구청장(「제주특별자치도 설치 및 국제자유도시 조성을 위한 특별법」 제11조에 따른 행정시장과 자치구가 아닌 구의 구청장을 포함한다. 이하 "시 · 군 · 구의 장"이라 한다) 또는 읍 · 면 · 동의 장에게 송

부하여야 한다. 〈개정 2007. 10. 15., 2014. 10. 28., 2016. 1. 22., 2016. 9. 29., 2018. 5. 8.〉

② 청장 · 사무소장 또는 출장소장은 다음 각호에 해당하는 사항을 국내거소신고 원부에 기재하여 관리하여야 한다. 〈개정 2018. 5. 8.〉

1. 각종 허가 또는 신고사항
2. 국내거소 이전사항
3. 국내거소신고증 기재변경사항
4. 국내거소신고증 재발급사항
5. 국내거소신고증 반납사항
6. 이 법에 의한 과태료 부과 기타 법률위반사항

③ 시 · 군 · 구의 장 또는 읍 · 면 · 동의 장은 제1항에 따라 국내거소신고표를 송부받은 때에는 신고사항을 국내거소신고인명부에 기재하고 이를 개인별로 비치하여야 한다. 〈신설 2007. 10. 15., 2016. 9. 29.〉

제11조(국내거소이전신고 등) ① 거소를 이전한 사람이 법 제6조제2항에 따라 국내거소이전신고를 하려는 경우에는 국내거소이전신고서를 신거소(新居所)를 관할하는 시 · 군 · 구의 장, 읍 · 면 · 동의 장 또는 청장 · 사무소장 · 출장소장에게 제출하여야 한다. 이 경우 국내거소이전신고는 법무부장관이 정하는 정보통신망을 이용하여 할 수 있다. 〈개정 2007. 10. 15., 2016. 9. 29., 2018. 5. 8., 2018. 6. 12., 2020. 2. 18.〉

② 제1항에 따라 국내거소이전신고를 받은 시 · 군 · 구의 장, 읍 · 면 · 동의 장 또는 청장 · 사무소장 · 출장소장은 국내거소신고증에 거소이전 사항을 기재하여 신고인에게 교부하여야 한다. 〈개정 2007. 10. 15., 2016. 9. 29., 2018. 5. 8.〉

③ 제1항에 따라 국내거소이전신고를 받은 시 · 군 · 구의 장 또는 읍 · 면 · 동의 장은 전거소(前居所)를 관할하는 시 · 군 · 구의 장 또는 읍 · 면 · 동의 장에게 국내거소이전신고서 사본을 송부하고 해당 외국국적동포의 국내거소신고표를 이송하여 줄 것을 요청하여야 하며, 국내거소이전신고를 받은 청장 · 사무소장 · 출장소장은 전거소를 관할하는 청장 · 사무소장 · 출장소장에게 국내거소이전신고서 사본을 송부하고 국내거소신고 원부를 이송하여 줄 것을 요청하여야 한다. 〈개정 2007. 10. 15., 2014. 10. 28., 2016. 9. 29., 2018. 5. 8.〉

④ 법 제6조제3항에 따라 국내거소이전신고 사실을 통보받은 시 · 군 · 구의 장 또는 읍 · 면 · 동의 장은 전거소를 관할하는 시 · 군 · 구의 장 또는 읍 · 면 · 동의 장에게 해당 외국국적동포의 국내거소신고표를, 청장 · 사무소장 · 출장소장은 전거소를 관할하는 청장 · 사무소장 · 출장소장에게 국내거소신고 원부를 각각 이송하여 줄 것을 요청하여야 한다. 〈신설 2007. 10. 15., 2014. 10. 28., 2016. 9. 29., 2018. 5. 8.〉

⑤ 제3항 또는 제4항에 따라 기록의 이송을 요청받은 전거소를 관할하는 시 · 군 · 구의 장, 읍 · 면 · 동의 장 또는 청장 · 사무소장 · 출장소장은 국내거소신고표 또는 국내거소신고 원부에 관련 서류를 첨부하여 요청을 받은 날부터 3일 이내에 이를 신거소를 관할하는 시 · 군 · 구의 장, 읍 · 면 · 동의 장 또는 청장 · 사무소장 · 출장소장에게 이송하여야 한다. 〈신설 2007. 10. 15., 2016. 9. 29., 2018. 5. 8., 2018. 6. 12.〉

⑥ 제5항에 따라 국내거소신고 원부와 관련 서류를 이송받은 신거소를 관할하는 청장 · 사무소장 · 출장소장은 국내거소신고 원부를, 국내거소신고표와 관련 서류를 이송받은 신거소를 관할하는 시 · 군 · 구의 장 또는 읍 · 면 · 동의 장은 국내거소신고표와 국내거소신고인명부를 각각 정리하고 관리하여야 한다. 〈개정 2018. 6. 12.〉

제12조(국내거소신고증의 발급 등) ① 청장 · 사무소장 또는 출장소장은 제7조의 규정에 의하여 거소신고를 받은 때에는 법 제7조제1항의 규정에 의하여 신청인에게 개인별 국내거소신고번호를 부여하고 여권 등에 국내거소신고필인을 찍어야 한다. 〈개정 2018. 5. 8.〉

② 청장 · 사무소장 또는 출장소장은 법 제7조제1항에 따라 국내거소신고증을 발급하는 때에는 그 사실을 외국국적동포 국내거소신고대장에 기재하여야 한다. 〈개정 2014. 10. 28., 2018. 5. 8.〉

③ 국내거소신고번호의 부여방법에 관하여는 법무부령으로 정한다.

제13조(국내거소신고증의 재발급) ① 청장 · 사무소장 또는 출장소장은 국내거소신고증을 발급받은 사람에게 다음 각 호의 어느 하나에 해당하는 사유가 있으면 국내거소신고증을 재발급할 수 있다. 〈개정 2016. 9. 29., 2018. 5. 8., 2018. 6. 12.〉

1. 국내거소신고증을 분실한 경우
2. 국내거소신고증이 헐어서 못 쓰게 된 경우
3. 국내거소신고증의 적는 난이 부족한 경우

4. 법 제7조제2항에 따른 성명 · 생년월일 · 국적 또는 거주국이 변경된 경우
5. 위조방지 등을 위하여 국내거소신고증을 한꺼번에 갱신할 필요가 있는 경우

② 제1항에 따라 국내거소신고증을 재발급받으려는 사람은 국내거소신고증 재발급신청서에 그 사유를 소명하는 서류와 사진 1장을 첨부하여 청장 · 사무소장 또는 출장소장에게 제출하여야 한다. 이 경우 제1항제2호부터 제5호까지에서 규정한 사유로 재발급을 신청하는 경우에는 그 신청서에 원래의 국내거소신고증을 첨부하여야 한다. 〈개정 2016. 9. 29., 2018. 5. 8., 2018. 6. 12.〉

③ 청장 · 사무소장 또는 출장소장은 국내거소신고증을 재발급하는 때에는 국내거소신고대장에 필요한 사항을 기재하고 제2항 후단에 따라 받은 국내거소신고증을 파기한다. 〈개정 2015. 6. 15., 2018. 5. 8.〉

④ 청장 · 사무소장 또는 출장소장은 제1항제4호의 사유로 국내거소신고증을 재발급하는 경우 국내거소신고증 재발급신청서 사본을 첨부하여 거소를 관할하는 시 · 군 · 구의 장 또는 읍 · 면 · 동의 장에게 그 사실을 통보하여야 한다. 〈신설 2007. 10. 15., 2016. 9. 29., 2018. 5. 8.〉

⑤ 제4항에 따른 통보를 받은 시 · 군 · 구의 장 또는 읍 · 면 · 동의 장은 지체 없이 국내거소신고표와 관련 기록을 정리하여야 한다. 〈신설 2007. 10. 15., 2016. 9. 29.〉

제14조(국내거소신고증의 반납 등) ① 법 제8조에 따라 외국국적동포에게 다음 각 호의 어느 하나에 해당하는 사유가 발생한 경우에는 다음 각 호의 구분에 따라 거소(제4호의 경우에는 출국항을 말한다) 관할 청장 · 사무소장 또는 출장소장에게 국내거소신고증을 반납하여야 한다. 〈개정 2018. 6. 12., 2018. 9. 18., 2020. 2. 18.〉

1. 외국국적동포가 국민이 된 경우에는 주민등록을 마친 날부터 30일 이내에 본인 · 배우자 · 부모 또는 「출입국관리법 시행령」 제89조제1항에 따른 사람이 반납
2. 외국국적동포가 재외동포체류자격을 상실한 경우에는 재외동포체류자격 상실 사실을 안 날부터 30일 이내에 본인 · 배우자 · 부모 또는 「출입국관리법 시행령」 제89조제1항에 따른 사람이 반납. 다만, 외국국적동포가 재외동포체류자격에서 「출입국관리법 시행령」 별표 1부터 별표 1의3까지에 따른 체류자격으로 변경한 경우에는 해당 체류자격 변경허가를 받은 때에 반납하여야 한다.

3. 외국국적동포가 국내에서 사망한 경우에는 외국국적동포의 배우자 · 부모 또는 「출입국관리법 시행령」 제89조제1항에 따른 사람이 외국국적동포의 사망 사실을 안 날부터 30일 이내에 국내거소신고증에 진단서 또는 검안서나 그 밖에 사망 사실을 증명하는 서류를 첨부하여 반납
4. 외국국적동포가 재외동포체류자격의 체류기간 내에 재입국할 의사없이 출국하는 경우에는 본인이 출국 시 반납

② 삭제 〈2018. 6. 12.〉

③ 출국항 관할 청장 · 사무소장 또는 출장소장이 제1항제4호에 따라 국내거소신고증을 반납받은 때에는 그 사실을 지체없이 거소 관할 청장 · 사무소장 또는 출장소장에게 통보하여야 한다. 〈개정 2018. 5. 8., 2018. 6. 12.〉

④ 거소 관할 청장 · 사무소장 또는 출장소장은 국내거소신고를 한 외국국적동포가 다음 각 호의 어느 하나에 해당하면 지체 없이 국내거소신고 원부를 정리하고, 그 사실을 그 외국국적동포의 거소를 관할하는 시 · 군 · 구의 장 또는 읍 · 면 · 동의 장에게 통보하여야 한다. 〈개정 2007. 10. 15., 2014. 10. 28., 2016. 9. 29., 2018. 5. 8.〉

1. 제1항 각 호의 어느 하나에 해당하는 사유로 국내거소신고증을 반납한 경우
2. 제1항 각 호의 어느 하나에 해당하는 사실이 확인된 경우
3. 제3항에 따라 출국항을 관할하는 청장 · 사무소장 또는 출장소장으로부터 국내거소신고증을 반납받았다는 통보를 받은 경우

⑤ 제4항에 따른 통보를 받은 시 · 군 · 구의 장 또는 읍 · 면 · 동의 장은 지체 없이 국내거소신고표에 통보받은 사실을 기록하여야 한다. 〈신설 2007. 10. 15., 2016. 9. 29.〉

⑥ 청장 · 사무소장 · 출장소장은 법 제8조에 따라 국내거소신고증을 반납받은 경우에는 제3항 및 제4항에 따른 절차를 마친 후 그 국내거소신고증을 파기한다. 〈신설 2015. 6. 15., 2018. 5. 8.〉

제14조의2(정보통신망을 이용한 업무처리) 시 · 군 · 구의 장, 읍 · 면 · 동의 장 또는 청장 · 사무소장 · 출장소장은 법 제7조제5항에 따른 국내거소신고사실증명의 발급, 제10조에 따른 국내거소신고 원부 등의 작성 및 관리, 제11조에 따른 국내거소이전신고, 제13조제4항 · 제5항에 따른 국내거소신고증의 재발급사실의 통보, 제14조에 따른 국내거소신고증의 반납 등에 관한 업무를 정보통신망을 이용하여 처리할

수 있다. 〈개정 2016. 9. 29., 2018. 5. 8.〉

[본조신설 2007. 10. 15.]

제15조(주민등록등과의 관계) 국내거소신고증에는 법 제9조의 규정에 의하여 국내거소신고증이 주민등록증 또는 외국인등록증에 갈음할 수 있다는 취지를 기재하여야 한다.

제16조(체류기간연장 등) ① 법무부장관은 법 제10조제2항에 따라 체류기간연장허가를 신청한 외국국적동포가 다음 각 호의 어느 하나에 해당하는 경우에는 이를 허가하지 아니할 수 있다. 다만, 제1호에 해당하는 경우에는 이를 허가하여서는 아니된다. 〈개정 2008. 10. 20., 2016. 9. 29., 2020. 2. 18.〉

1. 법 제5조제2항에 해당하는 경우
2. 이 법 또는 출입국관리법을 위반한 경우(과태료 부과 처분을 받은 전력이 1회이고 해당 과태료를 납부한 경우는 제외한다)
3. 금고 이상의 형을 선고받은 경우
4. 그 밖에 법무부장관이 관계 부처 또는 관련 단체와 협의하여 고시하는 경우

② 제1항에 따른 체류기간연장허가의 기준은 법무부장관이 관계 부처 또는 관련 단체와 협의하여 정한다. 〈개정 2008. 10. 20.〉

③ 외국국적동포의 체류기간 연장허가 절차에 관하여는 「출입국관리법 시행령」 제31조, 제33조 및 제34조를 준용한다. 〈개정 2016. 9. 29.〉

제17조(부동산 취득 · 보유) 「부동산 거래신고 등에 관한 법률 시행령」 제5조제1항의 규정은 외국국적동포가 법 제11조제1항의 규정에 의하여 국내부동산을 취득 · 보유하고자 하는 때의 신고절차에 관하여 이를 준용한다. 이 경우 법 제7조의 규정에 의하여 발급받은 국내거소신고증 사본을 첨부하여야 한다. 〈개정 2007. 10. 15., 2017. 1. 17.〉

제17조의2(민감정보 및 고유식별정보의 처리) 법무부장관, 청장 · 사무소장 · 출장소장, 시 · 군 · 구의 장 또는 읍 · 면 · 동의 장(해당 권한이 위임 · 위탁된 경우에는 그 권한을 위임 · 위탁받은 자를 포함한다)은 다음 각 호의 사무를 수행하기 위하여 불가피한 경우 「개인정보 보호법」 제23조에 따른 사상 · 신념, 건강에 관한 정보나 같은 법 시행령 제18조제1호 또는 제2호에 따른 유전정보 또는 범죄경력자료에 해당

하는 정보, 같은 영 제19조제1호 · 제2호 또는 제4호에 따른 주민등록번호, 여권번호 또는 외국인등록번호가 포함된 자료를 처리할 수 있다. 〈개정 2016. 9. 29., 2018. 5. 8.〉

1. 법 제5조에 따른 재외동포체류자격의 부여에 관한 사무
2. 법 제6조에 따른 국내거소신고에 관한 사무
3. 법 제7조에 따른 국내거소신고증의 발급 · 재발급 및 국내거소사실증명 발급에 관한 사무
4. 법 제8조에 따른 국내거소신고증의 반납에 관한 사무
5. 그 밖에 제1호부터 제4호까지에서 규정한 사무를 수행하기 위하여 필요한 사무

[본조신설 2012. 1. 6.]

제17조의3(규제의 재검토) 법무부장관은 다음 각 호의 사항에 대하여 다음 각 호의 기준일을 기준으로 3년마다(매 3년이 되는 해의 기준일과 같은 날 전까지를 말한다) 그 타당성을 검토하여 개선 등의 조치를 하여야 한다. 〈개정 2016. 12. 30., 2018. 6. 12., 2020. 2. 18.〉

1. 제9조에 따른 국내거소신고 시의 첨부서류: 2020년 1월 1일
2. 삭제 〈2020. 2. 18.〉
3. 제14조제1항에 따른 국내거소신고증의 반납 시기와 방법: 2020년 1월 1일
4. 제16조제1항에 따른 체류기간연장허가의 기준: 2020년 1월 1일

[본조신설 2014. 12. 31.]

제18조(과태료의 부과기준) 법 제17조제1항 및 제2항에 따른 과태료의 부과기준은 별표와 같다.

[전문개정 2017. 8. 16.]

부칙 〈제30416호, 2020. 2. 18.〉

제1조(시행일) 이 영은 공포한 날부터 시행한다.

제2조(국내거소신고증의 반납 시기에 관한 적용례) 제14조제1항제1호부터 제3호까지의 개정규정은 이 영 시행 전에 국내거소신고증을 반납하여야 하는 사유가 발생한 경우에도 적용한다.

제3조(체류기간연장허가에 관한 적용례) 제16조제1항제2호의 개정규정은 이 영 시행 전에 체류기간연장허가를 신청하여 이 영 시행 당시 체류기간연장허가에 관한 절차가 진행 중인 경우에도 적용한다.

재외동포의 출입국과 법적 지위에 관한 법률 시행규칙 (약칭: 재외동포법 시행규칙)

[시행 2020. 9. 29.] [법무부령 제984호, 2020. 9. 29., 일부개정]

법무부(외국인정책과) 02-2110-4116

제1조(목적) 이 규칙은 「재외동포의 출입국과 법적 지위에 관한 법률」 및 같은 법 시행령에서 위임된 사항과 그 시행에 필요한 사항을 규정함을 목적으로 한다.

[전문개정 2011. 4. 19.]

제2조(재외동포체류자격 신청의 서식) 「재외동포의 출입국과 법적 지위에 관한 법률」(이하 "법"이라 한다) 제5조제1항에 따라 재외동포체류자격을 신청하려는 외국국적동포는 별지 제1호서식의 신청서를 본인의 국내거소를 관할하는 출입국 · 외국인청장(이하 "청장"이라 한다), 출입국 · 외국인사무소장(이하 "사무소장"이라 한다), 출입국 · 외국인청 출장소장 또는 출입국 · 외국인사무소 출장소장(이하 "출장소장"이라 한다)에게 제출해야 한다.

[본조신설 2020. 9. 29.]

제3조(국내거소신고의 서식) 「재외동포의 출입국과 법적 지위에 관한 법률 시행령」(이하 "영"이라 한다) 제7조제1항 각 호 외의 부분 본문의 국내거소신고서는 별지 제1호서식에 따른다. 〈개정 2014. 10. 29.〉

[전문개정 2011. 4. 19.]

제4조(국내거소신고 원부 등의 관리) ① 외국국적동포의 국내거소를 관할하는 청장, 사무소장 및 출장소장은 국내거소신고인별로 국내거소신고인 기록 보관철을 만들어 국내거소신고 원부와 각종 허가 또는 통고 처분에 관한 서류 등을 함께 묶어 관리하고, 외국국적동포의 국내거소를 관할하는 시장 · 군수 · 구청장(「제주특별자치도 설치 및 국제자유도시 조성을 위한 특별법」 제11조에 따른 행정시장과 자치구가 아닌 구의 구청장을 포함한다. 이하 "시 · 군 · 구의 장"이라 한다) 또는 읍 · 면 · 동의 장은 국내거소신고인별로 국내거소신고표와 관련 서류 등을 함께 묶어 관리하

여야 한다. 〈개정 2014. 10. 29., 2016. 9. 29., 2018. 5. 15., 2018. 6. 12., 2020. 9. 29.〉

② 외국국적동포의 국내거소를 관할하는 청장·사무소장 또는 출장소장은 외국국적동포가 영 제14조제4항 각 호의 어느 하나에 해당하면 지체 없이 제8조의 외국국적동포 국내거소신고대장의 해당란을 붉은 줄을 그어 삭제하고 그 사유와 연월일을 기재하여야 하며, 해당 외국국적동포의 국내거소신고 원부 등 관련 서류를 따로 관리하여야 한다. 〈개정 2014. 10. 29., 2018. 5. 15.〉

③ 외국국적동포의 국내거소를 관할하는 시·군·구의 장 또는 읍·면·동의 장은 영 제14조제5항에 따른 통보를 받으면 지체 없이 제5조제3항의 외국국적동포 국내거소신고인명부의 해당란을 붉은 줄을 그어 삭제하고 그 사유와 연월일을 기재하여야 하며, 해당 외국국적동포의 국내거소신고표 등 관련 서류를 1년 동안 따로 보관하여야 한다. 〈개정 2014. 10. 29., 2016. 9. 29.〉

[전문개정 2011. 4. 19.]

제5조(국내거소신고 원부 등의 서식) ① 영 제10조제1항에 따른 국내거소신고 원부는 별지 제2호서식에 따라 작성한다. 〈개정 2014. 10. 29.〉

② 영 제10조제1항에 따른 국내거소신고표는 별지 제3호서식에 따라 작성한다. 〈개정 2014. 10. 29.〉

③ 영 제10조제3항에 따른 국내거소신고인명부는 별지 제4호서식에 따라 작성한다. 〈개정 2014. 10. 29.〉

[전문개정 2011. 4. 19.]

제6조(국내거소 이전신고) ① 영 제11조제1항의 국내거소 이전신고서는 별지 제1호서식에 따른다.

② 국내거소를 신고한 외국국적동포가 재입국하여 종전의 거소가 아닌 새로운 거소에 거주하게 된 때에는 새로운 거소에 거주하기 시작한 날에 거소를 이전한 것으로 본다. 〈개정 2014. 10. 29.〉

[전문개정 2011. 4. 19.]

제7조(국내거소신고증 등의 서식) ① 영 제12조제1항에 따른 국내거소신고필인은 별표 1과 같다.

② 삭제 〈2014. 10. 29.〉

③ 영 제12조제2항의 외국국적동포 국내거소신고증은 별지 제5호서식에 따른다. 〈개정 2014. 10. 29.〉

[전문개정 2011. 4. 19.]

제8조(국내거소신고대장) 영 제12조제2항의 외국국적동포 국내거소신고대장은 별지 제6호서식에 따른다.

[전문개정 2014. 10. 29.]

제9조(국내거소신고번호의 부여방법) ① 영 제12조제3항에 따른 국내거소신고번호는 생년월일 · 성별 · 등록기관 등을 표시하는 13자리 숫자로 한다.

② 국내거소신고번호는 한 사람에게 하나의 번호를 부여하며, 이미 사용한 번호를 다른 사람에게 다시 부여해서는 아니 된다.

③ 제1항과 제2항에서 규정한 사항 외에 국내거소신고번호의 체계 및 부여절차에 관하여 필요한 사항은 법무부장관이 정한다.

[전문개정 2011. 4. 19.]

제10조(국내거소신고증의 재발급) ① 청장 · 사무소장 또는 출장소장은 영 제13조에 따라 국내거소신고증을 재발급할 때에는 종전의 국내거소신고번호를 사용하고, 국내거소신고대장의 국내거소신고증란에 그 사유를 기재하여야 한다. 〈개정 2018. 5. 15.〉

② 영 제13조제2항에 따른 국내거소신고증 재발급신청서는 별지 제1호서식에 따른다.

[전문개정 2011. 4. 19.]

제11조(국내거소신고 사실증명의 발급) ① 법 제7조제5항에 따른 국내거소신고 사실증명은 본인이나 그의 법정대리인 또는 그로부터 위임을 받은 사람의 신청에 의하여 청장 · 사무소장 · 출장소장, 시 · 군 · 구의 장 또는 읍 · 면 · 동의 장이 발급한다. 〈개정 2015. 6. 15., 2016. 9. 29., 2018. 5. 15.〉

② 다음 각 호의 어느 하나에 해당하는 사람은 제1항에도 불구하고 국내거소신고 사실증명의 발급 또는 열람을 신청할 수 있다. 〈개정 2015. 6. 15., 2016. 9. 29.〉

1. 행방불명, 사망 등으로 본인이 의사표시를 할 수 없는 상태에 있거나 명백하게 본인의 이익을 위하여 사용될 것으로 인정되는 경우: 다음 각 목의 어느 하나에

해당하는 사람

가. 본인의 배우자

나. 본인의 직계 존·비속 또는 형제·자매

다. 본인의 배우자의 직계 존·비속 또는 형제·자매(본인의 배우자가 사망한 경우로서 나목에 해당하는 자가 없는 경우만 해당한다)

2. 본인인 외국국적동포와의 채권·채무 관계에서 다음 각 목의 어느 하나의 경우에 해당하는 채권자

가. 채권·채무 관계에 관한 재판에서 승소판결이 확정된 경우

나. 「주민등록법 시행령」 별표 2 제3호 각 목의 어느 하나에 해당하는 금융회사 등이 연체채권 회수를 위하여 필요로 하는 경우

다. 본인인 외국국적동포와 채권·채무 관계에 있는 경우(기한 경과나 기한의 이익 상실 등으로 변제기가 도래한 경우에 한정하며, 채무금액이 100만원 이하인 경우는 제외한다)

3. 그 밖에 법무부장관이 공익상 필요하다고 인정하는 자

③ 제2항에 따른 국내거소신고 사실증명의 신청에 필요한 입증서류 등에 관하여 필요한 사항은 법무부장관이 정한다. 〈신설 2015. 6. 15.〉

④ 제1항 및 제2항의 국내거소신고 사실증명의 발급 또는 열람 신청은 별지 제7호서식에 따르고, 국내거소신고 사실증명은 별지 제7호의2서식에 따른다. 〈신설 2015. 6. 15., 2016. 9. 29.〉

[전문개정 2011. 4. 19.]

제12조(수수료) ① 법 제7조제6항에 따른 국내거소신고증의 발급 등에 관한 수수료는 다음 각 호와 같다. 〈개정 2012. 12. 31., 2013. 12. 23., 2016. 9. 29.〉

1. 국내거소신고증 발급 및 재발급: 3만원

2. 국내거소신고 사실증명의 발급(1통당): 2천원

3. 국내거소신고 사실증명의 열람(1건 1회당): 1천원

② 제1항에 따른 수수료의 납부방법은 다음 각 호와 같다. 〈개정 2016. 9. 29., 2018. 5. 15.〉

1. 출입국·외국인청, 출입국·외국인사무소 또는 출장소에 납부하는 경우: 해당

수수료 금액에 상당하는 수입인지 또는 정보통신망을 이용한 전자화폐 · 전자결제. 다만, 국내거소신고증 발급 및 재발급 수수료는 현금 또는 현금 납입을 증명하는 증표로 한다.

2. 시 · 군 · 구 또는 읍 · 면 · 동에 납부하는 경우: 해당 수수료 금액에 상당하는 수입증지 또는 정보통신망을 이용한 전자화폐 · 전자결제

③ 다음 각 호의 어느 하나에 해당하는 경우에는 제1항에 따른 수수료를 면제한다. 〈신설 2013. 12. 23., 2016. 9. 29.〉

1. 전자문서로 국내거소신고 사실증명을 열람하게 하거나 발급하는 경우
2. 다음 각 목의 어느 하나에 해당하는 사람이 국내거소신고 사실증명의 발급 또는 열람을 신청하는 경우

가. 「독립유공자예우에 관한 법률」 제6조에 따라 등록된 독립유공자와 그 유족(선순위자만 해당된다)

나. 「국가유공자 등 예우 및 지원에 관한 법률」 제6조에 따라 등록된 국가유공자와 그 유족(선순위자만 해당된다)

다. 「참전유공자예우 및 단체설립에 관한 법률」 제5조에 따라 등록된 참전유공자

라. 「고엽제후유의증 등 환자지원 및 단체설립에 관한 법률」 제4조에 따라 등록된 고엽제후유증환자, 고엽제후유의증환자 또는 고엽제후유증 2세환자

마. 「5 · 18민주유공자 예우에 관한 법률」 제7조에 따라 등록된 5 · 18민주유공자와 그 유족(선순위자만 해당된다)

바. 「특수임무유공자 예우 및 단체설립에 관한 법률」 제6조에 따라 등록된 특수임무수행자와 그 유족(선순위자만 해당된다)

[전문개정 2011. 4. 19.]

제12조의2(체류기간 연장허가 신청의 서식) 영 제16조제1항에 따라 체류기간 연장허가를 신청하려는 외국국적동포는 별지 제1호서식의 신청서를 청장, 사무소장 또는 출장소장에게 제출해야 한다.

[본조신설 2020. 9. 29.]

제13조(과태료의 납부 고지 등) 법 제17조 및 영 제18조에 따른 과태료의 납부 고지는 별지 제8호서식에 의하고, 과태료부과 및 수납대장은 별지 제9호서식에 따른다.

〈개정 2014. 10. 29.〉

[전문개정 2011. 4. 19.]

부칙 〈제984호, 2020. 9. 29.〉

이 규칙은 공포한 날부터 시행한다.

재외동포재단법

[시행 2020. 11. 27.] [법률 제17307호, 2020. 5. 26., 일부개정]

외교부(재외동포과) 02-2100-7577

제1조(목적) 이 법은 재외동포재단을 설립하여 재외동포들이 민족적 유대감을 유지하면서 거주국에서 그 사회의 모범적인 구성원으로 살아갈 수 있도록 하는 데 이바지함을 목적으로 한다.

[전문개정 2010. 3. 17.]

제2조(정의) 이 법에서 "재외동포"란 다음 각 호의 어느 하나에 해당하는 사람을 말한다.

1. 대한민국 국민으로서 외국에 장기체류하거나 외국의 영주권을 취득한 사람
2. 국적에 관계없이 한민족(韓民族)의 혈통을 지닌 사람으로서 외국에서 거주 · 생활하는 사람

[전문개정 2010. 3. 17.]

제3조(법인격) 재외동포재단(이하 "재단"이라 한다)은 법인으로 한다.

[전문개정 2010. 3. 17.]

제4조(설립) ① 재단은 주된 사무소의 소재지에 설립등기를 함으로써 성립한다.

② 제1항에 따른 설립등기 사항은 다음 각 호와 같다.

1. 목적
2. 명칭
3. 주된 사무소
4. 임원의 성명과 주소
5. 공고의 방법
6. 자산의 총액
7. 출자의 방법

[전문개정 2010. 3. 17.]

제5조(사무소의 설치 등) ① 재단의 주된 사무소의 소재지는 정관으로 정한다.

② 재단은 필요할 때에는 외교부장관의 승인을 받아 국내외에 지부를 설치할 수 있다. 〈개정 2013. 3. 23.〉

[전문개정 2010. 3. 17.]

제6조(정관) ① 재단의 정관에는 다음 각 호의 사항이 포함되어야 한다.

1. 목적
2. 명칭
3. 주된 사무소 및 지부에 관한 사항
4. 사업에 관한 사항
5. 재산 및 회계에 관한 사항
6. 임원 및 직원에 관한 사항
7. 이사회에 관한 사항
8. 정관 변경에 관한 사항
9. 공고에 관한 사항
10. 내부규정의 제정 · 개정 및 폐지에 관한 사항

② 재단은 정관을 변경하려면 미리 외교부장관의 인가를 받아야 한다. 〈개정 2013. 3. 23.〉

[전문개정 2010. 3. 17.]

제7조(사업) ① 재단은 제1조의 목적을 달성하기 위하여 다음 각 호의 사업을 한다. 〈개정 2013. 3. 23.〉

1. 재외동포 교류사업
2. 재외동포사회에 관한 조사 · 연구사업
3. 재외동포를 대상으로 하는 교육 · 문화사업 및 홍보사업
4. 정부가 재단에 위탁하는 사업
5. 그 밖에 제1조의 목적을 달성하기 위하여 필요한 사업으로서 국무총리의 승인을 받아 외교부장관이 정하는 사업
6. 제1호부터 제3호까지의 사업에 부대되는 사업

② 제1항제1호부터 제3호까지의 사업 내용의 구체적인 범위에 관한 사항은 대통령

령으로 정한다.

[전문개정 2010. 3. 17.]

제8조(임원) ① 재단에 이사장 1명을 포함한 9명 이내의 이사와 감사 1명을 둔다.

② 이사장 및 정관으로 정하는 상근 이사 외의 임원은 비상근으로 한다.

③ 이사장은 외교부장관의 제청으로 국무총리를 거쳐 대통령이 임명한다. 〈개정 2013. 3. 23.〉

④ 이사는 대통령령으로 정하는 당연직 이사를 제외하고는 이사장의 추천을 받아 외교부장관이 임명한다. 이 경우 시민단체, 학계 등의 인사 중에서 재외동포업무에 관한 지식과 경험이 풍부한 사람을 1명 이상 포함하여야 한다. 〈개정 2013. 3. 23., 2013. 7. 16.〉

⑤ 감사는 외교부장관이 임명한다. 〈개정 2013. 3. 23.〉

⑥ 이사장과 이사의 임기는 3년으로 하고, 감사의 임기는 2년으로 하며, 각각 한 차례만 연임할 수 있다.

[전문개정 2010. 3. 17.]

제9조(임원의 결격사유) 다음 각 호의 어느 하나에 해당하는 사람은 재단의 임원이 될 수 없다. 〈개정 2014. 10. 15., 2020. 5. 26.〉

1. 대한민국 국민이 아닌 사람
2. 미성년자
3. 피성년후견인
4. 「국가공무원법」 제33조제2호부터 제6호까지, 제6호의2부터 제6호의4까지, 제7호, 제8호의 어느 하나에 해당하는 사람
5. 삭제 〈2020. 5. 26.〉
6. 삭제 〈2020. 5. 26.〉

[전문개정 2010. 3. 17.]

제10조(임원의 직무) ① 이사장은 재단을 대표하고, 재단의 업무를 총괄하며, 소속 직원을 지휘·감독한다.

② 상근 이사는 정관으로 정하는 바에 따라 재단의 사무를 나누어 맡으며, 이사장이 부득이한 사유로 업무를 수행할 수 없을 때에는 정관으로 정하는 상근 이사가 그

직무를 대행한다.

③ 감사는 재단의 업무 및 회계를 감사한다.

[전문개정 2010. 3. 17.]

제11조(임직원의 겸직 제한 등) 재단의 임원(비상근 이사 및 감사는 제외한다. 이하 이 조에서 같다) 및 직원은 직무 외에 영리를 목적으로 하는 업무에 종사하지 못하며, 임원은 외교부장관의, 직원은 이사장의 허가 없이 다른 직무를 겸할 수 없다. 〈개정 2013. 3. 23.〉

[전문개정 2010. 3. 17.]

제12조(이사회) ① 재단에 그 업무에 관한 중요 사항을 심의 · 의결하기 위하여 이사회를 둔다.

② 이사회는 이사장을 포함한 이사로 구성한다.

③ 이사장은 이사회를 소집하고 그 의장이 된다.

④ 감사는 이사회에 출석하여 의견을 진술할 수 있다.

[전문개정 2010. 3. 17.]

제13조(직원의 임면) 재단의 직원은 정관으로 정하는 바에 따라 이사장이 임면(任免)한다.

[전문개정 2010. 3. 17.]

제14조(공무원의 파견) 재단은 그 목적을 달성하기 위하여 필요할 때에는 외교부장관을 거쳐 국가기관에 공무원의 파견을 요청할 수 있다. 〈개정 2013. 3. 23.〉

[전문개정 2010. 3. 17.]

제15조삭제 〈1999. 12. 31.〉

제16조(운영 재원) 재단은 다음 각 호의 재원(財源)으로 운영한다.

1. 제17조에 따른 정부의 출연금
2. 제18조에 따른 기부금품
3. 제19조에 따른 차입금
4. 삭제 〈2013. 7. 16.〉
5. 그 밖의 수입금

[전문개정 2010. 3. 17.]

제17조(출연금) ① 정부는 재단의 설립 · 운영에 드는 경비에 충당하기 위하여 재단에 필요한 출연금을 예산의 범위에서 지급한다.

② 제1항에 따른 출연금의 지급 및 사용 등에 필요한 사항은 대통령령으로 정한다.

[전문개정 2010. 3. 17.]

제18조(기부금품의 모집) 재단은 필요하다고 인정하면 외교부장관의 승인을 받아 관계 법령에 따라 기부금품을 모집할 수 있다. 〈개정 2013. 3. 23.〉

[전문개정 2010. 3. 17.]

제19조(자금의 차입) 재단은 외교부장관의 승인을 받아 제7조의 사업을 위하여 필요한 자금을 차입(국제기구, 외국정부 또는 외국인으로부터의 차입을 포함한다)할 수 있다. 〈개정 2013. 3. 23.〉

[전문개정 2010. 3. 17.]

제20조(사업연도) 재단의 사업연도는 정부의 회계연도에 따른다.

[전문개정 2010. 3. 17.]

제21조(사업계획서 및 예산서의 승인) ① 재단은 대통령령으로 정하는 바에 따라 매 사업연도의 사업계획서 및 예산서를 작성하여 외교부장관의 승인을 받아야 한다. 〈개정 2013. 3. 23., 2020. 5. 26.〉

② 재단은 제1항에 따른 사업계획서 및 예산서를 변경하려는 경우 대통령령으로 정하는 바에 따라 미리 그 변경할 내용과 사유를 명시한 사업계획서 및 예산서를 작성하여 외교부장관의 승인을 받아야 한다. 〈신설 2020. 5. 26.〉

[전문개정 2010. 3. 17.]

제22조(결산서의 제출) 재단은 매 사업연도의 세입세출 결산서를 작성하여 다음 사업연도 2월 말일까지 외교부장관에게 제출하여야 한다. 〈개정 2013. 3. 23.〉

[전문개정 2010. 3. 17.]

제23조(지도 · 감독 등) ① 외교부장관은 재단을 지도 · 감독한다. 〈개정 2013. 3. 23.〉

② 외교부장관은 제7조에 따른 사업수행에 대한 지도 · 감독을 하는 데에 필요하다고 인정할 때에는 관계 중앙행정기관의 장과 협의할 수 있다. 〈개정 2013. 3. 23.〉

③ 외교부장관은 재단에 대하여 업무 · 회계 및 재산에 관하여 필요한 사항을 보고하게 하거나, 소속 공무원으로 하여금 재단의 장부 · 서류 또는 그 밖의 물건을 검사

하게 할 수 있다. 〈개정 2013. 3. 23.〉

④ 외교부장관은 제3항에 따른 보고 또는 검사의 결과 필요하다고 인정되면 시정명령 등 필요한 조치를 할 수 있다. 〈개정 2013. 3. 23.〉

⑤ 제3항에 따라 검사를 하는 공무원은 그 권한을 표시하는 증표를 관계인에게 보여주어야 한다.

[전문개정 2010. 3. 17.]

제24조(비밀 엄수 의무) 재단의 임원 또는 직원이거나 임원 또는 직원이었던 사람은 직무상 알게 된 비밀을 누설하여서는 아니 된다.

[전문개정 2010. 3. 17.]

제25조(유사명칭의 사용 금지) 이 법에 따른 재단이 아닌 자는 재외동포재단 또는 이와 유사한 명칭을 사용하지 못한다.

[전문개정 2010. 3. 17.]

제26조(「민법」의 준용) 재단에 관하여 이 법에 규정한 것을 제외하고는 「민법」 중 재단법인에 관한 규정을 준용한다.

[전문개정 2010. 3. 17.]

제27조(벌칙 적용 시의 공무원 의제) 재단의 임원 및 직원은 「형법」 제129조부터 제132조까지의 규정을 적용할 때에는 공무원으로 본다.

[전문개정 2010. 3. 17.]

제28조(벌칙) 제24조를 위반하여 직무상 알게 된 비밀을 누설한 사람은 2년 이하의 징역 또는 2천만원 이하의 벌금에 처한다. 〈개정 2015. 6. 22.〉

[전문개정 2010. 3. 17.]

제29조(과태료) ① 제25조를 위반하여 재외동포재단 또는 이와 유사한 명칭을 사용한 자에게는 200만원 이하의 과태료를 부과한다.

② 제1항에 따른 과태료는 대통령령으로 정하는 바에 따라 외교부장관이 부과 · 징수한다. 〈개정 2013. 3. 23.〉

[전문개정 2010. 3. 17.]

부칙 〈제17308호, 2020. 5. 26.〉

(피후견인 결격조항 정비를 위한 3개 법률의 일부개정에 관한 법률)

이 법은 공포한 날부터 시행한다.

재외동포재단법 시행령

[시행 2020. 11. 27.] [대통령령 제31135호, 2020. 11. 3., 일부개정]

외교부(재외동포과) 02-2100-7575

제1조(목적) 이 영은 재외동포재단법에서 위임된 사항과 그 시행에 관하여 필요한 사항을 규정함을 목적으로 한다.

제2조(지부의 설치승인) 재외동포재단(이하 "재단"이라 한다)은 재외동포재단법(이하 "법"이라 한다) 제5조제2항의 규정에 의하여 지부의 설치승인을 얻고자 할 때에는 다음 각호의 사항을 기재한 승인신청서를 외교부장관에게 제출하여야 한다. 〈개정 1998. 7. 21., 2013. 3. 23.〉

1. 지부의 명칭
2. 지부의 소재지
3. 설치이유
4. 설치예정 연월일
5. 지부의 기구 및 정원
6. 지부의 업무내용

제3조(사업) 법 제7조제2항의 규정에 의하여 재단이 수행할 법 제7조제1항제1호 내지 제3호의 사업의 범위는 다음 각호와 같다.

1. 재외동포 교류사업
   가. 재외동포의 모국방문사업
   나. 국내기관과 재외동포사회와의 인적교류사업
   다. 재외동포단체의 각종행사 지원
   라. 국외입양인의 모국방문사업
2. 재외동포사회에 관한 조사 · 연구사업
   가. 재외동포사회의 의식조사사업

나. 재외동포사회의 각종 기초자료의 수집 · 발간

다. 재외동포사회의 우수인력 데이터베이스 운영

라. 재외동포관련 연감 및 인명록의 발간

마. 재외동포의 지원 활성화를 위한 학술연구사업

3. 재외동포를 대상으로 하는 교육 · 문화 및 홍보사업

가. 우수 재외동포학생에 대한 장학사업

나. 재외동포에 대한 모국어 · 민족문화 교육사업

다. 재외동포에 대한 한국문화공연 · 홍보사업

라. 재외동포와의 정보통신망 운영사업

마. 재외동포의 지도자육성사업

바. 재외동포의 공익 · 문화시설설립의 지원

사. 독립운동 및 이민관련 사적지의 확보 · 유지 및 관리사업

아. 재외동포대상 정기간행물의 발간 · 배포

자. 국외입양인의 모국문화전수사업

제4조(당연직 이사) 법 제8조제4항의 규정에 의한 재단의 당연직 이사는 기획재정부 · 교육부 · 외교부 · 문화체육관광부 및 국무조정실 소속의 공무원중 그 소속기관의 장이 지정하는 고위공무원단에 속하는 공무원으로 한다. 〈개정 1998. 7. 21., 1999. 5. 24., 2001. 1. 29., 2008. 2. 29., 2013. 3. 23.〉

제5조(공무원의 파견) ① 재단은 법 제14조의 규정에 의하여 외교부장관을 거쳐 국가기관에 대하여 공무원의 파견을 요청하고자 할 때에는 파견공무원의 전문분야 · 자격요건 · 예정보직 및 담당업무 등을 명시하여 요청하여야 한다. 〈개정 1998. 7. 21., 2013. 3. 23.〉

② 제1항의 규정에 의한 공무원의 파견에 관하여는 법과 이 영에 규정된 사항을 제외하고는 공무원 임용관계법령에 의한다.

③ 재단은 파견공무원에 대하여 해당직무와 관련하여 정관이 정하는 바에 의한 수당을 지급할 수 있다.

제6조삭제 〈2020. 11. 3.〉

제7조(정부의 출연금) ① 외교부장관은 매년 법 제17조의 규정에 의하여 재단에 출연하

고자 할 때에는 제3항의 규정에 의한 재단의 출연금예산요구서를 검토하여 이를 예산에 반영하여야 한다. 〈개정 1998. 7. 21., 2013. 3. 23.〉

② 외교부장관은 제1항에 따라 출연금예산이 확정된 때에는 이를 재단에 통지해야 한다. 〈개정 1998. 7. 21., 2013. 3. 23., 2020. 11. 3.〉

③ 재단은 매년 4월 30일까지 다음 연도의 출연금예산요구서에 다음 각 호의 서류를 첨부하여 외교부장관에게 제출해야 한다. 〈개정 1998. 7. 21., 2013. 3. 23., 2020. 11. 3.〉

1. 다음 연도의 사업계획서 및 자금수지계획서
2. 다음 연도의 추정재무상태표 및 추정손익계산서
3. 그 밖에 출연금예산요구서의 내용을 명백히 하는 데 필요한 서류

제8조(정부출연금의 교부) ① 재단은 출연금의 교부를 받고자 할 때에는 당해 분기시작 15일전까지 출연금교부신청서에 분기별 사업계획서 및 예산집행계획서를 첨부하여 외교부장관에게 제출하여야 한다. 〈개정 1998. 7. 21., 2013. 3. 23.〉

② 외교부장관은 제1항의 규정에 의한 신청서를 받은 때에는 분기별 사업계획 및 예산집행계획이 타당하다고 인정되는 때에는 그에 따라 출연금을 교부한다. 〈개정 1998. 7. 21., 2013. 3. 23.〉

③ 재단은 매분기 종료 후 다음 달 15일까지 분기별 사업수행 실적 및 예산집행결과를 외교부장관에게 보고하여야 한다. 〈개정 1998. 7. 21., 2013. 3. 23.〉

제9조(기부금품모집의 승인절차) ① 재단은 법 제18조의 규정에 의하여 기부금품을 모집하고자 할 때에는 다음 각호의 사항을 기재한 기부금품모집승인신청서를 외교부장관에게 제출(전자문서에 의한 제출을 포함한다)하여야 한다. 〈개정 1998. 7. 21., 2007. 12. 31., 2013. 3. 23.〉

1. 재단의 명칭, 주된 사무소의 소재지와 재단이사장의 주소 · 성명 및 생년월일
2. 모집목적
3. 모집지역
4. 모집방법
5. 모집기간
6. 모집금품의 종류 · 예정수량 및 보관방법

7. 사업계획 및 수지예산
8. 모집비용의 예정액명세와 그 조달방법
9. 방문모집의 허가를 받고자 하는 경우에는 그 취지
10. 모집사무소의 소재지와 그 대표자의 성명

② 외교부장관은 제1항의 규정에 의한 기부금품모집승인신청서의 검토결과 타당하다고 인정할 때에는 이를 승인하고, 재단에 승인서를 교부하여야 한다. 〈개정 1998. 7. 21., 2013. 3. 23.〉

제10조(자금차입의 승인신청) ① 재단은 법 제19조의 규정에 의하여 자금차입의 승인을 얻고자 할 때에는 다음 각호의 사항을 기재한 승인신청서를 외교부장관에게 제출하여야 한다. 〈개정 1998. 7. 21., 2013. 3. 23.〉

1. 차입목적
2. 차입금액
3. 차입처
4. 차입조건
5. 차입금의 상환방법 및 상환기한
6. 기타 자금의 차입 및 그 상환에 관한 내용을 명확히 하는데 필요한 서류

② 제1항에 따른 차입자금의 누계액은 재단의 연간 예산의 100분의 50을 초과할 수 없다. 〈개정 2020. 11. 3.〉

③ 외교부장관은 재단에 대하여 자금의 차입을 승인하고자 할 때에는 미리 기획재정부장관과 협의하여야 한다. 〈개정 1998. 7. 21., 1999. 5. 24., 2008. 2. 29., 2013. 3. 23.〉

제11조(사업계획 및 예산안의 승인) ① 재단은 법 제21조제1항에 따라 사업계획 및 예산안의 승인을 받으려는 경우 매년 12월 31일까지 다음 연도의 사업계획서 및 예산안에 다음 각 호의 서류를 첨부하여 외교부장관에게 제출해야 한다. 〈개정 1998. 7. 21., 2013. 3. 23., 2020. 11. 3.〉

1. 추정재무상태표 및 그 부속명세서
2. 추정손익계산서 및 그 부속명세서

② 재단은 법 제21조제2항에 따라 재단이 사업계획서 및 예산서를 변경하려는 경

우 변경 예정일 15일 전까지 변경할 내용과 사유를 명시한 사업계획서 및 예산서에 제1항 각 호의 서류를 첨부하여 외교부장관에게 제출해야 한다. 〈신설 2020. 11. 3.〉

제12조(결산보고) 재단은 법 제22조에 따라 매 사업연도의 세입·세출결산서를 외교부장관에게 제출할 때에는 다음 각 호의 서류를 첨부해야 한다. 〈개정 1998. 7. 21., 2008. 2. 29., 2013. 3. 23., 2020. 11. 3.〉

1. 해당 연도의 사업계획 및 그 집행실적의 대비표
2. 해당 연도의 재무상태표 및 손익계산서
3. 외교부장관이 지정하는 공인회계사의 의견서 및 재단 감사의 의견서
4. 그 밖에 결산의 내용을 명백히 하는 데 필요한 서류

제13조(업무지침) 외교부장관은 법 제23조에 따른 재단의 지도·감독상 필요한 때에는 업무지침을 정하여 통보할 수 있다. 〈개정 1998. 7. 21., 2013. 3. 23., 2020. 11. 3.〉

제14조(시정명령 등) 외교부장관은 법 제23조제4항의 규정에 의하여 시정을 명하고자 할 때에는 위반내용·시정사항 및 시정기한 등을 서면에 명시하여 재단에 통지하여야 한다. 〈개정 1998. 7. 21., 2013. 3. 23.〉

제15조(과태료의 부과기준) 법 제29조제1항에 따른 과태료 부과기준은 별표와 같다.

[전문개정 2017. 6. 13.]

부칙 〈제31135호, 2020. 11. 3.〉

이 영은 2020년 11월 27일부터 시행한다.

| 참고문헌 |

1장 코리언 디아스포라의 이해

곽승진, 이정미. 2018. 복합문화시설로서 도서관의 라키비움 도입 전략 연구. 한국비블리아학회지, 29(1), 346-347.

문헌정보학용어사전. 2010. 서울: 한국도서관협회.

반병률. 1997. 강제이주 이전의 한인사회의 동향, 1923-1937. 러시아의 변화와 한러관계. 한국슬라브학회 제11차 학술대회 발표논문. 11월 14-15일. 서울: 경희대학교.

사공복희, 장우권. 2004. 재중 조선족 정보자원 생산과 콘텐츠에 관한 연구. 한국동북아논총, 9(1), 173-201.

윤인진. 2003. 코리안 디아스포라: 재외한인의 이주, 적응, 정체성. 한국사회학, 37(4), 101-142.

이광규. 1998. 러시아 연해주의 한인사회. 서울 : 집문당.

이명규, 임채완, 사공복희, 장우권, 김태완. 2005. 재외한인 문헌정보자원과 실제. 서울 : 집문당.

이미림. 2010. 코리안 디아스포라 문학에 나타난 예술 · 사랑 · 국가. 세계한국어문학, 4, 97-127.

장우권, 사공복희. 2006. 중앙아시아에서의 한글정보자원관리. 한국도서관 · 정보학회지, 37(2), 291-315.

장우권. 2012. 디지털정보자원관리연구. 한국문헌정보학회 학술발표논문집, 제30집 (2012.11).

장찬. 2020. 대학라키비움 구축방안에 관한 연구. 석사학위논문, 강릉원주대학교 대학원 기록관리협동과정.

정성호. 2008. 코리안 디아스포라: 공동체에서 네트워크로. 한국인구학, 37(3), 107-130.

외교부. 2021 재외동포현황. 출처: 〈https://search.mofa.go.kr/search/search_new.do〉

Bergsten, C. Fred, 최인범. 2013. 코리안 디아스포라와 세계경제(The Korean Diaspora in the World Economy). 서울: 국제경제연구소.

Park, K.S. 1965. Documents of Forcrible Conscription of Koreans(in Japanese). Tokyo: Miraisha.

Safran, William. 1991. Diasporas in Modern Societies: Myths of Homeland and Return. Diasporas, 1(1), 83-99.

Sandman, P.M., Rubin, D.M., & Sachman, D. B. 1972. Media. N.J: Prentice-Hall Inc.

2장 코리언 디아스포라 지식정보자원 형성과 관리

김승화. 1965. 재소한인사연구. 카자흐스탄 알마티: 나우카.

김정현, 장우권, 김홍길. 2006. 러시아에서의 고려인이 생산한 한글정보자원에 관한 연구: 1900-1937. 한국도서관 · 정보학회지, 37(3), 357-379.

김필영. 2004. 소비에트 중앙아시아 고려인 문학사. 강남대학교 출판부.

김현동, 주인영. 1999. 재중동포사회 기초자료집 I: 중국조선족 개황, 재외동포재단.

리옥금, 김덕모 편. 2002. 중국조선문잡지목록색인 1954-1990. 목단강: 흑룡강출판사.

이명규, 장우권. 2004. 중국조선족 한글정보자원 생산과 출판물에 대한 연구. 한국도서관 · 정보학회지, 35(4), 401-422.

임채, 김홍길, 장우권, 김정현. 2008. 재외한인 정보자원 생성과 발전. 성남: 북코리아.

장우권, 임채완, 이명규, 사공복희. 2006. 재외한인의 문헌정보자원 정책과 관리. 성남: 북코리아.

재외동포재단. 2002. 중국조선족 현황. 서울: 재외동포재단.

조화성. 중국과 구소련의 소수민족정책과 재외한인의 민족정체성. 출처: 〈http://www.korea.ac.kr/~politics/magazine/working paper/natident.hwp〉

최상철. 1995. 중국조선족 언론사. 경남대출판부.

황유복 편. 2002. 중국속의 한글학교. 미 · 중 한인우호협회.

3장 코리언 디아스포라 라키비움 지식정보자원

국사편찬위원회. 2008. 고려극장의 형성과 발전. 국사편찬위원회, 〈재외동포사 총서

8〉—러시아/중앙아시아 한인의 역사(하). 국사편찬위원회.

권흑석, 최문식 편. 1991. 한양가-중국에서 출판한 순한글가사집-. 목단강: 흑룡강조선민족출판사.

김기석, 우용재, 정혜경. 1999. 한국학의 세계화를 위한 해외소재 한국학관련사료수집 및 정보화방안연구. 서울: 한국정신문화연구원.

김상철. 2005. 카작스탄 고려인 관련 영상물에서 나타난 고려인 주요인사 및 민족문화 관련기관의 활동. 정신문화연구, 28(2), 57-85.

김양. 2003. 불굴의 항일투사 윤희순. 심양: 요녕민족출판사.

金有權, 李寶根 主編. 2009. 東勝村史活. 牧丹江市東安区兇隆鎮東勝村黨支部.

김현동, 주인영. 1999. 재중동포사회 기초자료집 I: 중국조선족 개항. 서울: 재외동포재단.

리길수. 1990. 오늘의 빛-회상 조선극장. 알마아타: 자수쉬출판사.

문일환. 1993. 조선고대신화연구. 북경: 민족출판사.

상지시 조선민족사 편찬위원회. 2009. 상지시 조선 민족사. 북경: 민족출판사.

송권면. 2001. 중국지역한국독립운동사료조사. 한국민족운동사연구, 28, 335-362.

송권면. 2003. 中國地域 韓國獨立運動史料 蒐集戰略. 한국민족운동사연구, 37, 417-449.

楊昭全, 李輔溫. 1995. 義勇軍抗日戰史. 서울: 高句麗.

延边朝鲜族自治州地方志编纂委员会. 1996. 연변조선족자치주지(延边朝鲜族自治州志).

염인호. 2010. 또 하나의 한국전쟁-만주조선인의 조국과 전쟁. 역사비평사.

유병호. 2001. 중국 당안관에 소장된 한민족독립운동사자료. 한국민족운동사연구, 27, 495-506.

유의정. 2004. 카자흐스탄의 한국학 및 고려인 기록보존에 관한 연구. 역사문화연구, 20, 57-84.

윤은자. 2000. 남경지역 당안관, 도서관, 서점과 근현대사 연구. 중국근현대사연구, 10, 173-180.

이명규, 임채완, 사공복희, 장우권, 김태완. 2005. 재외한인 문헌정보자원과 실제. 서울 : 집문당.

이승휘. 1997. 중국당안제도와 당안관. 역사비평 36, 142-149.

이지은. 2006. 중앙아시아 고려인사회연구, 1938-1953, 레닌기치의 기사를 중심으로—.

석사학위논문, 한국외국어대학교 대학원 사학과.

李花林. 1995. 征徒. 沈陽: 黑龍江民族出版社.

이혜승. 2007. 1930년대 중반-1980년대 중반 중앙아시아 고려인의 언론, 공연, 문학 작품에 나타난 문화적 지향성 연구. 역사문화연구, 26, 113-142.

임채완, 장우권 외. 2008. 재외한인정보자원 생성과 변천. 성남: 북코리아.

장우권, 임채완, 이명규, 사공복희. 2006. 재외한인의 문헌정보자원 정책과 관리. 성남: 북코리아.

張春植. 1996. 間島文學-음성양쇠. 북경: 민족족출판사.

재외동포재단. 2002. 중국조선족 현황. 재외동포재단.

황유복 편. 2002. 중국속의 한글학교(中國的韓國語學校). 미・중한인우호협회.

한발레리, 최소영. 2004. 우즈베키스탄 지역의 한국학 자료현황: 문헌자료 및 영상자료. 역사문화연구, 20, 85-112.

Kan, G.V., Kim, G.N., & Men, D.V. 1977. The Koreans of Kazakstan: An Illustrated History. The Association of the Koreans of Kazakstan.

〈기록관(문서보관소) · 당안관〉

강소성당안관(江蘇省檔案館) 〈https://www.dajas.gov.cn/index.html/〉

강서성 당안관(江西省檔案館) 〈http://daj.shaanxi.gov.cn/index.aspx〉

국가당안국(중앙당안관) 〈https://www.saac.gov.cn/〉 〈https://www.jda.cq.gov.cn/templet/default/〉

길림성당안관 〈http://www.jlsda.cn/index.jsp〉

북경시 당안관 〈http://www.bjma.gov.cn/〉

상해시당안관(上海市檔案館) 〈https://www.archives.sh.cn/〉

요녕성당안관(遼寧省檔案館) 〈http://www.lndangan.gov.cn/〉

중경시당안관(重慶市檔案館) 〈https://www.jda.cq.gov.cn/templet/default〉

중국제일역사당안관 〈http://www.lsdag.com/nets/lsdag/page/index.shtml?iv=〉

제2역사당안관(第二歷史檔案館) 〈https://www.shac.net.cn/〉

협서성당안관(陝西省檔案館) 〈http://daj.shaanxi.gov.cn/index.aspx〉

흑룡강성당안관(黑龍江省檔案館) 〈http://www.hljdaj.gov.cn/〉

Корейцы Казахстана: Иллюстрированная история. Ассоциация корейцев Казахс тана. 1997.

Г.Н. Ким & Д.В Мен. 1995. История и культура корейцев Казахстана. Алматы: Гылым.

Ким Иосиф. 1982. Советский корейский театр. Алма-Ата.

Документы о депортации. 1)Постановление СХК СССР и ЦК ВКП(б) от 21 августа 1937г. о выселении корейцев из Дальневосточного края. (фрагмент документа).

Торопов А.А. 2000. Документы государственных архивов региона о корейских мигрантах на Российском Дальнем Востоке.

Павлова Т. Ф. 2000. О расекречивании архивных документов по истории Кореи архивными учреждениями Российской Федерации.

4장 코리언 디아스포라 지식정보자원

강연숙 편. 중국조선족 100년 문학예술대사기. 장춘: 길림인민출판사, 2001.

高麗學術文化財團 편. 2004. 韓人關聯 資料解題集(Каталог материалов Российского государственного исторического архива Дальнего Востока по теме Корееиев в России). 서울: 高麗學術文化財團.

국사편찬위원회. 2004. 중국소재 한국사 자료 조사보고. 1, 中國 地域 韓國史 關聯資料 現況. 과천: 국사편찬위원회.

국제한인문학회 엮음. 2012. 까레이스키 공연예술의 꿈: 중앙아시아 고려인 희곡문학 작품집. 서울: 국학자료원: 컨텐츠코리아.

권진옥. 2015. 러시아 상트페테르부르크 국립대학교 및 동방학연구소 소장 희귀본 자료에 대하여. 열상고전연구, 46, 113-131.

권희영. 1990. 자료 소련에서의 한국사 연구 총점검① -소련과학원 동방학연구소 편, 〈한국학 서지(1917~70)〉 역사부문 총목차. 역사비평, 8, 404-405.

김보희. 2009. 소비에트 시대 고려인 소인예술단의 음악 활동. 파주: 한울아카데미.

김상철. 2010. 소비에트 카자흐스탄 고려인 엘리트의 변화 - 1930-1960년대 영상기록물을 중심으로. 민족연구, 43, 4-24.

김윤태, 우병국, 문형진 편. 2013. 재중한인 관련 문헌자료집. 서울: 동덕여대 한중미래연구소.

김이그나트, 김블라지미르, 조규익 엮음. 2012. 우리민족의 숨결, 그곳에 살아있었네!: 사진으로 보는 중앙아시아 고려인의 이주 및 정착사. 지식과 교양.

김정현, 장우권, 김홍길. 2006. 러시아에서 고려인이 생산한 한글정보자원에 관한 연구: 1900-1937. 한국도서관 · 정보학회지, 37(3), 1-23.

김종회. 2010. 중앙아시아 고려인 디아스포라 문학. 서울: 국학자료원.

김태국, 우경섭 편저. 2013. 중국조선족역사연구문헌목록. 서울: 문예원.

김필영. 2004. 소비에트 중앙아시아 고려인 문학사(1937-1990). 서울: 강남대학교 출판부.

김현주. 2010. 지령 150호 특집: "동방학지"와 국학, 동방학 연구: "동방학지"를 통해 본 한국학 종합학술지의 궤적. 동방학지, 151, 49-108.

김홍매. 2014. 초국가 시대 해외조선족 네트워크에 관한 연구. 평화학연구, 15(1), 29-48.

리옥금, 김덕모 편. 2002. 중국조선문잡지목록색인 1954-1990. 목단강: 흑룡강출판사.

바닌, 유리, 기광서. 1999. 러시아의 한국연구: 한국인식의 역사적 발전과 현재적 구조. 서울: 풀빛.

박진완. 2010. 러시아 동방학연구소 애스톤문고의 한글 자료 = 한국어 학습 과정과 관련하여. 한국어학, 46, 199-228.

박환. 2018. (사진으로 보는) 중앙아시아 고려인의 삶과 기억의 공간. 서울: 민속원.

사공복희, 장우권. 2004. 재중 조선족 정보자원 생산과 콘텐츠에 관한 연구. 한국동북아논총, 30, 173-201.

성아사. 2015. 러시아 동방학연구소 소장 뾜렌도르프 방각본소설의 자료적 가치와 의의. 연민학지, 23, 95-119.

연변대학 조선문학연구소 편. 2013. (20세기 중국조선족) 문학사료전집. 서울: 박이정출판사; 연길: 연변인민출판사.

王丹. 2021. 中國 北京大學圖書館古籍分館所藏 한글 文獻에 對한 考察. 산청어문, 83-109.

유의정. 2004. 카자흐스탄의 한국학 및 고려인 기록보존에 관한 연구. 역사문화연구, 20, 57-84.

이명규, 장우권. 2004. 중국조선족 한글정보자원 생산과 출판물에 대한 연구. 한국도서관 · 정보학회지, 35(4), 401-422.

이복규. 2012. 중앙아시아 고려인의 생애담 연구. 서울: 지식과 교양.

이혜은. 2015. 구한말 러시아의 한국 고서 수집 양상 - 러시아 상트페테르부르크 국립대학교와 동방학연구소 소장본을 중심으로. 열상고전연구, 46, 61-83.

임영상 · 조영관. 2004. 러시아 모스크바 지역의 한국학 연구. 역사문화연구, 20, 3-29.

임채완 외. 2012. 근현대 중국조선족문헌집. 성남: 북코리아.

임채완 외. 2012. 중앙아시아 고려인 지식자원 해제. 성남: 북코리아.

임채완, 이성란, 이장섭. 2012. 중국조선족 교육자료 해제. 성남: 북코리아.

임형모. 2016. 조선사람, 소비에트 고려인, 고려사람 그리고 "고향": 아마추어리즘에서 문예미학적 글쓰기까지. 전주: 신아출판사.

장우권, 사공복희. 2006. 중앙아시아에서의 한글정보자원 관리. 한국도서관 · 정보학회지, 37(2), 291-315.

정병설. 2013. 러시아 상트페테르부르크 동방학연구소 소장 한국 고서의 몇몇 특징. 규장각, 43, 145-166.

조규익, 한진, 김병학, 숭실대학교 한국문예연구소. 2013. (카자흐스탄 고려인 극작가) 한진의 삶과 문학. 서울: 글누림.

崔蓮 · 金順子 · 黃有福. 1995. (中國朝鮮學-韓國學研究)文獻目錄: 1949-1990. 北京: 中央民族大學出版社.

최련, 이영학, 최갑순. 2002. 중국의 한국학(조선학) 문헌자료목록. 서울: 한국외국어대학교 출판부.

코뱌코바 울리아나. 2021. 페트로바의 "한국 기록문화 유산의 해제(Описание письменных памятников корейской культуры)" 제작과정 연구 -상권을 중심으로-. 서지학연구, 88, 139-165.

한발레리, 최소영. 2004. 우즈베키스탄 지역의 한국학 지료 현황: 문헌자료 및 영상자료. 역사문화연구, 20, 85-112.

허경진, 유춘동. 2012. 러시아 상트페테르부르크 국립대학과 동방학연구소에 소장된 조선전적(朝鮮典籍)에 대한 연구. 열상고전연구, 36, 9-32.

허경진, 유춘동. 2013. 구한말~일제강점기, 외국인의 조선전적(朝鮮典籍) 수집의 현황과 의미 = 러시아 상트페테르부르크 국립대학과 동방학연구소, 일본 고마자와대학 소장본을 중심으로. 고전번역연구, 4, 35-62.

Kobyakova Uliana. 2008. 애스톤문고 소장 [Corean Tales]에 대한 고찰. 서지학보, 32, 77-99.

〈교육 · 연구 네트워크〉

디아스포라연구 〈http://www.hansang.or.kr/〉

선문대학교 글로벌 한국학과 〈https://gks.sunmoon.ac.kr/gks/main.do〉

서울대학교 재외동포교육지원연구센터 〈http://eduresearch.snu.ac.kr/sub_2/2_13.php〉

인재대학교 통일학부 〈http://tongil.inje.ac.kr〉

인하대학교 국제관계연구소(https://dept.inha.ac.kr/user/indexSub.do?codyMenuSeq=10236&siteId=inhacis)

재외한인연구 〈http://homepy.korean.net/~aska/www/introduction/info.htm〉

재외한인학회(ASKA) 〈http://homepy.korean.net/~aska/www/introduction/info.htm〉

전남대학교 글로벌디아스포라연구소 (http://www.hansang.or.kr/)

전남대학교 대학원 디아스포학협동과정 〈https://diasporabk21.jnu.ac.kr/diasporabk21/index.do〉

한국교육학술정보원(KERIS) 〈https://www.keris.or.kr/main/main.do〉

학술연구정보서비스(RISS) 〈http://www.riss.kr/index.do#thesis〉

〈언론 · 포탈 네트워크〉

공공데이터포털 〈https://www.data.go.kr/data/15062082/fileData.do〉

재외동포신문 〈http://www.dongponews.net/〉

세계한상대회(世界韓商大會) 〈https://www.hansang.net/hansang/index.do〉
스터디코리안 〈http://study.korean.net/servlet/action.home.MainAction〉
재외교육기관포털 〈https://okeis.moe.go.kr/root/index.do)〉
코리안넷(KOREAN NET) 〈https://www.korean.net/portal/index.do〉
한상넷 〈https://www.hansang.net/hansang/index.do〉

〈정부 · 재단 · 공공기구 네트워크〉
국가보훈처 〈https://www.mpva.go.kr/mpva/index.do〉
국외소재문화재재단 〈http://www.overseaschf.or.kr/front/main/main.do?front/main/main.do?SITE_ID=KOR〉
글로벌한상드림 〈http://www.hansangdream.org/〉
법제처 〈https://www.moleg.go.kr/index.es?sid=a1〉
연합뉴스 한민족센터 〈http://www.koreancenter.or.kr/〉
외교부 〈https://www.mofa.go.kr/www/main.do〉
재외동포재단 〈https://www.okf.or.kr/〉
하이코리아(Hi Korea) 〈https://www.hikorea.go.kr/Main.pt〉
한국국제교류재단 〈https://www.kf.or.kr/kf/main.do?langTy=KOR)〉
한국국제문화교류진흥원 〈http://kofice.or.kr/index.asp#〉
한국국제협력단(KOICA) 〈https://www.koica.go.kr/sites/koica_kr/index.do〉
한 · 아프리카재단 〈https://www.k-af.or.kr/〉
KBS 월드라디오와 TV 〈http://world.kbs.co.kr/service/index.htm?lang=k〉
KF 글로벌센터 〈https://www.kf.or.kr/kf/cm/cntnts/cntntsView2.do?mi=1658〉
KF 글로벌 e-스쿨 〈https://www.kf.or.kr/kfglobaleschool/main.do〉

| 찾아보기 |

강소성당안관(江蘇省檔案館) ········151
계동지역당안관 ····························154
고려극장 ························41, 119, 120
고려사람 ·······································214
고려신문 ················38, 63, 64, 65, 219
고려인 ···················6, 8, 27, 29, 46, 99
고려인 강제이주 이야기 ················215
고려인 관련 신문 ···························63
고려인 극작가 ······························212
고려인 기록보존 ···························218
고려인 디아스포라 문학 ················210
고려인 라디오방송 ························118
고려인 문학사 ······························210
고려인 문헌 ·····························35, 36
고려인 방송 프로그램 ···················219
고려인 생애담 ······························209
고려인 생활문화 ···························218
고려인 소인예술단 ························211
고려인 엘리트 ······························218
고려인 인명록 ······························216
고려인 지식자원 ···························209
고려인 콜호즈 ······························213
고려인 한글교육 ···························213
고려인 희곡문학 ···························211
고려인(한인)이주 ···················108, 213
고려인들의 자화상 ························217
고려인라디오방송 ···························41
고려인의 구전설화 ························210
고려인학교 ····································30
고려일보 ·················38, 110, 111, 215
공공데이터포털 ·····························239
공포 ··104
공훈전자사료관 ·····························245
과학아카데미 산하 연구도서관 ··51, 52
관보 5(官報 五) ···························197
구한말 러시아 ·······························186
국가당안국(國家檔案局) ··············138
국가법령정보센터 ··························246
국가보훈처 ···································244
국립과학도서관 ····················105, 106
국립모스크바 역사도서관 ···············50
국립중앙기록보존소 ······················165
국외소재문화재재단 ······················258
국제이주와 디아스포라 혁신인재연구단 ·····················226
국학 ··192
권업회(勸業會) ·······························29
극동연방대학교 한국학대학 ············61
극동연방대학교도서관 ····················60
근현대 중국조선족 문헌집 ············199
글로벌한상드림 ·····························260
기억의 공간 ··································213

길림성당안관(吉林省檔案館) ········146
길림신문 ··········93
김광현 ··········108
김블라지미르 ··········166, 214
김이그나트 ··········214
김표르트 ··········167
김필영 ··········31
김형수 ··········212
까레이스키 공연예술 ··········211

남경시당안관(南京市檔案館) ········152
남아시아 태평양 이민 ··········10

당안(檔案) ··········137
당안관 ··········138, 139
당안법 ··········137, 138
도문시도서관 ··········77
독립유공자정보 ··········245
돈화시도서관 ··········78
동방학 ··········192
동방학연구소 ··········185
동방학연구소 상트페테르부르크도서관 ··········53
동방학지 ··········192, 193
동방학출판사 ··········68
동북조선민족교육출판사 ··········88
동양문헌출판사 ··········68
동양학자료센터 ··········46
디아스포라 ··········2, 3
디아스포라연구 ··········229
디아스포라 유형 ··········4
디아스포라 지식정보자원 ·········17, 18
디아스포라의 특징 ··········4

라키비움 ··········19, 20, 21
라흐만쿨로바 아돌랏 ··········167
러시아 고려인 ··········28, 184
러시아 고려인 사회 ··········26
러시아 국립극동역사문서보관소 ···183
러시아 동방학연구소 ··········188, 194
러시아 상트페테르부르크 국립대학교 ··········185, 186
러시아 상트페테르부르크 동방학연구소 ··········194
러시아 한국학의 탄생 ··········184
러시아고려인신문 ··········63
러시아과학원 동방학연구소 ··········54
러시아국립경제문서보관소 ··········129
러시아국립군사(軍事)문서보관소 ··130
러시아국립극동역사문서보관소 ····135
러시아국립극동연해주역사문서보관소 ··········136
러시아국립도서관(모스크바) ·····44, 46
러시아국립도서관(상트페테르부르크) ··········47, 48
러시아국립사회정치사문서보관소 ·131
러시아국립역사문서보관소 ··········128
러시아국립영화(사진)기록보관소 ··131
러시아국립음성기록보관소 ··········130
러시아국립해군함대문서보관소 ····129
러시아국방부중앙문서보관소 ········134
러시아극동의 한인들 ··········29
러시아연방 의회도서관 문서보관소 ··········128

러시아연방국립문서보관소 ············127
러시아외무성대외정책문서보관소 ·134
러시아의 한국연구 ························183
러시아해군성문서보관소 ···············135
러시아해군함대문서보관소 ············135
러시아현대문서보관센터 ···············133
레닌기치 ······························112, 215
료녕신문 ···94
리소냐 ··212

모스크바 국제관계대학교
국제관계학부 ·······························61
모스크바 국제관계대학교도서관 ·····58
모스크바국립대학교 과학도서관 ·····56
모스크바국립대학교
아시아 · 아프리카도서관 ············59
모스크바국립대학교 한국학 국제센터
··61
목단강시당안관(穆陵縣檔案館檔/牧丹江市檔案館) ·····························148
목단강조선족도서관 ······················81
목릉현당안관 ·······························148
묄렌도르프 ··················185, 188, 189
문학사료전집 ·······························199
문학예술대사기 ····························200
문헌자료목록 ·······························198
민요 목록 ···································212
민족정체성 ····································27

방각본소설 ······················188, 189
법제처 ···246
보훈인물 ······································245
북경대학교도서관 ··························71
북경대학교도서관 고적분관 ·········205
북경시당안관 ·······························142
북극성 콜호즈 ·····························212
북미 이민 ···9
비즈니스정보 ·······························235
뿌시킨도서관 ·······························101

사진으로 보는 중앙아시아 ···········213
사진필름기록보존소 ·····················161
사할린 우리말 방송 ························41
사할린 조선학교 ····························31
사할린의 조선인 ····························29
사할린주 국가고문서보관소 ··········137
사회과학정보연구소 ·······················54
삼일문화원 ····································66
상트페테르부르크대학교도서관 ······57
상트페테르부르크대학교 동방학과
한국어문화센터 ···························61
상해시당안관(上海市檔案館) ········149
새고려신문 ····················38, 63, 64
서가회구당안관(徐家匯區檔案館) · 150
서울대학교 재외동포교육지원연구센터
··226
선문대학교 글로벌 한국학과 ·········221
선봉 ··38, 110
세계 한인회 총람 ················232, 233
세계한상대회(世界韓商大會) ··235, 237
소련과학원 동방학연구소 ·············189
소비에트 고려인 ··························214
송시네마 ·······················41, 120, 122
스터디코리안 ·······························242

신빈만족자치현당안관(新賓滿族自治縣檔案館) ······145
십오만원사건 ······213
싹 ······108

아세안문화원 ······253
안도현도서관 ······76
안블라디미르 ······217
알마아따출판사 ······107
알마티 기록보존소 ······160
애스톤문고 ······192, 194
역사기록물보관센터 ······133
연길시 소년아동도서관 ······75
연변TV방송 ······41
연변대학교도서관 ······69
연변대학교출판사 ······89
연변도서관(延邊圖書館) ······73
연변라디오방송 ······41
연변인민방송국 ······95
연변인민출판사 ······85
연변일보 ······91
연변자치주당안관(延邊朝鮮族自治州檔案館) ······146
연변조선족자치주 ······8
연변텔레비전방송국 ······95
연합뉴스 한민족센터 ······257
연해주 고려인 ······30
오늘의 빛 ······104
왕청현도서관 ······79
외교부 ······243
외국인종합 안내센터 ······247
요녕민족출판사 ······87
요녕성당안관(遼寧省檔案館) ······143
용정시도서관 ······80
우리민족 텔레비전방송 ······118
우즈베키스탄 고려인 ······217, 219
우즈베키스탄 고려인 문화센터협회 217
우즈베키스탄 고려인 인명록 ······217
우즈베키스탄 국립중앙도서관 ······106
우즈베키스탄 기록보존소 ······164
우즈베키스탄 소수민족방송 ······119
우즈베키스탄 한국학 자료 ······219
우즈베키스탄의 고려인 예술가 ······217
우즈베키스탄의 고려인들 ······124
우즈벡텔레필름 ······41, 123
우즈벡필름 ······41, 120, 123
유럽 이민 ······10
유의정 ······218
이르쿠츠크주정부국립문서보관소 ·136
인하대학교 국제관계연구소 ······226
일치신문 ······117

자수시(사수식)출판사 ······36, 107, 108
자작가요목록 ······202
잠볼 기록보존소 ······160
장백현당안관(長白縣檔案館) ······147
재외교육기관포털 ······241
재외국민 ······13
재외동포 ······10, 13, 177, 179, 180, 182
재외동포 언론 실태조사 ······231
재외동포문학 ······232, 234
재외동포법 ······10, 11, 264
재외동포법 시행규칙 ······280
재외동포법 시행령 ······270

재외동포신문 ……230
재외동포의 이해 ……232
재외동포의 출입국과 법적 지위에 관한 법률 ……261
재외동포재단 ……247
재외동포재단법 ……12, 261, 286
재외동포재단법 시행령 ……293
재외동포현황 ……15
재외한인 ……177, 178, 180, 182
재외한인연구 ……228
재외한인학회 ……227
재일한국인 ……9
재중한인 관련 문헌자료집 ……199
전남대학교 글로벌디아스포라연구소 ……226
전남대학교 대학원 디아스포라학협동과정 ……224
전러시아 외국문학도서관 ……48
정보원 ……16
정보자원 ……16
정보자원 생산기관 ……34
정추 ……212
제1역사당안관 ……141
제2역사당안관(第二歷史檔案館) ……150
제정러시아대외정책문서보관소 ……134
조명희 ……214
조선극장 ……41, 121
조선문잡지 ……39
조선문신문 ……38, 90
조선사람 ……214
조선시집 ……213
조선어방송 ……41, 95
조선전적(朝鮮典籍) ……185, 190
조선족 ……27, 28, 29
조선족 정보자원 ……206
조선족 출판 ……36
조선족 한글정보자원 ……207
조선족학교 ……31
조선족학교도서관 ……83
조선학 ……198
중경시당안관(重慶市檔案館) ……152
중국 이민 ……8
중국국가기록물법 ……137
중국국제방송 ……41
중국국제방송국조선어방송 ……41, 98
중국민족도서관 ……82
중국소재 한국사 자료 ……203
중국의 한국학 ……198
중국인민해방군 당안관 ……143
중국조선족 ……29
중국조선족 100년 ……200
중국조선족 교육자료 해제 ……203
중국조선족역사연구 문헌목록 ……198
중남미 이민 ……9
중앙군사위원회당안관 ……143
중앙당안관(中央檔案館) ……140
중앙민족대학교도서관 ……70
중앙아시아 고려인 ……29, 210, 213
중앙아시아 고려인 지식자원 ……209
중앙아시아 한글정보자원관리 ……220
중앙인민 라디오방송 ……41
중앙인민방송국조선어방송 ……98
지식정보자원 ……15, 16, 19, 33, 99, 124, 175

지식정보자원 관리 ······33
지식정보자원 구성 ······33
지식정보자원 활용 ······174
지역기록보존소 ······160
집안현당안관(集安市檔案館) ······147

친선 ······219

카라간 기록보존소 ······160
카라칼팍스탄 자치공화국 기록보존소 ······169
카자흐국립대학교 한국학 자료실 ··106
카자흐뉴스 ······116
카자흐스탄 고려인 ······216, 218
카자흐스탄 고려인 과학기술협회 ··216
카자흐스탄 고려인 엘리트 ······218
카자흐스탄 국립도서관 ······101
카자흐스탄 국립중앙기록보존소 ···158
카자흐스탄 우리민족 텔레비전방송 41
카자흐스탄국립도서관 한국자료실 102
카자흐스탄의 한국학 ······218
카자흐스탄출판사 ······109
카작필름 ······41, 119
코리안 네트워크 ······232
코리안 디아스포라 ······5, 7
코리안 디아스포라의 유형 ······5
코리안넷 ······232
코리언 디아스포라 ······2, 10, 11, 12, 13, 14, 176, 178, 179, 181
코리언 디아스포라 관련 법률 ···10, 261
코리언 디아스포라 기록관 ······125
코리언 디아스포라 기록정보자원 ··139
코리언 디아스포라 도서관 ······44
코리언 디아스포라 라키비움 ······19, 21, 22, 44
코리언 디아스포라 라키비움 지식정보자원 ······174
코리언 디아스포라 지식정보자원 ···26
코리언 디아스포라 지식정보자원 목록 ······209
코리언 디아스포라사 ······208
콜호즈 북극성 ······123
콜호즈 폴리타젤 ······123

타슈켄트지역기록보존소 ······168
통화현당안관(通化縣檔案館) ······147

페트로바 ······195

하바로프스크 변강 국립문서보관소 137
하바로프스크 한국어방송 ······41
학술연구정보서비스(RISS) ······173, 174, 176
한 · 아프리카재단 ······255
한국 고문헌 ······205
한국 고서 ······186, 194
한국 기록문화 유산의 해제 ······195
한국교육학술정보원(KERIS) ······172
한국국제교류재단 ······248
한국국제문화교류진흥원 ······254
한국국제협력단 ······253
한국인 ······13
한국학 서지 ······189
한국학 연구 ······191

한국학연구소 ······193
한글 文獻 ······205
한글교육교재 ······35, 46
한글정보자원 ······196
한글정보자원관리 ······220
한발레리 ······167
한상(韓商) ······237
한상기업 청년인턴십 ······236
한상기업정보 ······236
한상기업제휴 ······236
한상넷 ······235
한상단체정보 ······236
한상소식 ······235
한인 공동체 ······26
한인 텔레비전방송 ······118
한인일보 ······116, 117
한인학교 ······30
한중앙아협력포럼사무국 ······253
한진 ······104, 108, 212
한진 희곡 ······213
한진의 생애 ······213
해외조선족 네트워크 ······208
해죠신문(海朝新聞) ······37
협서성당안관(陝西省檔案館) ······153
홍범도 ······214
황유복 ······31
훈춘시도서관 ······79
흑룡강성당안관(黑龍江省檔案館) · 148
흑룡강신문 ······92
흑룡강조선민족출판사 ······86
흑룡강조선어 라디오방송 ······41
흑룡강조선어방송 ······202
흑룡강조선어방송국 ······96

1086 국제학교(모스크바시 교육청 소속) ······61
20세기 고려인 사회 ······217
20세기 중국조선족 ······199
50년 후의 진실 ······166

Corean Tales ······192
DIASPORA ······3
diaspora ······3
KBS WORLD Radio ······259
KBS WORLD TV ······259
KF 글로벌 e-스쿨 ······249
KF 글로벌센터 ······251
KOICA ······253
Larchiveum ······19

中國朝鮮學-韓國學硏究 ······198
中國朝鮮文雜誌目錄索引 ······201
中華人民共和國檔案法 ······138
北京大學圖書館 ······205
廣州市檔案館(광주시당안관) ······155
文獻目錄 ······198
江西省檔案館(강서성당안관) ······155
韓人關聯 資料解題集 ······183

| 저자소개 |

장우권은 문헌정보학을 전공하고 과거 · 현재를 거쳐 코리언 디아스포라와 학생독립운동의 지식정보자원을 하나로 엮는 일에 노력하고 있다. 미래의 원대한 꿈으로 대한민국과 코리언 디아스포라를 사랑할 동량지재(棟梁之材)들과 동행하는 즐거움을 누리며 전남대학교에서 문헌정보학과 교수와 도서관장, 학생독립운동연구소 소장으로 일하고 있다(문헌정보학 박사).

김현희는 사회복지와 국제정치학(디아스포라학)을 전공하고 세계 곳곳의 코리언 디아스포라와 다문화 관련 지식정보자원들을 꿰어 엮는 일에 노력하고 있다. 국제관계에서 코리언 디아스포라 관련 미지의 꿈을 맞는 즐거움으로 사단법인 광주전남카메라타에서 이사로 일하고 있다(국제정치학 박사수료).

라키비움(Larchiveum)에 숨어있는

코리언 디아스포라 지식정보자원

2022년 2월 28일 1판 1쇄 인쇄
2022년 2월 28일 1판 1쇄 발행

저 자 | 장우권 · 김현희
발 행 인 | 이수영
발 행 처 | 도서출판 청람
서울시 마포구 독막로 288(대흥동, 세양상가 109호)
전 화 | 02)3272-2601~2
팩 스 | 02)3272-2603
이 메 일 | crbooks@daum.net
홈페이지 | www.crbooks.co.kr
등 록 | 2000년 8월 26일 제6-0509호

ISBN 978-89-5972-870-1 93020 [정가 18,000원]